大阪商業大学比較地域研究所研究叢書 第十九巻

日本の小売業態構造研究

・

南方建明 著

御茶の水書房

はしがき

　1990年代になって大規模小売店舗法の規制緩和が進み、大型店の出店が加速した。しかし、バブル崩壊以降、小売業販売額がほぼ横ばい状態となる中で、売場面積のみが増加し、小売業態間の競争が激しさを増していった。さらに、90年代はモータリゼーションの進展に伴う駐車場の確保や土地コストが課題とされた時期でもあり、大型店立地は郊外が主流となった。そのため、中小小売商の集積である商店街は急速に衰退、また中心的な商店街が立地していた中心市街地の疲弊がすすんだ。

　このように小売業を取り巻く環境が変化する中で、『総合店』から『専門店チェーン』へという小売業態構造の変化が進み、さらに限定された分野では総合的な商品構成をもつ「食品スーパー」「コンビニエンスストア」「ホームセンター」「ドラッグストア」「均一価格店」など、いわば『部分総合店』が成長してきた。

　筆者は、1978年から20年近く、東京都の中小企業研究・経営支援機関であった「東京都商工指導所」に在職し、中小商業に関する研究、並びに地方自治体の商業振興ビジョンの作成や商店街診断など流通振興政策の立案とその政策を活用した商店街支援の実務に携わってきた。その当時は、各地で大型店出店紛争が激化し、流通調整政策のあり方が問われている時期でもあった。

　1997年に大阪商業大学に奉職してからは、それまでの経験を理論的に、また実証的に検証してみたいと考え、流通政策に関する研究をすすめてきた。『日本の小売業と流通政策（2005年）』においては、流通調整政策の根幹をなしてきた大型店出店規制の変遷がわが国小売業の発展に与えた影響について考察した。さらに、『流通政策と小売業の発展（2013年）』においては、流通調整政策が小売業の業態構造および立地構造に与えた影響、および地域商業振興政策を中心とする流通振興政策、さらにはまちづくり政策について考察した。これらの研究を受けて、本書では小売業態間競争に着目して、わが国における小売業態構造の変化を明らかにしたい。

　なお、本書の執筆にあたり、多くの先学の研究成果を参考にさせていただい

た。しかし、筆者の見識不足ゆえ、誤解している点や理解が不十分な点もあるかもしれないが、その点についてはお叱りやご教授をいただければと願っている。

　最後に、本書は「大阪商業大学比較地域研究所研究叢書第十九巻」として刊行されたものである。筆者に研究と教育の場を与えていただき、未熟な筆者に励ましの言葉いただいている学長の谷岡一郎先生、副学長の片山隆男先生、比較地域研究所長の前田啓一先生をはじめとした先輩・同僚の皆様、また出版事情の厳しき折、出版の労を取っていただいた御茶の水書房に心から感謝申し上げたい。

　　2019年9月

南方建明

〔初出一覧〕

　本書は、下記の論文をもとに構成したが、本書の執筆にあたり全面的に書き改めたものである。

序章　本書の課題と構成　　（書き下ろし）
第1章　流通政策と小売業態の発展　　（書き下ろし）
第2章　食品流通構造の変化
　　　「統計から見る食品流通構造の変化」『消費経済研究』第6号、2017年6月。
第3章　食市場の構造変化
　　　「食品消費の構造変化──外食、中食、内食に着目して──」『日本商業施設学会第17回研究発表論集（平成30年度全国大会）』2018年12月。
第4章　コンビニエンスストアの成長過程と小売業態間競争
　　　「コンビニエンスストアの成長と小売業態間競争」『消費経済研究』第7号、2018年6月。
第5章　ドラッグストアの成長過程と小売業態間競争
　　　「ドラッグストアの発展過程──小売業態間競争に着目して──」『大阪商業大学論集』第15巻第2号、2019年6月。
第6章　ホームセンターの成長過程と小売業態間競争
　　　「ホームセンターの発展過程──小売業態間競争に着目して──」『大阪商業大学論集』第15巻第1号、2019年5月。
第7章　専門店チェーンの成長過程
　　　「専門店チェーンの発展過程」『消費経済研究』第8号、2019年6月。
第8章　高島屋均一価格店と現代の均一価格業態
　　　「高島屋均一価格店──チェーンストアへの歩み──」『消費経済研究』第4号、2015年6月、および「高島屋均一価格店──戦後、なぜ均一価格業態は継承されなかったのか──」『消費経済研究』第5号、2016年6月。
第9章　小規模小売業の存立可能性
　　　「小規模小売業の存立可能性──業種特性からみた考察──」『日本商業施設学会第16回研究発表論集（平成29年度全国大会）』2017年12月、および「生産性からみる小規模小売業の存立可能性」『商工金融』（商工総合研究所）第68巻第4号、2018年4月。
第10章　商店街の現状と課題
　　　「商店街は再生可能か」『日本商業施設学会第15回研究発表論集（平成28年度全国大会）』2017年8月。
補章　消費者の購買行動　　（書き下ろし）
結章　本書における到達点　　（書き下ろし）

日本の小売業態構造研究

目　次

目　次

日本の小売業態構造研究

序章　本書の構成と課題

　2000年5月末、大規模小売店舗法（1974年施行）が廃止され、第二次百貨店法（1956年施行）から数えると44年間にわたって継続してきた大型店に対する経済的規制が撤廃された。第二次百貨店法は、わが国唯一の小売業態であった百貨店と中小小売商の摩擦が問題化する中で立法化されたが、当時はセルフサービス方式をとるスーパーが誕生したばかりの時期であった。

　第二次百貨店法の下で「百貨店」の出店が規制される中、法規制を受けることのない形で「総合スーパー」が成長していった。大規模小売店舗法施行後は、「総合スーパー」も法規制の対象となり、さらに1980年代にはその運用面で極めて厳しい出店規制が行われ、大型店と中小小売商間の競争のみならず、大型店相互の競争までもが抑制された。そして、「総合スーパー」はそのエネルギーを出店規制のない「コンビニエンスストア」に注ぎ、同業態は急速な成長を遂げていった。

　「食品スーパー」において、生鮮食品の鮮度管理・セルフ販売技術が確立されたのは1970年代前半であり、その後、食品スーパーは急成長したが、改正大規模小売店舗法（1979年施行）により、出店調整対象面積が1,500㎡以上（東京都特別区・政令指定都市3,000㎡以上）から、500㎡超まで引き下げられ、この成長期に大規模小売店舗法の規制の下での出店を余儀なくされた。

　大規模小売店舗法の規制が強化され、大型店の出店が困難であった1980年代は、「専門店チェーン」が成長する好機になった。一方で、1979年の改正大規模小売店舗法施行後に多くみられた「498㎡店」、1994年の1,000㎡未満の出店原則自由化を受けて急増した「998㎡店」など、法規制が専門店チェーンの面積規模に一定の制約を与えてきた。

　1990年代になると、大規模小売店舗法の規制が緩和され、大型店の大量出店が行われる。この時期は、モータリゼーションの進展に伴う駐車場の確保や土地コストが課題とされた時期でもあり、大型店立地は郊外が主流となり、中小

小売商の集積である商店街は急速に衰退し、また中心的な商店街が立地していた中心市街地の疲弊がすすんだ。

　他方で、わが国小売業の実質年間販売額の推移をみると、1972年78兆円、1979年103兆円、1985年115兆円、その後バブル期の1991年に144兆円とピークを迎えた。しかし、それ以降は1994年142兆円、1997年143兆円、2002年134兆円、2007年134兆円、2014年137兆円と横ばい状態にある[1]。また、バブル崩壊以降の自動車小売業、ガソリンスタンドなど商業統計調査における売場面積調査対象外業種を除く小売業の実質販売額をみても、1991年に105兆円、1994年109兆円、1997年111兆円、2002年102兆円、2007年99兆円（2014年は未回答企業が多く、実態が不明なため割愛する）と、1997年をピークに減少している[2]。

　2000年代以降の小売業態構造の変化をみると、「総合スーパー」や「百貨店」などの『総合店』の衰退、他方で『専門店チェーン』の成長が明確である。「総合スーパー」では、衣料品や住関連商品の売上割合の減少により“総合スーパーの食品スーパー化”が進み、「百貨店」でも衣料品の売上割合が大きく減少している。

　小売業態間競争が激化する中で、百貨店や総合スーパーなどの衣食住全般にわたる『総合店』から、取扱商品を限定した『専門店チェーン』へという小売業態構造の変化が進み、他方で限定された分野では総合的な商品構成をもつ「食品スーパー」「コンビニエンスストア」「ホームセンター」「ドラッグストア」「均一価格店」など、いわば『部分総合店』が成長してきた。また、商業集積全体として総合店的な商品構成をもつショッピングセンターが小売業売上高に占める割合も増加している。

　そこで、本書では小売業態間競争に着目して、小売業態構造の変化を明らかにすることを目的とする。まず、『総合店』『部分総合店』『専門店チェーン』の小売業態間競争を概観する（第1章）。次に、食品に焦点をあて、卸売業も含めた流通構造の変化（第2章）、さらに外食、中食、内食に着目した飲食店も含めた業態構造の変化（第3章）について明らかにする。第2章では、飲食料品小売販売額に占める小売業態別売上割合の推移、飲食料品小売額に占める全国チェーン・地域チェーンの売上割合の推計、および「スーパー」に注目して全国チェーン・地域チェーン・地方チェーンに3区分した売上高増加率を比較する。さらに、加工食品卸売業の構造変化について、上位企業への集中傾向を

分析するとともに、流通経路の短縮化傾向についてW/W比率を用いて明らかにする。第3章では、食市場全体の市場規模、および「外食」「中食」「内食」それぞれの市場規模の推移について分析するとともに、外食産業の業種別市場規模、および中食産業の小売業態別売上割合の推移について分析する。

　さらに、『部分総合店』である「コンビニエンスストア」(第4章)、「ドラッグストア」(第5章)、「ホームセンター」(第6章)の成長過程について小売業態間競争に着目して明らかにする。「コンビニエンスストア」は、年中無休・長時間営業という利便性を前面に打ち出し、中食商品を中心に購買後短時間で消費する幅広い商品を取り扱う業態として成長してきた。「ドラッグストア」は、医薬品や化粧品などH&BC(ヘルス&ビューティケア)を中心に、家庭用品、近年では加工食品も含めて商品構成を総合化してきた業態である。また、「ホームセンター」は住生活関連商品を総合的に取り扱う業態として成長してきた。

　第7章では、『専門店チェーン』の成長過程について、業種別に明らかにする。ここでは、大型店出店規制の変遷に着目し、大型店出店規制が百貨店や総合スーパーなどの『総合店』と、『専門店チェーン』間の小売業態間競争に与えた影響、また『専門店チェーン』の成長過程に与えた影響について分析する。さらに、『専門店チェーン』の成長過程について主な業種別に明らかにし、成長過程による業種の類型化を試みる。

　第8章は、「均一価格店」についてである。昭和初期に誕生した高島屋均一価格店がチェーンストアとしての地位を確立していく過程、戦後高島屋が均一価格業態を本格的に復活させることなく消滅させた背景、および現代の均一価格店が高島屋とは全く異なるルーツから生まれたことについて明らかにする。

　第9章では、小規模小売業に着目し、業種別に売場効率と労働生産性の面からその存立可能性について明らかにし、第10章では小規模小売業が集積している「商店街」の存立可能性について分析する。

　補章では、小売業サイドからの分析を離れて、統計からみた消費者の購買行動について分析する。

　小売業態別にみると、主に次に掲げる各章において取り上げている。「百貨店」(第1章第3節) 3)、「総合スーパー」(第1章第3節、第2章) 4)、「食品スーパー」(第2章、第3章) 5)、「コンビニエンスストア」(第3章、第4章)、「ドラッグストア」(第5章)、「ホームセンター」(第6章)、「均一価格店」(第8章)、

「専門店チェーン」（第 7 章）、「小規模小売業」（第 9 章、第10章）、「無店舗販売
（電子商取引を含む）」（第 1 章第 3 節）[6]。

注

1 ）経済産業省『商業統計表（産業編）』（各年版）による。ただし、2014年の商業統計
調査は未回答事業所も多く、時系列比較ができないため、2014年の年間販売額は経済
産業省『商業動態統計年報』による。年間販売額は、2010年＝100とした消費者物価
指数（総合）で調整。

2 ）経済産業省『商業統計表（産業編）』（各年版）による。年間販売額は、2010年＝100
とした消費者物価指数（総合）で調整。

3 ）「百貨店」の成長過程については、南方建明『日本の小売業と流通政策』中央経済
社、2005年（第 6 章 大型店出店規制と小売業態の動向）、南方建明『流通政策と小売
業の発展』中央経済社、2013年（第 1 章 大型店出店規制の変遷と小売業態の発展）、
および南方建明「百貨店の小売業態上の地位と売場効率」『日本商業施設学会第13回・
第14回研究発表論集（平成26年度全国大会）』2016年12月に詳しい。

4 ）「総合スーパー」の成長過程については、南方建明『日本の小売業と流通政策』中央
経済社、2005年（第 6 章 大型店出店規制と小売業態の動向）、南方建明『流通政策と
小売業の発展』中央経済社、2013年（第 1 章 大型店出店規制の変遷と小売業態の発
展）に詳しい。

5 ）「食品スーパー」の成長過程については、南方建明『日本の小売業と流通政策』中央
経済社、2005年（第 1 章 大型店出店規制の変遷と小売業態の発展、第 2 章 食品スー
パーの発展と食品業種店の動向）に詳しい。

6 ）「電子商取引」の成長過程については、南方建明「電子商取引の浸透が小売市場に与
える影響」『大阪商業大学論集』第 6 巻第 3 号、2011年 1 月、および南方建明「電子商
取引の浸透が小売市場に与える影響（再考）」『日本商業施設学会第13回・第14回研究
発表論集（平成27年度全国大会）』2016年12月に詳しい。

第1章　流通政策と小売業態の発展

はじめに

　流通政策は「流通調整政策」と「流通振興政策」に大別できる。流通調整政策は、「特定の流通主体の活動を抑制的に調整する政策」であり、わが国では大型店出店規制に代表される。他方で、流通振興政策は、「中小商業者等の流通主体の競争力の強化を図る政策」であり、商店街活性化を支援する地域商業振興政策に代表される[1]。流通調整政策と流通振興政策は、あたかも車の両輪のように、大型店の出店を抑制する一方で、商店街など地域商業の近代化を図り競争力を強化するという形ですすめられてきた。しかし、地域商業の疲弊、中心市街地の疲弊が進む中で、地域商業問題や中心市街地の空洞化問題に取り組むにあたって、商店街などを政策対象とする地域商業振興政策では十分な効果が期待できなくなっている。地域商業問題は単なる商業問題ではなく、都市問題として取り組みが求められるようになり、地域商業振興から「まちづくり」へ、そして地域商業振興政策から「まちづくり政策」へとその政策対象が拡大してきた[2]。

　ここで、わが国小売業態の発展過程をみると、百貨店を除く小売業態の多くは、第二次百貨店法、大規模小売店舗法（以下、大店法という）と続く大型店出店規制の下で誕生し、成長していった。1960年代後半から成長した「総合スーパー」、1970年代後半から成長した「食品スーパー」、1970年代半ばに誕生した「コンビニエンスストア」、1990年代以降急成長した「専門店チェーン」などである。バブル崩壊以降の小売業売上高はほぼ横ばいであり、限られた小売需要をめぐって小売業態間の競争が激しさを増している。

　小売業態の現在の姿を理解するにあたって、流通政策が小売業態の発展にどのような影響を与えてきたかという歴史を十分に理解しておく必要がある。小売業態の発展過程の理解と、現在の小売業態の動向に関する冷静な分析があってはじめて、これからの小売業態の将来像が見えてくるのではないだろうか。そこで本章では、大型店出店規制の変遷と小売業態の発展、大型店立地の都市計画的規制、まちづくり政策や地域商業振興政策について整理することを通し

て、小売業態の過去および現在を理解し、その未来を洞察するための基礎的分析を行いたい。

1 大型店出店規制の変遷と小売業態の発展

（1）大型店出店規制の変遷

　表1-1は、1956年6月の第二次百貨店法施行から2000年5月末に大店法が廃止され、同年6月に大規模小売店舗立地法（以下、大店立地法という）が施行されるまでの大型店出店規制の変遷を整理したものである。百貨店のみが規制された「百貨店法期」、大規模小売店舗のすべてが規制されるようになった「大店法導入期」、中小小売商の保護が主眼とされた1980年代の「規制強化期」、米国等の外圧によって規制が緩和されていく1990年代の「規制緩和期」、大型店に対する経済的規制から店舗周辺の生活環境の保持を目的とする社会的規制へと転換した2000年代以降の「大店立地法期」に区分することができる。

表1-1　大型店出店規制の変遷年表

百貨店法期	1956年 6月	第二次百貨店法施行（店舗面積1,500㎡以上、東京都特別区・政令指定都市3,000㎡以上）
大店法導入期	1974年 3月	大店法施行（店舗面積1,500㎡以上、東京都特別区・政令指定都市3,000㎡以上）
	1979年 5月	改正大店法施行（店舗面積500㎡超1,500㎡未満を調整対象に追加）
規制強化期	1981年10月	通商産業省「大型店問題対処方針」（届出自粛指導）
	1982年 2月	通商産業省通達「大規模小売店舗の届出に係る当面の措置について」（出店表明・事前説明制度、出店抑制地域の導入、個別企業に対する出店抑制指導）
規制緩和期	1990年 5月	大店法運用適正化（出店調整処理期間を1年半以内に短縮、すべての届出の受理、閉店時刻・休業日数の届出不要基準の緩和、出店抑制地域の実質的廃止）
	1992年 1月	改正大店法施行（種別境界面積の引き上げ、商調協の廃止、出店表明・事前説明制度の廃止、出店調整処理期間を1年以内に短縮）
	1994年 5月	大店法の運用基準緩和（1,000㎡未満の出店の原則自由化、閉店時刻・休業日数の届出不要基準の緩和）
大店立地法期	2000年 6月	大店立地法施行（店舗面積1,000㎡超）　大店法廃止

　（出所）南方建明『流通政策と小売業の発展』中央経済社、2013年、13ページをもとに作成。

（2）時代区分からみる小売業態の動向

　表1-2は、「百貨店」「総合スーパー」、およびそれらを除く「専門店」の売場面積規模別に販売額増加額の推移をみたものである。「専門店」のうち売場面積規模が比較的大きいものは、そのほとんどが多店舗展開をしている「専門店チェーン」である。時代区分別に小売業態の盛衰をみると次のとおりである。

①大店法導入期

　小売業計の販売額は、1979年から1982年に大きく増加したが、「百貨店」「総合スーパー」の増加は小さく、その多くは50㎡未満の小規模店を除く「専門店」であった。

②規制強化期

　小売業計の販売額は、1985年から1991年に大きく増加したが、これは大店法の調整対象外にあって売場面積を大幅に増やした200～500㎡未満の「専門店」、

表1-2　小売業態別販売額増加額の推移

（単位：十億円）

時代区分 （年）		小売業計	百貨店	総合スーパー	専門店						
					計	50㎡ 未満	50～ 100㎡	100～ 200㎡	200～ 500㎡	500～ 1,000㎡	1,000㎡ 以上
大店法 導入期	1979～1982	6,733	278	857	5,599	▲ 83	1,410	1,174	1,391	(1,707)	
規制 強化期	1982～1985	712	440	361	▲ 89	▲2,759	344	744	1,344	(240)	
	1985～1988	9,533	1,661	1,064	6,808	177	1,699	1,230	2,853	(849)	
	1988～1991	9,387	1,713	1,045	6,629	▲ 646	1,281	1,870	2,812	(1,312)	
規制 緩和期	1991～1994	212	▲1,513	336	1,389	▲3,132	▲ 672	926	1,131	(3,135)	
	1994～1997	24	▲ 113	1,331	▲ 1,193	▲3,068	▲1,283	442	1,101	127	1,487
	1997～1999	▲ 2,237	▲ 836	497	1,898	▲1,563	▲ 973	(▲ 97)		390	1,045
大店立 地法期	1999～2002	▲ 4,539	▲ 676	124	▲ 3,987	▲1,757	▲1,806	(▲4,575)		3,001	1,150
	2002～2004	▲ 1,326	▲ 485	13	▲ 855	▲1,696	▲ 680	(▲ 830)		791	1,560
	2004～2007	▲ 1,496	▲ 386	115	▲ 1,225	15	▲1,451	(▲1,587)		690	1,839
	2007～2014	▲12,528	▲1,419	908	▲12,017	▲3,934	▲3,320	(▲3,172)		▲470	▲2,940

（注1）「百貨店」「総合スーパー」は『商業動態統計年報（商業販売統計年報）』、小売業計および専門店は『商業統計表（産業編）』による。なお、商業動態統計調査における「スーパー」を「総合スーパー」と表記している。

（注2）1999年の商業統計調査は、総務庁の事業所・企業統計調査と同時実施され、事業所の捕捉がなされた。そのため、時系列を考慮するとやや大きめの販売額が計上されている。なお、同年調査では100～500㎡の間の売場面積区分が200㎡から250㎡に変更されたため、それまでとの比較はできない。

（注3）2014年の商業統計調査は、販売額および売場面積は、数値が得られた事業所についてのみ集計されているため、時系列的にみるとやや小さめの数字が計上され、その分2007年調査との減少差が大きめに計上されている。

（注4）販売額は売場面積調査対象外業種を除く（1979年から2007年は2000年＝100の消費者物価指数（総合）で調整）。なお、2007年から2014年は消費者物価指数の変化がわずかなため調整していない。

（出所）経済産業省（通商産業省）『商業動態統計年報（商業販売統計年報）』（各年版）、同『商業統計表（産業編）』（各年版）、総務省『消費者物価指数年報』より作成。

およびバブル消費を吸収した「百貨店」によって達成された部分が大きい。「総合スーパー」は出店が抑制されたこともあって、販売額増加額は「百貨店」よりも小さくなっている。「百貨店」「総合スーパー」ともに、規制強化期前期は消費の低迷もあって企業業績は悪化したが、後期は好調であった。規制強化は大型店相互の競争を抑制するとともに、総合スーパーの出店が規制されている中で「専門店」が成長する好機になったといえる。

③規制緩和期

　規制緩和期に入ると、「百貨店」の販売額は大きく減少した。これはバブルによって膨らんだ消費の縮小とともに、総合スーパーや中大規模専門店の大量出店に伴う競争激化によるものといえる。「総合スーパー」は、大幅に売場面積を増加したものの、それに見合う販売額増加を達成できなかった。「専門店」は、中大規模店を中心に販売額が増加している。「専門店」の売場面積規模別にみると、500㎡以上の販売額増加が目立っている。200〜500㎡未満は規制強化期の1985年から1991年にかけて販売額が大きく増加している。規制強化期から減少していた50㎡未満の販売額はさらに減少を続け、また50〜100㎡未満でも1991年以降は販売額が減少している。これは中小小売商の減少によるものといえる。

④大店立地法期

　大店立地法期（1999〜2007年）は、小売業計の販売額は減少に転じたが、これは売場面積が減少している500㎡未満の「専門店」と「百貨店」の減少によるものである。規制強化期に売場面積を増やした100〜500㎡未満の「専門店」の販売額は大幅に減少している。「総合スーパー」は売場面積が増加していることもあって販売額は微増、他方で500㎡以上の「専門店」は売場面積が大幅に増加したため販売額も大きく増加している。

　大店立地法期（2007〜2014年）は、小売業計の販売額は大幅に減少したが、これは500㎡未満の「専門店」および「百貨店」の減少によるところが大きい。500㎡以上の「専門店」の販売額も減少に転じている。「総合スーパー」は売場面積が増加していることもあって販売額はやや増加となっている。

⑤小売業態別の動向

　「百貨店」の販売額は、1991年以降一貫して減少している。「スーパー」は1990年代の規制緩和期以降、大幅に売場面積を増加させたものの、販売額の増

加はわずかにとどまっている。「専門店」は、規制強化期である1980年代は売場面積「200～500㎡」、1990年代の規制緩和期および2000年代以降の大店立地法期は同「500㎡以上」の販売額が増加したが、2007～2014年にかけては1,000㎡以上の大規模な「専門店」の販売額も減少に転じている。

（3）小売業態別売上割合の推移

　図1-3は、小売業売上高ランキング200社に占める小売業態別売上割合の推移をみたものである。

①百貨店

　「百貨店」の売上割合は、一貫して減少傾向にあり、1974年度の46.1%から2011年度に12.4%、2018年度には8.8%にまで減少している。ただし、規制強化期には32～33%程度の割合を維持している。これは、高度経済成長期にあって高額品の売れ行きが好調だったことと、規制強化が総合スーパー等との競争を

図1-3　小売業態別売上割合の推移（上位200社）

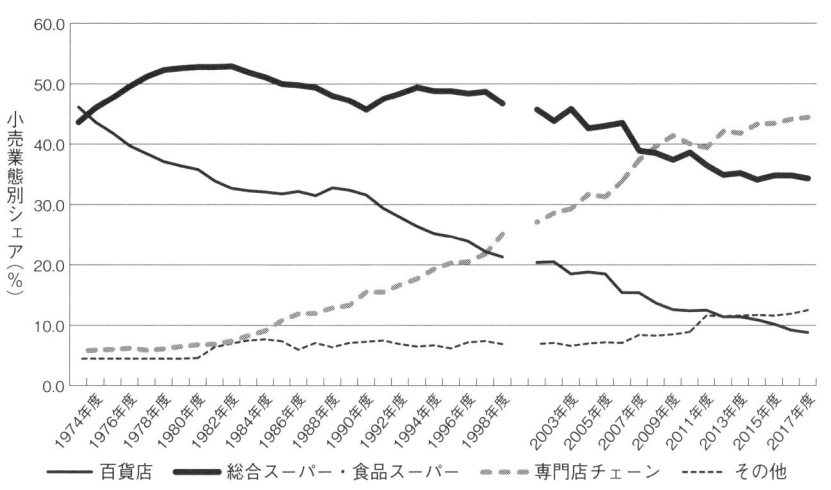

（注1）「総合スーパー」と「食品スーパー」が区分されていないため、「総合スーパー・食品スーパー」とした。
（注2）日本の小売業調査は、2000年度調査より単体の「売上高ランキング」から、連結の「売上高ランキング」となったため、それ以前の数字と比較することができない。
（注3）2000年度および2001年度は、単体の売上高ランキングから連結の売上高ランキングへの過渡期にあって、2002年度以降と同じ基準で売上割合を算出できないため除外した。
（注4）2002年度以降は、持ち株会社を除き、連結子会社も含めた売上高ランキングをもとに集計した。そのため、連結決算による売上高と、連結子会社の売上高は一部重複している。
（出所）日経流通新聞「日本の小売業調査」（各年版）より作成。

抑制したためである。しかし、バブル崩壊以降の規制強化期、大店立地法期は著しく売上割合を減少させている。

②総合スーパー・食品スーパー

「総合スーパー・食品スーパー」の売上割合は、大店法導入期には増加を続けた。しかし、規制強化期に入ると一転して減少傾向となり、1982年度から1991年度にかけて52.8％から45.7％へと割合を減少させている。そして、規制緩和期に入ってからは、横ばい傾向が続いていた。しかし、大店立地法期になると、小売業売上高がほとんど増加しない中での売場面積の拡大による過当競争、専門店チェーンの台頭などの影響で、大店立地法期の2007年度の43.5％から大幅に売上割合を落とし、2018年度には34.7％まで減少している。

③専門店チェーン

「専門店チェーン」の売上割合は、大店法導入期は5％にも満たなかったが、規制強化期には「総合スーパー・食品スーパー」の割合を奪う形で成長した（「百貨店」の割合は横ばい）。規制緩和期には「百貨店」の割合を奪う形で成長した（「総合スーパー・食品スーパー」の割合は横ばい）。大店立地法期になってからはその増加傾向に拍車がかかり、特に2000年代後半以降は大きく売上割合を拡大した。2009年度には「総合スーパー・食品スーパー」の売上割合を上回り、2010年度には41.4％に達している。なお、2010年度以降は家電専門店チェーン不振の影響で2012年度には39.4％まで売上割合を減少させたが、2018年度には44.4％を占めるに至っている。

（4）大型店出店規制の変遷が小売業態の発展に与えた影響

①百貨店

第二次百貨店法によって出店を規制されている時代に総合スーパーが規制を受けることなく急成長したため、大店法が施行された頃にはすでに売上規模において総合スーパーに凌駕されていた。わが国の大型セルフサービス店は、その成長期において生鮮食品の取扱いが難しく収益性も低かったため、百貨店と同様の総合的な品揃えを行う、いわば大衆百貨店として成長した[3]。そのため、特に地方百貨店への影響は大きなものであった。その後、百貨店の売上割合は、バブル期に一時横ばいとなったものの、総合スーパーの成長とともに一貫して減少している。

②総合スーパー

　法規制を受けることのない「特定店舗（擬似百貨店）」として出店し、大店法施行時には百貨店に匹敵する売上規模にまで成長した[4]。しかし、1980年代には出店規制が強化され、総合スーパーは出店を大幅に抑制された。1990年代に入ると出店規制が緩和される中で大量出店を行ったが、競争の激化と、この時期消費の低迷が続いたこともあって企業業績は悪化した。

③食品スーパー

　1970年代前半までは、生鮮食品の鮮度管理・セルフ販売技術が未確立であったため、成長率は総合スーパーに及ばなかった。その後、大店法の施行によって1,500㎡以上（東京都特別区・政令指定都市3,000㎡以上）が出店調整の対象となったが、食品スーパーはそれ以下の面積規模で出店し、総合スーパーを上回る成長をみせた。しかし、改正大店法（1979年5月施行）によって500㎡超までが法規制の対象となった。生鮮食品の鮮度管理・セルフ販売技術が全国レベルで確立したのは1980年代半ばであるが、この成長期に大店法の規制の下での出店を余儀なくされた[5]。

④コンビニエンスストア

　大型店出店規制が強化される中で総合スーパー各社の展開が本格化した。他方で、中小小売商業者の近代化を促進する流通近代化政策の柱としてフランチャイズチェーンシステムの導入が啓発されたこともその成長要因として指摘できる[6]。

⑤専門店チェーン

　1970年代は売上割合も小さかったが、規制強化期の1980年代は総合スーパーの出店が抑制されている中で専門店がチェーン展開をすすめ、売上規模を拡大していく好機になった。「総合店」から「専門店チェーン」へのシフトは、規制緩和期から明確になり、その傾向は大店立地法期になって加速した。「専門店チェーン」は、大店法の調整対象面積をわずかに下回る店舗面積で出店することが多く、改正大店法（1979年5月施行）後に多くみられた「498㎡店」、1994年の1,000㎡未満の出店原則自由化を受けて急増した「998㎡店」など、法規制が専門店チェーンの店舗面積に一定の制約を与えてきた[7]。

2　まちづくり三法

（1）まちづくり三法の制定

　中心市街地は、商業、業務、行政、居住機能など様々な都市機能が集積し、長い歴史の中で文化や伝統を育んできた「まちの顔」ともいうべき地域である。しかし、大型店や大規模ショッピングセンターの郊外立地、中心市街地からの大型店の撤退や商業地としての魅力の低下、市役所、病院、学校などの公共公益施設の郊外移転による都市機能の拡散、モータリゼーションへの対応の遅れ、居住人口の減少などが進み、中心市街地の疲弊が目立ってきた。

　このような状況の下で、「大店法からの政策転換について」（産業構造審議会流通部会・中小企業政策審議会流通小委員会合同会議、1997年12月）が答申され、これを受けて1998年に、「中心市街地活性化法」「改正都市計画法」「大店立地法」、いわゆる「まちづくり三法」が制定された。このうち、大店立地法は大規模小売店舗を対象としている点では大店法と共通性をもっているが、大店法が大型店の経済活動を直接規制する「経済的規制」であったのに対して、大店立地法は大規模小売店舗周辺の住民の生活環境の保持を目的とする「社会的規制」であるという点で、全く性格を異にするものである。

（2）大型店立地の都市計画的規制

①特別用途地区・特定用途制限地域による大型店出店規制

　中心市街地の疲弊は、中心市街地商業の魅力低下に加えて、大型店の郊外出店が大きな原因となっている。中心市街地活性化に取り組む一方で、郊外に大型店が出店するという、いわば「アクセル」と「ブレーキ」を一緒に踏んでいるような状況で、中心市街地活性化に向けた取り組みの効果が減じられた市町村も多い。

　大型店立地を都市計画的に規制する制度は、中心市街地活性化法と時期を同じく施行された「改正都市計画法（1998年11月施行）」、その後の「改正都市計画法（2001年5月施行）」によって導入された。改正都市計画法（1998年11月施行）では、市町村の判断で特別用途地区の種類や目的を柔軟に定めることができるようになった。しかし、特別用途地区は用途地域の指定がなされている

区域しか設定できず、それは全国土面積のわずか4.9％（2015年3月末現在）に過ぎない。また、線引き（市街化を進める市街化区域と市街化を抑制する市街化調整区域の線引き）がなされていない都市計画区域や、都市計画区域外の出店を規制できないという問題があった。

　そこで、改正都市計画法（2001年5月施行）では、線引きがなされていない都市計画区域で用途地域が設定されていない地域（非線引き白地地域）において「特定用途制限地域」、都市計画区域外においても「準都市計画区域」を設定すれば用途地域や特定用途制限地域を設けることができるようになった。

　これらの都市計画法改正によって、市町村は制度の上では、すべての地域において何らかの形で大型店立地を都市計画的に規制することが可能になった。しかし、そのような用途制限は、用途地域規制に上乗せする形で長期にわたって土地利用を制約するものであり、コンセンサスの形成は容易ではない。さらに、当該市町村において規制したとしても隣接市町村への出店には無力という広域調整の問題が残されていた。

②大規模集客施設の郊外出店規制

　改正都市計画法（2007年11月施行）は、都市機能の拡散を抑制し、コンパクトシティ化を図ることに主眼がおかれ、大規模集客施設の郊外出店が大幅に規制された。改正都市計画法は中心市街地の活性化を直接の目的とするものではないとしても、中心市街地活性化に取り組む一方で、郊外に出店した大規模集客施設により商業機能が拡散し、活性化努力が減じられるということは避けられる。

　改正都市計画法（2007年11月施行）の主な改正点は、次の4点である。第一は、用途地域による立地規制が強化されたことである（表1-4参照）。床面積1万㎡超の大規模集客施設（店舗に加えて、映画館、アミューズメント施設、展示場なども含む）は、「商業地域」「近隣商業地域」「準工業地域」においてのみ立地が可能となる。それ以外の地域に立地しようとする場合は、都市計画の決定または変更を要することとされた。また、地方都市では国による中心市街地活性化基本計画の認定条件として、準工業地域における大規模集客施設の立地を特別用途地区によって規制することとされた。

　第二は、広域調整手続きの充実がなされたことである。市町村が都市計画の決定または変更をする場合は都道府県知事との協議・同意手続きが必要とされ

表1-4　改正都市計画法（2007年11月施行）による小売店舗規制

区　分		改正前	改正後
用途地域	第一種低層住居専用地域	床面積50㎡超不可	同左
	第二種低層住居専用地域	床面積150㎡超不可	
	第一種中高層住居専用地域	床面積500㎡超不可	
	第二種中高層住居専用地域	床面積1,500㎡超不可	
	第一種住居地域	床面積3,000㎡超不可	
	第二種住居地域	制限なし	大規模集客施設については、用途地域の変更または用途を緩和する地区計画決定により立地可能。
	準住居地域		
	工業地域		
	近隣商業地域		制限なし
	商業地域		
	準工業地域（注2）		
	工業専用地域	用途地域の変更または地区計画（再開発等促進区）決定が必要。	同左
市街化調整区域		原則不可。ただし、計画的大規模開発は許可（病院、福祉施設、学校等は開発許可不要）。	大規模開発も含め、原則不可。地区計画を定めた場合、適合するものは許可（病院、福祉施設、学校等も開発許可を必要とする）。
非線引き都市計画区域 準都市計画区域の白地地域		制限なし	大規模集客施設については、用途地域の指定により立地可能。また、非線引き都市計画区域では、用途を緩和する都市計画決定でも立地可能。

（注1）大規模集客施設とは、床面積10,000㎡超の店舗、映画館、アミューズメント施設、展示場等。
（注2）準工業地域では、特別用途地区を活用。特に地方都市においては、これを中心市街地活性化法の基本計画の国による認定の条件とすることが「中心市街地活性化基本方針」（2006年9月）において明示。
（出所）国土交通省「都市の秩序ある整備を図るための都市計画法等の一部を改正する法律」2006年5月をもとに作成。

る。この際に、都道府県知事が必要と認めたときには、関係市町村からの意見の聴取や資料の提出などを求めることができるようになった。

　第三は、開発許可制度の見直しである。社会福祉施設、医療施設、学校（大学、専修学校および各種学校を除く）、庁舎などの公共公益施設は、市街化調整区域に立地する場合でも開発許可が不要とされていたが、この制度を廃止し開発許可を要することになった。

　第四は、準都市計画区域制度の拡充である。準都市計画区域を農地も含めて指定できることとし、またこれまで市町村が指定していたものが、あらかじめ関係市町村と都道府県都市計画審議会の意見を聞いた上で都道府県が指定する

ことになった。

③コンパクトなまちづくりの支援

2013年6月に公表された日本経済再生本部『日本再興戦略』では、コンパクトシティの実現、民間投資の喚起を軸とする中心市街地活性化が提起された。これを受けて、「都市再生特別措置法」が改正され、2014年8月に施行された。同改正法は、市町村によるコンパクトなまちづくりを支援することを目的としたものである。商業施設に関係が深い部分を取り上げると、市町村は都市機能増進施設（医療施設、福祉施設、商業施設などの都市機能の増進に著しく寄与する施設）の立地の適正化を図るための計画を作成することができる。立地適正化計画では、都市機能誘導区域（都市機能増進施設の立地を誘導すべき区域）、および誘導すべき施設、当該施設の立地を誘導するために市町村が講ずる施策が記載されることになる。

（3）中心市街地活性化政策の変遷

①中心市街地活性化法（1998年7月施行）

市町村が中心市街地活性化基本計画を作成する。次に基本計画に記載された中小小売商業高度化事業について、地元商業の状況に精通すると考えられる一定の者（商工会議所・商工会、特定会社、公益法人等）が中小小売商業高度化事業に関する総合的かつ基本的な構想である「TMO構想（中小小売商業高度化事業構想）」を作成する。作成されたTMO構想については、基本計画に照らして適切なものか等を市町村が判断し、その構想が適当である旨の認定を行うというスキームであった。この認定を受けた者が「TMO（認定構想推進事業者）」である。そして、「市街地の整備改善」と「商業等の活性化」を柱とする総合的・一体的な対策を関係府省庁、民間事業者等が連携して推進することにより、中心市街地の活性化を図ろうとするものであった。2006年7月現在で606市町村690地区において中心市街地活性化基本計画が策定され、中心市街地活性化に向けた取り組みがすすめられた。しかし、中心市街地活性化の成果が得られた事例は少なく、中心市街地の疲弊は進むばかりであった[8]。

②改正中心市街地活性化法（2006年8月施行）

改正中心市街地活性化法の主な改正点は、次の4点である[9]。

第一に、法律の名称が「中心市街地における市街地の整備改善及び商業等の

活性化の一体的推進に関する法律」から、「中心市街地の活性化に関する法律」に変更された。中心市街地活性化法（1998年7月施行）は、市街地の整備改善と商業等の活性化、とりわけ商業等の活性化を中心に支援するものであった。改正法ではこれらに加えて、「街なか居住」や「都市福利施設の整備」等の支援措置が追加され、名称も中心市街地活性化の基本法的性格を反映したものに改められた。

　第二に、基本理念と国・地方公共団体・事業者の責務が明確化されたことである。「中心市街地が地域住民等の生活と交流の場であることを踏まえつつ、地域における社会的、経済的及び文化的活動の拠点になるにふさわしい魅力ある市街地の形成を図ることを基本とし、地方公共団体をはじめとする地域の関係者の取り組みに対して国が集中的かつ効果的に支援を行う」。また、「「国」は地域の自主性・自立性を尊重しつつ、中心市街地の活性化のための施策を総合的に策定し実施する、「地方公共団体」は地域の特性や環境の変化を踏まえつつ国の施策と連携して中心市街地の活性化を図る、「事業者」は国または地方公共団体が実施する施策に必要な協力をするように努める」と、それぞれの責務が明確にされた。

　第三に、国による認定制度が創設されたことである。中心市街地活性化法（1998年7月施行）では、市町村が作成する中心市街地活性化基本計画は「公表」のみで足り、TMO構想（中小小売商業高度化事業構想）の段階で「市町村による認定」、そしてTMO構想に盛り込まれた具体的な中小小売商業高度化事業を実施する者が作成するTMO計画（中小小売商業高度化事業計画）は市町村が意見を付したうえで「経済産業大臣による認定」を受けて事業を実施することとなっていた。そのため、市町村が作成する中心市街地活性化基本計画には、具体的な実施の見通しが立たない事業までも総花的に盛り込んだ実効性の低いものもみられた。

　このような状況を受けて、改正中心市街地活性化法では、国（内閣総理大臣を本部長とする中心市街地活性化本部）が「中心市街地活性化基本方針」を作成、これに基づいて市町村が基本計画を策定、これを中心市街地活性化本部の長である内閣総理大臣が認定する（認定中心市街地活性化基本計画）というスキームとなった。

　第四に、中心市街地活性化協議会が法制化されたことである。中心市街地活

性化法（1998年7月施行）においては、TMOとして商工会議所・商工会等が認定されることが多かったが、その活動は商業の活性化に偏ったものであり、中心市街地の活性化を総合的に推進していくことは難しかったといえる。その反省を踏まえて、改正中心市街地活性化法では商業者のみならず、中心市街地整備推進機構や街づくり会社、商工会・商工会議所等が中心となり、地権者等中心市街地活性化に密接な関係を有するもの、地域住民等も含めた多様な主体によって組織される「中心市街地活性化協議会」が法制化された。

　改正中心市街地活性化法（2006年8月施行）」の下では、「選択と集中」の論理の下で認定市町村数は大きく減少し119市155計画の認定にとどまった（2014年6月現在）。同改正法においても、いくつかの問題点が指摘される[10]。

　第一に、中心市街地活性化基本計画に盛り込むべき事項として、「市街地の整備改善」「都市福利施設の整備」「居住環境の向上」「商業の活性化」の4事項について全て新規事業を盛り込むことが必要とされたことである。

　第二に、2012年度末までに基本計画が終了した30の市町村において採用された目標指標のうち、達成されたものは全体の27%に過ぎないことである。特に、売上高、空き店舗率等の「商業振興による活性化」に関する評価指標の達成率が低い傾向にある。他方で、事業の進捗状況は約7割が順調だとしていることから、当初計画されていた事業が数値目標の改善に必ずしもつながっていないことがうかがえる[11]。

　第三に、中心市街地内における大規模小売店舗の出店件数、出店店舗面積ともに依然として少なく、ロードサイドを含めた中心市街地外や隣接市町村への立地が増加していることである。

　第四に、認定市街地の居住人口や小売業売上高の割合は減少、中心市街地における事業所数・従業員数も減少、空き店舗率が増加していることである。

③改正中心市街地活性化法（2014年7月施行）

　以上のような問題点を踏まえて、改正法が2014年7月に施行された。主な改正点は次の2点である。第一に、特定民間中心市街地経済活力向上事業（中心市街地への来訪者を増加させるなどの効果が高い民間プロジェクト）の認定制度が創設されたことである。認定事業者に対しては、補助金、税制優遇措置、無利子融資、大店立地法手続きの簡素化などの支援措置が講じられた。

　第二に、民間中心市街地商業活性化事業（まちづくり会社等が行う小売業の

顧客の増加や小売事業者の経営の効率化を支援するソフト事業）の認定制度が創設され、支援措置が講じられた。さらに、オープンカフェ等の道路占有許可、中心市街地に限って活動が認められる特例通訳案内士制度など規制の特例が創設された。

　しかしながら、2019年3月末現在の認定件数は、143市2町232計画にとどまっている（2014年6月末比、24市2町77計画の増加）。また、2018年8月末までに計画期間が終了し、最終フォローアップ報告書を作成している115市139計画について目標指標のうち達成されたものは31.9%にすぎない。その達成率は、「街なか居住の推進」20.0%、「経済活力の向上（小売業年間販売額、従業者数、新規開業数、空き店舗数など）」26.1%、「にぎわいの創出（歩行者通行量、観光文化施設入込客数など）」などにおいて特に低い[12]。

（4）地域商店街活性化法

①中小企業政策審議会答申

　中小企業政策審議会中小企業経営支援分科会商業部会答申「"地域コミュニティの担い手"としての商店街を目指して」（2009年1月）においては、「新たな商店街のあり方として、"地域コミュニティの担い手"となることが期待されるが、（中略）、商店街本来の商機能を強化する取り組みがあわせて図られるべきである」とし、商店街の持つ経済的機能と社会的機能の両方の充実を目指すべきとしている。さらに、「町村部の商店街を始め、厳しい状況のなかにあっても"地域コミュニティの担い手"としての新たな商店街づくりに挑戦しようという、意欲と創意工夫に溢れる前向きな取り組みを重点的に支援すべきである」とし、改正中心市街地活性化法による認定計画外の商店街においても、意欲的な商店街については「選択と集中」の論理に基づき、重点的に支援すべきであるとしている。

②商店街活性化の目的とその意義

　中小企業政策審議会答申を受けて、地域商店街活性化法が2009年8月に施行された。同法は、その目的を「商店街が我が国経済の活力の維持及び強化並びに国民生活の向上にとって重要な役割を果たしていることにかんがみ、中小小売商業及び中小サービス業の振興並びに地域住民の生活の向上及び交流の促進に寄与してきた商店街の活力が低下していることを踏まえ、商店街への来訪者

の増加を通じた中小小売商業者又は中小サービス業者の事業機会の増大を図る
ために商店街振興組合等が行う地域住民の需要に応じた事業活動について、経
済産業大臣によるその計画の認定、当該認定を受けた計画に基づく事業に対す
る特別の措置等について定めることにより、商店街の活性化を図る」としてい
る[13]。

　地域商店街活性化法においては、商店街振興組合等が商店街活性化事業計画
を作成し、経済産業大臣が都道府県および市町村の意見を聞いた上で、商店街
活性化事業計画を認定する。商店街活性化事業計画の作成にあたっては、地域
住民の商店街に対するニーズを十分に踏まえた事業であることに加えて、商店
街活性化効果の数値目標の設定が求められる。

③商店街活性化事業計画の認定

　商店街活性化事業計画は2009年12月に最初の認定がなされ、その後の認定件
数は次のように推移している。2009年度32商店街、2010年度37商店街、2011年
度11商店街、2012年度23商店街、2013年度6商店街、2014年度5商店街、2015
年度認定なし、2016年度2商店街、2017年度～2018年度認定なし、計116商店
街と、その実績は少なく、さらに近年の認定はほとんどない。

3　小売業態別の現況

（1）百貨店・総合スーパーの販売額増加率の推移

　表1-5は、バブル崩壊後の1992年以降の小売業計、および百貨店既存店・
スーパー既存店の前年比販売額増加率の推移をみたものである。「小売業計」
は増減を繰り返しながらも、ほとんど横ばいである。「百貨店既存店」は、
1996年および2012年以降（2016年および2018年を除く）はプラスとなっている
が、それ以外はマイナスとなっている[14]。「スーパー既存店」は、2013年まで
はマイナスが続いており、「小売業計」の販売額減少率よりも小さな減少にと
どまったのは1998年および2002年の2年間に過ぎなかった。しかし、2014年以
降は、ほぼ横ばい状態となっている。

表1-5　百貨店・スーパー前年比販売額増加率の推移

（単位：％）

	小売業計	百貨店既存店	スーパー既存店		小売業計	百貨店既存店	スーパー既存店
1992年	0.3	▲3.0	▲0.2	2006年	0.1	▲0.7	▲1.6
1993年	▲1.9	▲6.1	▲3.1	2007年	▲0.1	▲0.7	▲1.3
1994年	1.1	▲2.5	▲1.4	2008年	0.3	▲4.2	▲1.3
1995年	0.0	▲2.1	▲1.7	2009年	▲2.3	▲10.1	▲5.0
1996年	1.0	1.3	▲1.9	2010年	2.5	▲3.0	▲2.4
1997年	▲0.7	▲0.8	▲2.1	2011年	▲1.0	▲2.3	▲1.5
1998年	▲5.5	▲4.7	▲4.0	2012年	1.8	0.4	▲1.4
1999年	▲2.7	▲3.1	▲5.2	2013年	1.0	1.8	▲1.5
2000年	▲1.5	▲2.5	▲6.4	2014年	1.7	2.1	0.3
2001年	▲1.9	▲0.5	▲5.0	2015年	▲0.4	0.5	0.3
2002年	▲3.9	▲2.1	▲2.2	2016年	▲0.6	▲2.9	0.1
2003年	▲1.9	▲2.6	▲3.7	2017年	1.9	0.6	▲0.2
2004年	▲0.6	▲2.8	▲4.1	2018年	1.7	▲0.3	▲0.5
2005年	1.0	▲0.5	▲3.6				

（出所）経済産業省『商業動態統計年報（商業販売統計年報）』（各年版）より作成。

（2）百貨店・スーパーの売場効率の推移

　「百貨店」の売場効率（1㎡あたりの年間販売額）の推移をみると、1991年には179.8万円／㎡であったものが、その後、低下の一途をたどり、2011年には98.3万円／㎡（1991年を100とした指数54.7）まで低下している。以降は、インバウンド消費の貢献もあって、2018年には106.4万円／㎡（同指数59.2）とやや戻している。しかし、ピーク時と比較すると売場効率は6割近くまで低下している（図1-6参照）。

　他方で、「スーパー」の売場効率の推移をみると、1991年の104.1万円／㎡から2014年には55.2万円／㎡（同54.2）まで低下した。その後、2018年には58.0万円／㎡（同指数56.9）と、百貨店と同様にやや戻している（図1-7参照）。

図1-6　百貨店売場面積・売場効率の推移

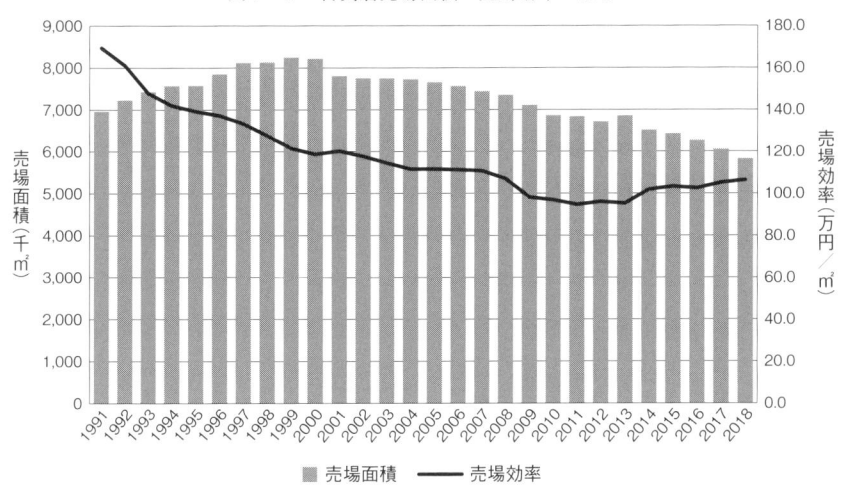

（注）年間販売額は、2015年＝100とした消費者物価指数（総合）で調整。
（出所）経済産業省『商業動態統計年報（商業販売統計年報）』（各年版）、および総務省『消費者物価指数年報』
　　　　より作成。

図1-7　スーパー売場面積・売場効率の推移

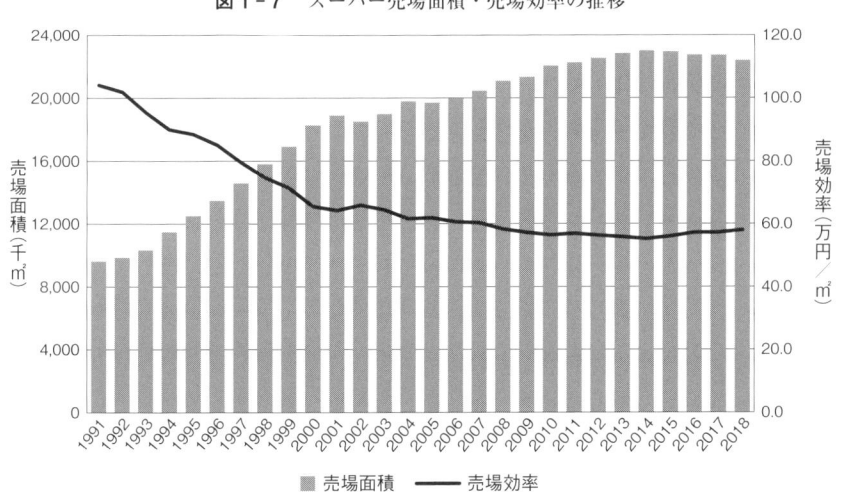

（注1）年間販売額は、2015年＝100とした消費者物価指数（総合）で調整。
（注2）商業動態統計調査において、2015年7月から「スーパー」の調査対象の見直しがなされたため、それ以前
　　　　のデータは補正係数に基づいて修正した。
（出所）経済産業省『商業動態統計年報（商業販売統計年報）』（各年版）、および総務省『消費者物価指数年報』
　　　　より作成。

（3）総合店、部分総合店、専門店チェーン

わが国の小売業は、バブル崩壊以降の売上高停滞下でも売場面積の増加が進み、売場効率が低下するとともに、激しい小売業態間競争が繰り広げられている。小売業態別売上割合の推移をみると、「総合スーパー」や「百貨店」などの『総合店』の衰退、一方で『専門店チェーン』の成長が明確である[15]。「総合スーパー」では、衣料品や住関連商品の売上割合の減少により“総合スーパーの食品スーパー化”が進み、「百貨店」でも衣料品の売上割合が大きく減少している。

このような『総合店』から『専門店チェーン』へという動きに加えて、他方では限定された分野では総合的な商品構成をもつ「食品スーパー」「コンビニエンスストア」「ホームセンター」「ドラッグストア」「均一価格店」など、いわゆる『部分総合店』が成長している[16]。また、商業集積全体として総合店的な商品構成をもつショッピングセンターが小売業売上高に占める割合も増加している[17]。

表1-8は、「自動車小売業」および「燃料小売業」の売上高を差し引いた小売業売上高に占める小売業態別の割合について、比較可能な2002年から2014年にかけての推移をみたものである。小売業態は、「百貨店」「総合スーパー」からなる衣食住全般を総合的に取り扱う『総合店』、限定された分野では総合的な商品構成をもつ「食品スーパー」「コンビニエンスストア」「ホームセンター」「ドラッグストア」「均一価格店」からなる『部分総合店』、そして『専門店チェーン』、『無店舗販売』および『小規模店（従業者数1～4人規模）』に大別した。

同表によると、『総合店』および『小規模店（従業者数1～4人規模）』は明らかに減少しているのに対して、『専門店チェーン』は2002年の32.9％から2014年には41.3％へと8.4ポイント増加、『部分総合店』も2002年の26.7％から2014年には31.3％へと4.6ポイント増加している。

『部分総合店』の中では、「コンビニエンスストア」が2002年の6.6％から2014年には9.4％へと2.8ポイント増、「ドラッグストア」も2002年の1.9％から2014年には4.5％へと2.6ポイント増と大きく増加しているのに対して、「ホームセンター」は2002年3.0％、2007年2.8％、2014年3.0％と停滞している。『部分総合店』の中でも、成長を続ける「ドラッグストア」と、停滞傾向にある「ホー

表1-8　小売業態別売上割合の推移

(単位：%)

	総合店			部分総合店						専門店チェーン[6]	無店舗販売[4]	小規模店[5]
	百貨店	総合スーパー	計	食品スーパー	コンビニエンスストア	ホームセンター	ドラッグストア	均一価格店[3]	計			
2002年	7.9	5.7	13.6	15.0	6.6	3.0	1.9	0.4	26.7	32.9	7.8	19.0
2007年	7.1	6.9	14.0	15.8	6.9	2.8	2.9	0.5	29.0	33.4	7.3	16.3
2014年	4.4	5.4	9.9	13.9	9.4	3.0	4.5	0.5	31.3	41.3	5.8	11.7

(注1) 数字は、小売業売上高計から自動車小売業および燃料小売業の売上高を差し引いた売上高（経済産業省『商業動態統計年報（商業販売統計年報）』）に占める各小売業態の割合。

(注2) 「百貨店」「総合スーパー」「食品スーパー」「コンビニエンスストア」「ホームセンター」「ドラッグストア」の売上高は、経済産業省『商業統計表（業態別統計編）』による。ただし、「ドラッグストア」は2014年に初めて業態別統計として取り上げられたため、2002年および2007年については、ホームセンター研究所『ドラッグストア経営統計』における市場規模の増加率をもとに、2014年の売上高に掛け合わせて推計（2002年は2014年の0.399、2007年は同0.637）。

(注3) 「均一価格店」は、日経MJ「日本の専門店調査」による大手4社（大創産業、セリア、キャンドゥ、ワッツ）の売上高合計。ただし、2002年の売上高は2007年にワッツに買収されたオースリーの売上高も含む。

(注4) 2014年の「無店舗販売」売上高は、経済産業省『商業統計表（業態別統計編）2014年』における「無店舗販売」（訪問販売、通信・カタログ販売、インターネット販売、自動販売機による売上高が100%）の事業所の売上高。2002年および2007年の売上高は、『商業統計表（業態別統計編）2014年』における商品販売形態別統計における「無店舗販売額」の増減率をもとに、2014年の売上高に掛け合わせて推計（2002年は2014年の1.287、2007年は同1.222）。

(注5) 「小規模店」は、経済産業省『商業統計表（業態別統計編）』における従業者数1～4人規模の「専門店」および「中心店」の売上高。

(注6) 「専門店チェーン」は、「小売業（自動車小売業、および燃料小売業を除く）」から、「総合店計」「部分総合店計」「無店舗販売」「小規模店」を差し引いたものを「専門店チェーン」の売上高とみて推計。

(出所) 経済産業省『商業統計表（業態別統計編）』商業動態統計年報（商業販売統計年報）』（各年版）、ホームセンター研究所『ドラッグストア経営統計』(各年版)、「均一価格店」については日経MJ「日本の専門店調査」（各年版）より作成。

ムセンター」では、大きく明暗が分かれている。

（4）小売業態別の売上高推移

図1-9は、長期的な売上動向が把握できる主な小売業態について、その推移を比較したものである。なお、『総合店』である「総合スーパー」と、『部分総合店』である「食品スーパー」は、長期的な比較が可能な商業動態統計調査においては区分されていないため、その合計額を「スーパー」という形で示している。

『総合店』である「百貨店」の売上高は、1991年の11兆8,000億円をピークに2012年の6兆5,000億円まで減少を続けたが、その後はインバウンド消費の貢献もあって、減少傾向に歯止めがかかっている。「スーパー」の売上高は、

図1-9 小売業態別売上高推移の比較

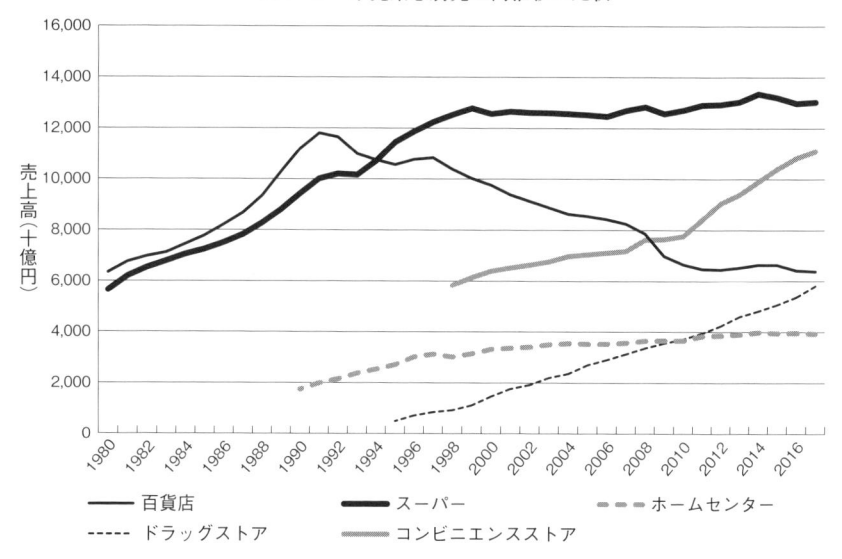

（出所）「百貨店」「スーパー」「コンビニエンスストア」は、経済産業省『商業動態統計年報（商業販売統計年報）』（各年版）、「ホームセンター」は日本DIY協会調べ、「ドラッグストア」は日本ホームセンター研究所『ドラッグストア経営統計』（各年版）より作成。

1997年の12兆2,000億円までは増加を続けたが、それ以降2012年までは12兆台にとどまり、2013年に13兆台に乗せたものの、その後はほぼ横ばい状態となっている。

　『部分総合店』では、「コンビニエンスストア」「ドラッグストア」の売上高は増加を続け、2018年には「コンビニエンスストア」で11兆1,000億円、「ドラッグストア」でも5兆8,000億円に達している。一方で、「ホームセンター」は2003年に3兆9,000億円に達して以降、4兆円に届くことなく停滞している。

（5）主な小売業態の現況

①百貨店

　図1-10は、百貨店を「4大都市」（東京特別区、横浜市、名古屋市、大阪市、1991年および2018年において百貨店販売額が大きい上位4都市）と、「その他都市」に区分して、1991年を100とした販売額および売場面積の指数、さらに売場効率の推移をみたものである。

図1-10　百貨店販売額指数・売場面積指数、売場効率の推移

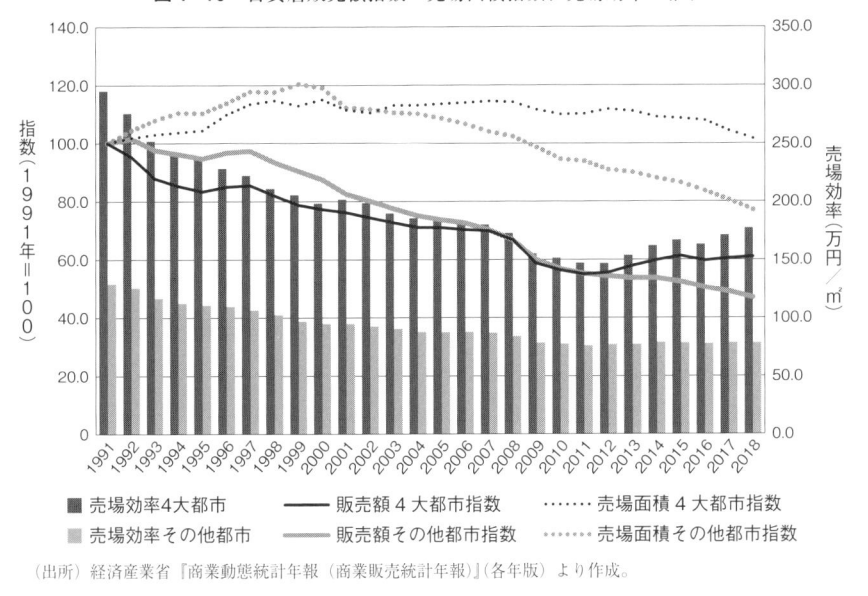

（出所）経済産業省『商業動態統計年報（商業販売統計年報）』（各年版）より作成。

　販売額については、「4大都市」では1991年をピークとして、「その他都市」でも1992年をピークに減少しているが、「4大都市」においては2011年を底に増加傾向にある。他方で、売場面積については、「4大都市」において1991年当時を上回る売場面積を維持している一方で、「その他都市」では1999年までは増加傾向にあったものの、それ以降は減少を続けている。近年は、「4大都市」と「その他都市」の間で乖離がすすんでいる[18]。

　売場効率をみると、「4大都市」では1991年の295.2万円／㎡から低下を続け、2012年には146.8万円／㎡と、1991年の半数を切るまでに低下したものの、2018年には177.1万円／㎡まで戻している。「その他都市」においても、1991年の129.1万円／㎡から低下を続け、2013年には76.0万円／㎡まで低下したが、2018年には78.5万円／㎡とやや戻す傾向にある。

　表1-11は、百貨店の売場効率が最低であった2011年度の店舗別売上高ランキング区分別に、売場効率がピークであった1991年度の売場効率と、2011年度の売場効率がどのように変化したかを整理したものである。百貨店の売場効率が最も低かった2011年度における売上高規模別の売場効率をみると、売上高規

表1-11　百貨店売上高ランキング別売場効率の変化（1991〜2011年度）

2011年度百貨店店舗別売上高ランキング	1991年度売場効率（万円／㎡）	2011年度売場効率（万円／㎡）	増減率（%）2011年度／1991年度	集計数	集計除外数
1〜20位	363.7	179.8	▲50.6	18	2
21〜40位	245.8	118.0	▲52.0	15	5
41〜60位	203.4	110.7	▲45.6	13	7
61〜80位	172.8	78.4	▲54.6	14	6
81〜100位	158.4	76.6	▲51.6	13	7
101〜200位	146.5	69.2	▲52.8	44	56
合　計	209.1	101.8	▲51.3	117	83

（注）集計除外（比較不能）とは、1991年度あるいは2001年度に店舗面積が20%以上増減、営業月数11か月以下、1991年度以降に閉店など比較が不可能な店舗。
（出所）日経MJ「百貨店調査」（『流通経済の手引き1993』『日経MJトレンド情報源2013』）日本経済新聞社より作成。

表1-12　百貨店売上高ランキング別存続店舗数・閉店店舗数（1991〜2011年度）

1991年度百貨店店舗別売上高ランキング	2011年度の存続数	2011年度までの閉店数
1〜20位	19	1
21〜40位	20	0
41〜60位	16	4
61〜80位	13	7
81〜100位	18	2
101〜200位	80	20
合　計	166	34

（出所）日経MJ「百貨店調査」（『流通経済の手引き1993』『日経MJトレンド情報源2013』）日本経済新聞社より作成。

模が上位の区分ほど売場効率も高い傾向が明確であり、この傾向は売場効率が
ピークであった1991年度においても同じである。1991年度比2011年度の売場効
率の増減率をみると、どの売上高ランキング区分においても50%前後の低下と
なっており、売上高規模にかかわらず、売場効率が同程度に低下している。

　しかし、表1-12によって1991年度の売上高規模区分別に2011年度における
存続状況をみると、40位以内のランクでは1店しか閉店がない[19]が、それ以
下の区分では2割程度の閉店率となっている。すなわち、売上高の大きな大規
模百貨店が存続する一方で、地方百貨店のみならず、大都市でも小規模な百貨

店の淘汰が進んでいるといえる。

②総合スーパー

　総合スーパーは、大幅に売場面積を増加してきた割には売上高の伸びは小さい。そのため、売場効率は大幅に低下し、既存店売上高も減少の一途にある。商業動態統計調査における「スーパー」（売場面積の半数以上でセルフサービス方式を採用、売場面積1,500㎡以上、一部食品スーパーも含まれる）の商品分類別売上割合の推移をみると、1980年において衣料品が34.0％、飲食料品42.5％、その他（家具、家庭用電気機械器具、家庭用品など）23.5％であった。しかし、2018年には、衣料品8.6％、飲食料品74.7％、その他16.7％となり、衣料品の割合が大幅に減少、飲食料品の割合が大幅に増加する"総合スーパーの食品スーパー化"がすすんでいる（詳しくは第2章を参照）。

　モータリゼーションが進み、専門店チェーンが成長する中で、衣食住全般を取り扱う総合スーパーの小売業態における地位は今後いっそう低下すると考えられる。

③食品スーパー

　商業統計に基づいて、飲食料品売上高に占める小売業態別の割合をみると、1982年には百貨店5.0％、総合スーパー9.7％、食品スーパー21.2％、コンビニエンスストア1.9％、その他の小売店（小規模飲食料品店など）62.2％であった。2014年には、百貨店3.7％、総合スーパー8.9％、食品スーパー38.4％、コンビニエンスストア12.0％、その他の小売店37.0％となっている。すなわち、その他の小売店の売上割合が▲25.2ポイント減と大幅に減少する一方で、総合スーパー（1,500㎡以上）▲0.8％ポイント減、食品スーパー17.2ポイント増、コンビニエンスストア10.1ポイント増となっており、食品スーパーの成長が目立っている（詳しくは第2章を参照）。

　しかし、"総合スーパーの食品スーパー化"、ドラッグストアの食品売上割合の増加、コンビニエンスストアにおいても野菜・果物などの取扱いが進み、食品スーパーの市場は浸食されつつある。

④コンビニエンスストア

　商業動態統計調査においてコンビニエンスストアの調査が開始された1998年において、飲食料品売上高に占めるコンビニエンスストアの割合は8.4％、小売業計に占める割合は4.1％であった。2018年においては、飲食料品計売上高

に占める割合13.7％、小売業計に占める割合7.8％と増加している[20]。他方で、大手3社（セブン-イレブン、ローソン、ファミリーマート）の店舗数は、1990年度10,132店、1995年度16,021店、2000年度22,097店、2005年度26,410店、2010年度31,313店、2015年度42,108店、2018年度51,965店と大きく増加している。しかし、店舗数の増加の割には小売業態に占める割合の増加はそれほど大きなものではない（詳しくは第4章を参照）。

⑤ドラッグストア

日本ホームセンター研究所の推計によると、ドラッグストアの売上高は、1999年度1兆円、2003年度2兆円、2007年度3兆円、2012年度4兆円、2015年度には5兆円を超え、2017年度には5兆8,000億円と6兆円間近となっている（日本ホームセンター研究所『ドラッグストア経営統計2018年』）。「ドラッグストア」は、H＆BCを主力商品として、「医薬品専門店」や「化粧品専門店」の売上高を取り込む形で成長してきた。しかし、このような形での成長は限界に近づきつつあるため、「食品」および「調剤薬」を強化している（詳しくは第5章を参照）。

⑥ホームセンター

日本DIY協会によると、ホームセンター業界の売上高は、1985年に1兆円、1990年に2兆円、1995年に3兆円を超え、急成長を遂げた。しかし、2001年からは低い増加率にとどまり、2006年に初めてマイナス成長となって以降、4兆円を目前にして、ほぼ横ばいの状態が続いており、2017年の売上高は3兆9,890億円となっている。「ホームセンター」は、「金物・荒物専門店」の売上高を取り込む形で成長してきたが、それだけでは今後の成長は見込めず、業務用需要の開拓に力を入れつつある。また、売上高の拡大よりも、利益の拡大を模索し、PB商品の開発による差別化、さらにそれによる売上総利益率の向上を志向している（詳しくは第6章を参照）。

⑦専門店チェーン

「専門店」は、百貨店や総合スーパーなどの総合的な商品部門を取り扱う総合店に対して、限定された商品部門を取り扱う小売業態をいう。「専門店チェーン」は特定の商品カテゴリーに特化し、総合店を上回る品揃えを形成してきた。消費者は、「総合店によるワンストップ・ショッピングの便宜性」と「専門店による深い品揃え」の価値を比較するが、モータリゼーションが進む中で

「総合店」の競争力が失われ、「専門店チェーン」が成長してきた[21]。「専門店チェーン」は、規制強化期の1980年代に総合スーパーの出店が抑制されている中でチェーン展開をすすめ、売上規模を拡大していく好機になった。「総合店」から「専門店チェーン」へのシフトは、規制緩和期から明確になり、その傾向は大店立地法期になって加速したといえる[22]（詳しくは第7章を参照）。

「専門店チェーン」は、成長をリードする企業は入れ替わっていくであろうが、今後小売業態において一定の売上割合を占めることになろう。特に、ユニクロを運営するファーストリテイリングに代表されるSPA（Specialty Store Retailer of Private Label Apparel）とよばれる商品企画機能をもつ製造小売業の成長が予想される。

⑧無店舗販売、電子商取引

表1-13は、小売業における小売販売額（卸売販売額を除く）を「店舗販売」と「無店舗販売」（通信販売、訪問販売、通信・カタログ販売、自動販売機販売、その他の販売形態——ピザの宅配や仕出し屋、生活協同組合の共同購入、新聞や牛乳など月極販売など）に大別したものである。

「店舗販売」の割合は1997年以降増加しているが、小売販売額そのものが減

表1-13　小売販売額、通信・カタログ販売額の推移

（単位：十億円、%）

	小　売販売額	店　舗販売額	無店舗販売額計	通信・カタログ販売		訪問販売	自動販売機	その他
				通信・カタログ	インターネット			
1991年	138,349 (100.0)	108,442 (78.4)	29,907 (21.6)	2,122 (1.5)		16,640 (12.0)	1,382 (1.0)	9,763 (7.1)
1994年	140,907 (100.0)	113,354 (80.5)	27,553 (19.5)	2,462 (1.7)		14,264 (10.1)	1,569 (1.1)	9,258 (6.6)
1997年	145,577 (100.0)	116,026 (79.8)	29,550 (20.2)	2,656 (1.8)		15,266 (10.5)	1,662 (1.1)	9,966 (6.8)
2002年	133,877 (100.0)	109,831 (82.0)	24,046 (18.0)	3,087 (2.3)		10,739 (8.0)	1,550 (1.2)	8,671 (6.5)
2007年	132,844 (100.0)	110,017 (82.9)	22,827 (17.1)	4,017 (3.0)		8,283 (6.2)	1,792 (1.3)	8,736 (6.6)
2014年	120,756 (100.0)	102,072 (84.5)	18,684 (15.5)	3,162 (2.6)	2,497 (2.1)	6,660 (5.5)	1,192 (1.0)	5,173 (4.3)

（注）カッコ内は、小売販売額を100.0とした割合。
（出所）経済産業省（通商産業省）『商業統計表（産業編）』（各年版）より作成。

少傾向にあることもあって、店舗販売額も1997年から2002年にかけて約6兆円減少、それ以降も減少傾向にある。

　他方で、「無店舗販売」は、その割合でも販売額においても1997年以降減少を続けている。無店舗販売の減少は、1997年以降大幅に減少している「訪問販売」の減少によるもので、「通信・カタログ販売」は、その割合でも販売額においても一貫して大幅に増加している。

　「通信・カタログ販売」は、2014年調査から「インターネット販売」が分離されたが、その合計額は2007年の4兆円から2014年には5.7兆円へと1.7兆円増加し、小売販売額計に占める割合も4.7％になっている。

　表1-14は、電子商取引の動向をみたものである。経済産業省「電子商取引に関する市場調査」[23] によると、電子商取引市場規模は2018年において約9

表1-14　電子商取引市場規模および電子商取引が占める割合

（単位：十億円、％）

	2013年	2014年	2015年	2016年	2017年	2018年
①食品、飲料、酒類	9,897 (1.6)	11,915 (1.9)	13,162 (2.0)	14,503 (2.3)	15,579 (2.4)	16,919 (2.6)
②生活家電、AV機器、PC・周辺機器等	11,887 (22.7)	12,706 (24.1)	13,103 (28.3)	14,278 (29.9)	15,332 (30.2)	16,467 (32.3)
③書籍、映像・音楽ソフト	7,850 (16.5)	8,969 (19.6)	9,544 (21.8)	10,690 (24.5)	11,136 (26.4)	12,070 (30.8)
④化粧品、医薬品	4,088 (3.8)	4,415 (4.2)	4,699 (4.5)	5,268 (5.0)	5,670 (5.3)	6,136 (5.8)
⑤雑貨、家具、インテリア	9,638 (13.2)	11,590 (15.5)	12,120 (16.7)	13,500 (18.7)	14,817 (20.4)	16,083 (22.5)
⑥衣類・服装雑貨等	11,637 (7.5)	12,822 (8.1)	13,839 (9.0)	15,297 (10.9)	16,454 (11.5)	17,728 (13.0)
⑦自動車、自動二輪車、パーツ等	1,675 (1.9)	1,802 (2.0)	1,874 (2.5)	2,041 (2.8)	2,192 (3.0)	2,348 (2.8)
⑧事務用品、文房具	1,354 (23.3)	1,599 (28.1)	1,707 (28.2)	1,894 (33.6)	2,048 (37.4)	2,203 (40.8)
⑨その他	1,907 (0.5)	2,227 (0.6)	2,348 (0.6)	2,572 (0.8)	2,779 (0.8)	3,038 (0.9)
合　計	59,931 (3.9)	68,043 (4.4)	72,398 (4.8)	80,043 (5.4)	86,008 (5.8)	92,992 (6.2)

　（注）電子商取引化率の分母となる市場規模は、総務省統計局「家計調査」に基づいて1世帯あたりの年間平均消費支出額全体に占める財（商品）の分野別の比率を求め、これに内閣府「国民経済計算」における国内家計最終消費支出を掛け合わせて、国内で個人が消費した財（商品）の分野別の市場規模を推計している。
　（出所）経済産業省『電子商取引に関する市場調査報告書』（各年版）より作成。

兆3,000億円に達し、電子商取引化率は、2013年3.9％、2014年4.4％、2015年4.8％、2016年5.4％、2017年5.8％、2018年6.2％と年々増加している。2018年における電子商取引化率を商品分類別にみると、「事務用品、文房具」40.8％、「生活家電、AV機器、PC・周辺機器等」32.3％、「書籍、映像・音楽ソフト」30.8％、「雑貨、家具、インテリア」22.5％と高い割合となっているが、市場規模の大きな「食品、飲料、酒類」においては2.6％にとどまっている。

むすび

　小売業売上高はバブル崩壊以降、ほぼ横ばい状態である。人口減少時代を迎え、かつ急速な高齢化が進む中で、小売業の売上高が大幅に増加することは望めないであろう。限られた需要をめぐって、小売業態間の競争、企業間の競争はますます激化することが予想される。その中でも、衣食住全般を取り扱う「百貨店」や「総合スーパー」の地位は低下し、逆に限定された分野では総合的な商品構成をもつ「部分総合店」や、商品カテゴリーを絞り込んだ「専門店チェーン」へのシフトが進むであろう。

　国内の競争が激化する中で、大手小売企業による海外進出が加速している。国内小売需要が停滞する中で、わが国小売企業が成長するためには海外に市場を求める他はなく、小売業の海外進出、特にアジアへの進出が加速すると考えられる。これまでのところ、わが国小売業のアジア進出は必ずしも順調とはいえない[24]が、今後は大手小売業のアジアシフトが強まることになろう。

注

1）石原武政「流通調整政策」鈴木武編『現代の流通問題——政策と課題——』東洋経済新報社、1991年、80-82ページ、渡辺達朗『流通政策入門（第3版）』中央経済社、2011年、32-33ページを参考にした。

2）流通政策の変遷については、南方建明『流通政策と小売業の発展』中央経済社、2013年、1-15ページを参照されたい。

3）南方建明『流通政策と小売業の発展』中央経済社、2013年、28-30ページをもとに作成。なお、「大衆百貨店」については、日本チェーンストア協会編『チェーンストアのポテンシャルと歴史的革命』日本チェーンストア協会、1998年、152-175ページ（荒井伸也談）、安土敏（荒井伸也）『日本スーパーマーケット原論』ぱるす出版、1987年を参照されたい。

34

4）特定店舗数と第二次百貨店法の適用を受ける百貨店業者の大規模店舗数（店舗面積
1,500㎡以上）を比較すると、1963年特定店舗38店（百貨店業者大規模店舗189店）、
1965年同58店（同223店）、1967年同103店（同237店）、1969年同227店（同289店）、
1970年同308店（同309店）、1971年同393店（同319店）となっている（通商産業省企
業局編『流通革新下の小売商業――百貨店法改正の方向――』大蔵省印刷局、1972
年、54-55ページ）。百貨店業者の大規模店舗数は、通商産業省・通商産業政策史編纂
委員会編『通商産業政策史第11巻』通商産業調査会、1993年、418-419ページ。

5）食品スーパーの成長過程については、南方建明『日本の小売業と流通政策』中央経
済社、2005年、15-51ページを参照されたい。

6）コンビニエンスストア業界の大手企業がチェーン展開を開始する前の1972年3月
に、流通経済研究所コンビニエンス・ストア・マニュアル委員会編（中小企業庁委
託）『コンビニエンス・ストア・マニュアル』流通経済研究所、1972年が発刊されてい
る。なお、1970年代初頭におけるコンビニエンスストア業態のわが国への導入に向け
た動きについては、川辺信雄「幻の1号店とマミイ豊中店（コンビニ全史第11回）」
『コンビニ』第9巻第9号、2006年9月、90-91ページに詳しい。

7）1979年改正大店法施行以降、1,000㎡未満の出店が原則自由化された1994年以前の
期間、すなわち「1980-1993年」における売場面積「400㎡以上1,500㎡未満」の出店
数に占める「495～500㎡」（498㎡店）の割合は合計で23.2％に達する（商業界『日本
スーパー名鑑1999年』より算出）。また、「500㎡超1,000㎡未満」の出店数に占める
「998～999㎡」（998㎡店）の割合は、1994年までは2.4％に過ぎないが、「1995～1999年」
には19.1％に達している（東洋経済新報社『全国大型小売店総覧2000年』より算出）。

8）中心市街地商業の状況を商業統計調査からみると（プロジェクト実施前1991～1997
年、プロジェクト実施後1997～2004年）、商店数の推移は「プロジェクト実施前中心
市街地▲1.20％（全国▲2.03％）」「プロジェクト実施後中心市街地▲4.50％（全国▲
1.94％）」、小売業売上高は「プロジェクト実施前中心市街地▲0.61％（全国0.63％）」
「プロジェクト実施後中心市街地▲6.91％（全国▲1.46％）」となっており、全国平均
と比較しても中心市街地における減少が目立つ。空き店舗の推移をみても、基本計画
作成年度と2004年度を比較して増加している地区が60.6％、逆に減少している地区が
39.4％、歩行者通行量では、同期間に平日通行量増加地区が18.3％、休日通行量増加
地区が15.7％にとどまっており、プロジェクト実施の効果は十分ではなかったといわ
ざるを得ない（会計検査院「中心市街地活性化プロジェクトの実施状況に関する会計
検査の結果について」2006年10月）。

9）都市計画・中心市街地活性化法制研究会編『詳説　まちづくり三法の見直し』ぎょ
うせい、2007年、および土肥健夫『改正・まちづくり三法下の中心市街地活性化マ
ニュアル』同友館、2006年、31-33ページを参考にした。

10）中西信介「中心市街地活性化政策の経緯と今後の課題――中心市街地の活性化に関
する法律の一部を改正する法律案――」『立法と調査』第351号、2014年4月。

11）内閣府・内閣官房「中心市街地活性化基本計画2012年度最終フォローアップ報告」
2013年10月。また、中心市街地活性化法に基づく基本方針の策定主体である経済産業
省、国土交通省、総務省、農林水産省に対する総務大臣による行政評価・監視結果に

基づく勧告（2004年9月）によると、「統計指標の動向等から判断すると、中心市街地の活性化が図られていると認められる市町は少ない状況」であるとし、次の4点を勧告している。第一に、「基本計画の的確な作成」数値目標設定の有効性や中心市街地の区域設定に当たっての要件について具体的内容を明示すること。第二に、「事業の着実な実施」民間連携のための体制整備やTMO構想の速やかな策定の有効性について具体的内容を明示すること。第三に、「基本計画の見直し」事業の進ちょく状況等の定期的把握や基本計画の見直しの必要性についてその具体的内容を明示すること。第四に、「基本計画の的確な評価」優れた基本計画に対し重点的な支援を行うため、基本計画の内容を的確に評価すること（総務省「中心市街地の活性化に関する行政評価・監視結果に基づく勧告」2004年9月）。

12）内閣府地方創生推進事務局「中心市街地活性化基本計画2017年度最終フォローアップ報告」2018年8月。また、総務大臣による行政評価・監視結果に基づく勧告（2016年7月）によると、「中心市街地活性化基本計画は所期の効果が発現しているとみることは困難、地方公共団体における指標設定・測定が不適切な例などあり」とし、中心市街地活性化施策について、改めて目標達成が困難な原因の分析、改善方策の検討、指標の設定・測定等に係るマニュアルの整備、助言等の支援実施などを勧告している（総務省「地域活性化に関する行政評価・監視結果に基づく勧告」2016年7月）。

13）中小企業庁「商店街活性化事業の促進に関する基本方針」（2009年8月）では、商店街活性化事業促進の意義として、次のように述べている。「商店街は、元来、中小小売商業者及び中小サービス業者が多数集積しており、さまざまな商品やサービスをワンストップで販売・提供する"商いの場"である一方、地域の人々が数多く集まることから、お祭りやイベント等に利用され、地域の人々が交流する"公共の場"としての役割も果たしている。このような"商いの場"、"公共の場"を併せ持つ特徴により、商店街は、地域の中小小売商業や中小サービス業を振興するという経済的機能を有するだけでなく、地域住民の生活利便や消費者の買い物の際の利便を向上させ、地域の人々の交流を促進する社会的機能をも有する存在である」として、商店街の「公共性」と「社会的機能」について強調している。

14）近年、百貨店において前年比売上高増加率がプラスとなっているのは、インバウンド消費の貢献が大きいといえる。2014年10月から消耗品（化粧品、食料品等）が新たに免税対象となったが、それ以降の百貨店売上高合計に占める免税売上高（日本百貨店協会外国人観光客誘致委員会委員店の売上高）の割合をみると、2014年10月の1.8%から、2018年10月には6.3%に達している（日本百貨店協会「全国百貨店売上高概況」「外国人観光客の売上高・来店動向」より算出）。

15）『総合店』と『専門店チェーン』の小売業態間競争については、詳しくは南方建明「大型店出店規制と専門店チェーンの成長」日本経営診断学会編『コミュニティ・ビジネスモデルの診断（日本経営診断学会論集④）』同友館、2004年10月、および同『流通政策と小売業の発展』中央経済社、2013年を参照されたい。

16）大型家電量販店の取扱商品をみると、住生活全般にわたる総合ディスカウントストアという印象を受けるが、次に示すように家電の販売額が占める割合が非常に多く、家電量販店は専門店チェーンとして分類することが妥当であろう。家庭用電気機器

具小売業販売額計に占める「家庭用電気機械器具」の割合は、1979年の94.4％から、1985年の90.5％、1991年の89.3％、1997年87.5％と減少してきたが、その後は再び増加傾向にあり、2002年92.3％、2007年94.5％、2014年92.0％と推移している（経済産業省（通商産業省）『商業統計表（品目編）』より算出）。なお、「家庭用電気機械器具小売業販売額」は、産業分類「家庭用電気機械器具小売業」として分類された事業所の販売額の合計。産業分類「家庭用電気機器小売業」は、2002年調査から「電気機械器具小売業」「電気事務機械器具小売業」に区分され、さらに2014年調査から「電気機械器具小売業」および「電気事務機械器具小売業」は「電気機械器具小売業（中古品を除く）」「電気事務機械器具小売業（中古品を除く）」「中古電気製品小売業」に細分されている。

17）ショッピングセンターで販売されることは少ない「自動車小売業」および「燃料小売業」の売上高を差し引いた小売業売上高に占めるショッピングセンターの割合をみると、2002年24.6％、2007年25.2％、2014年26.9％、2018年28.7％と確実に増加している（小売業売上高は経済産業省『商業動態統計年報（商業販売統計年報）』（各年版）、ショッピングセンター売上高は日本ショッピングセンター協会『SC白書』（各年版）より算出）。

18）「日本の小売業調査」によると、近年の「都市百貨店（東京、横浜、名古屋、大阪に本社を置く百貨店）」売上高上位10社の前年比売上高増加率（売上高による加重平均）は、2014年度▲0.6％減、2015年度1.2％増、2016年度▲2.7％減、2017年度0.3％増、2018年度▲1.7％減、他方で「地方百貨店」は、2014年度▲5.3％減、2015年度▲1.0％減、2016年度▲2.2％減、2017年度▲0.3％減、2018年度▲1.4％減となっている（日経MJ「日本の小売業調査（2014〜2018年度）」より算出）。「地方百貨店」では、すべての年度において前年対比売上高がマイナスとなっており、「地方百貨店」の苦境が目立っている。2018年度の「都市百貨店」は、前年対比▲1.7％減となっているが、そごう・西武が▲10.3％と大幅な減少となったことが影響している（そごう・西武を除くと▲0.0％）。これは、2017年10月にそごう神戸店、西武高槻店を事業譲渡（2019年10月よりそれぞれ神戸阪急、高槻阪急に）、さらに2018年2月に西武船橋店および西武小田原店が閉店した影響が大きい。また、「都市百貨店」上位10社のうち5社は前年比プラス、他方で「地方百貨店」上位10社のうちプラスは井筒屋0.8％増のみである。

19）1991年度調査において店舗別売上高ランキングで40位以内にあった店舗のうち2011年度までに閉店した店舗は、第17位にランクされていた「そごう大阪店」のみである。同店は、2000年12月に閉店、一度解体された後、2005年9月に「そごう心斎橋本店」として開店した。しかし、同店は2009年8月に閉店、土地・建物は隣接する大丸（J.フロントリテイリング）に売却、同年11月に「大丸心斎橋店北館」として開店した。なお、2019年3月末現在でも、1991年度調査において店舗別売上高ランキングで40位以内にあった店舗のほとんどは存続しているが、第30位にランクされていた名古屋市栄の「丸栄」は2018年6月に閉店している。

20）飲食料品販売額合計は、商業動態統計調査の「百貨店」（衣・食・住の各販売額がいずれも小売販売総額の10％以上70％未満で、従業者数50人以上、かつ売場面積1,500㎡以上、東京都特別区・政令指定都市3,000㎡以上、スーパーを除く）、および「スー

パー」(売場面積の50％以上についてセルフサービス方式採用、かつ売場面積が1,500
㎡以上)における飲食料品販売額に、飲食料品小売業販売額を加えたもの。飲食料品
計の割合は、コンビニエンスストアにおける飲食料品販売額／飲食料品販売額合計×
100で算出した。

21) 池尾恭一「小売業態の発展」田島義博・原田英生編『ゼミナール流通入門』日本経
済新聞社、1997年、129-130ページを参考にした。

22) 日経MJ「日本の専門店調査」における専門店チェーン計の前年比売上高増加率を
みると、1975年度の調査開始以来プラスを継続してきたが、2011年度に初めて▲0.6％
となり、2014年度においても▲0.2％になるなど、その増加率は鈍化している。

23) 同調査における電子商取引の定義は、受発注がコンピュータネットワークシステム
上で行われることを要件としている。したがって、見積りのみがコンピュータネット
ワークシステム上で行われ、受発注指示が人による口頭、書面、電話、FAX等を介
して行われるような取引は含まれない。また、Eメール（またはその添付ファイル）
による受発注のうち、定型フォーマットによらないものは含まれない（経済産業省
『電子商取引に関する市場調査報告書2019年』2019年5月）。

24)「ユニクロ」は、海外進出が最も成功している小売業の一つといえる。海外が国内
を上回った時期は、店舗数では2016年8月期、売上高では2018年8月期である。営業
利益においても、2018年8月期には国内とほぼ同じ水準に達している。2018年8月期
においては、店舗数計2,068店（国内827店、海外1,241店）、売上高計1兆7,610億円
（国内8,647億円、海外8,963億円）、営業利益計2,378億円（国内1,190億円、海外1,188億
円）となっている。「良品計画」でも、2018年2月期に店舗数において海外が国内を
上回り、2019年2月期には国内420店、海外497店となっている。海外の割合は、営業
収益において39.9％（4,097億円のうち1,634億円）、営業利益において43.3％（443億円
のうち192億円）を占めている。「セブン-イレブン」では、2019年2月期においては、
店舗数計67,656店のうち、国内20,876店、海外46,780店と、約7割が海外店舗となっ
ている。営業収益においても国内9,554億円、海外2兆8,211億円と海外は国内の約3
倍に達している。しかし、営業利益においては、国内2,467億円に対して、海外は923
億円にとどまっている。「イオン」では、2019年2月期において、営業収益計8兆
5,182億円に対して、海外は7,608億円に過ぎない。営業収益に占める海外の割合は、
2011年2月期3.6％、2013年2月期3.8％、2015年2月期5.3％と増加、それ以降は停滞
傾向にあったが、2019年2月期には9.3％まで増加している。営業利益においても海
外は2016年2月期および2017年2月期においては欠損となったものの、2019年2月期
には356億円（全体の20.1％）になっている（各社IR資料より算出）。

第2章　食品流通構造の変化

はじめに

　食品小売業においては、「食品スーパー」および「総合スーパー」など大規模小売店、「コンビニエンスストア」など大規模企業によって運営されている大規模チェーン店の売上割合が増加し、小規模な「業種店」の売上割合が減少している。大規模小売店や大規模チェーン店が主要なチャネルとなってきた食品小売市場の構造変化に伴って、食品卸売業においても上位企業や全国卸への集中傾向、また卸売業の中抜き傾向が進んでいるのではないかといわれている。

　そこで、本章は統計資料を用いて食品流通構造の変化について分析することを目的とする。なお、本章では食品流通の卸売段階については生鮮食品卸を除く「加工食品卸売業」に絞っている。加工食品卸売業に絞る理由は、生鮮食品については卸売市場法による規制の下で、許認可を受けた市場内の卸売業者が中間流通の主翼を担っているのに対して、加工食品卸売業は規制や逆に保護を受けることなく、高機能化や系列化などを進めながらも、独自に中間流通の役割を担っているからである。加工食品卸売業は、チェーンストアの物流センターの受託業務を担うなど他の消費財卸の中でも独特な機能の拡張を図っており、また欧米ではメーカーとチェーンストアとの直取引が一般的であるのに対して、わが国では川上・川下の両者ともに加工食品卸売業のもつ「商流」「物流」にかかわる機能を評価し、一定の存立基盤をもっているという特徴がある[1]。

　本章の流れは、次のとおりである。まず、飲食料品小売販売額に占める業態別売上割合の推移、および飲食料品小売額に占める全国チェーン・地域チェーンの売上割合の推計、および「スーパー」に注目して全国チェーン・地域チェーン・地方チェーンに3区分した売上高増加率を比較する。さらに、加工食品卸売業の構造変化について、上位企業への集中傾向について分析するとともに、流通経路の短縮化傾向についてW/W比率を用いて明らかにする。

1　飲食料品小売業における構造変化

（1）飲食料品小売販売額に占める業態別売上割合の推移

　表2–1は、小売業態を「百貨店」「総合スーパー」「食品スーパー」「コンビニエンスストア」「その他の小売店」に大別し、飲食料品小売販売額に占める各小売業態別売上割合の推移をみたものである。

　今日、飲食料品小売において最も大きな売上割合を占める「食品スーパー（売場面積200㎡以上）」が「百貨店」および「総合スーパー」の合計割合を上回ったのは1976年である。なお、1979年時点でも百貨店・総合スーパー・食品スーパーを除く「その他の小売店」の割合は、ほぼ7割を占めている。

　1979年以降の状況をみると、「食品スーパー（売場面積200㎡以上）」の売上割合は1979年から1982年にかけて16.7％から21.2％へと急速に拡大したが、1985年以降は微増にとどまっている。「総合スーパー（売場面積1,500㎡以上）」の売上割合は、大店法による規制が強化された1980年代には横ばいであったが、規制が緩和された1990年代になって増加している。

　「コンビニエンスストア」は、着実にその売上割合を増加させ、1997年には9.5％（日経MJ「コンビニエンスストア・ミニスーパー調査」をもとにした推計）、8.8％（商業統計表（業態別統計編））を占めるに至っている。「その他の小売店」（多くは特定の飲食料品を中心に取り扱う業種店）の売上割合は、1979年69.2％、1985年58.4％、1991年54.0％、1997年47.3％と大幅に減少している。

　次に、1997年以降の状況、すなわち大店法の規制緩和が進み、さらに2000年の同法廃止により大型店の出店に対する経済的規制が撤廃された時期における推移について、『商業統計表（業態別統計編）』を用いてみることとする。

　これによると、「百貨店」は、1997年の5.5％から2014年には3.7％へと減少を続けている。他方で、「食品スーパー」は1997年の29.0％から2014年には38.4％へと確実に増加し、逆に「総合スーパー」は1997年の9.8％から2014年には8.9％へとやや減少傾向にある。「コンビニエンスストア」は、1997年の8.8％から2002年には11.6％へと大きく増加したものの、2007年には12.0％と増加率は鈍化し、2014年も12.0％と横ばいである。「その他の小売」は、1997年46.9％、2002年40.8％、2007年37.7％、2014年37.0％と激減し、大規模小売業への集中が

表2-1　飲食料品小売販売額に占める小売業態別売上割合の推移

(単位：%)

	百貨店・総合スーパー (商業統計表産業編)(1962~1979年)		食品スーパー (200㎡以上)(商業統計表産業編)(1962~1979年)		(参考)その他の小売店(百貨店、総合スーパー、食品スーパー、コンビニエンスストア以外)
	百貨店 (商業販売統計)(1979~1997年)	総合スーパー (商業販売統計)(1979~1997年)	食品スーパー (250㎡以上)(商業統計表産業編)(1979~1997年)	コンビニエンスストア (推計)(1982~1997年)	
	百貨店 (商業統計表業態別統計編)(1997~2014年)	総合スーパー (商業統計表業態別統計編)(1997~2014年)	食品スーパー (商業統計表業態別統計編)(1997~2014年)	コンビニエンスストア (商業統計表業態別統計編)(1997~2014年)	
1962年	5.0		1.9	—	93.1
1966年	6.0		4.4	—	89.6
1970年	6.9		9.0	—	84.1
1974年	11.4		11.3	—	77.3
1976年	12.8		13.6	—	73.6
1979年	14.0		16.9	—	69.1
1979年	5.1	9.0	16.7	—	69.2
1982年	5.0	9.7	21.2	1.9	62.2
1985年	5.2	9.6	23.8	3.0	58.4
1988年	5.4	9.4	24.1	4.0	57.1
1991年	5.8	10.1	24.2	5.9	54.0
1994年	5.5	10.8	24.5	7.5	51.7
1997年	5.6	12.8	24.8	9.5	47.3
1997年	5.5	9.8	29.0	8.8	46.9
2002年	4.9	9.7	33.1	11.6	40.8
2007年	4.6	9.1	36.7	12.0	37.7
2014年	3.7	8.9	38.4	12.0	37.0

(注1)「1962~1979年」「1979~1997年」「1997~2014年」は推計方法が異なるため、1979年および1997年については重複する形で示した。

(注2)飲食料品小売販売額は、『商業統計表（品目編）』における「百貨店・総合スーパーの飲食料品小売販売額」＋「百貨店・総合スーパーを除く小売業の飲食料品小売販売額」。

(注3)1962~1979年の「百貨店・総合スーパー」の飲食料品小売販売額は、衣・食・住にわたる各種の商品を小売する事業所で、その事業所の性格上いずれが主たる販売商品か判別できない事業所であって、従業者数が常時50人以上のもの（商業統計表産業編）。また、1979~1997年の「百貨店」の飲食料品小売販売額は、日本標準産業分類における百貨店のうち、次の総合スーパーに該当せず、売場面積が東京都特別区および政令指定都市で3,000㎡以上、その他の地域で1,500㎡以上、「総合スーパー」の飲食料品小売販売額は、商業動態統計調査における「スーパー」（売場面積の50%以上でセルフサービス方式採用、売場面積1,500㎡以上）の飲食料品小売販売額をとった。

(注4)1962~1979年の「食品スーパー（売場面積200㎡以上）」の飲食料品小売販売額は、『商業統計表（品目編）』の「各種食料品小売業」の飲食料品小売販売額に、『商業統計表（産業編）』の「各種食料品小売業」販売額計に占める売場面積200㎡以上の割合を掛け合わせ、同様に1979~1997年の「食品スーパー（売場面積250㎡以上）」の飲食料品小売販売額は、同250㎡以上の割合を掛け合わせて推計した。そのため、売場面積1,500㎡以上については、「総合スーパー」と重複している場合がある。なお、「各種食料品小売業」の販売額計に占める売場面積1,500㎡以上の割合は15.6%となっている（『商業統計表（産業編）1997年』より算出）。

(注5)1982~1997年の「コンビニエンスストア」の飲食料品小売販売額は、日経MJ「コンビニエンスストア・ミニスーパー調査」におけるコンビニエンスストアの年間販売額に、『商業販売統計年報1997年』によるコンビニエンスストアの飲食料品割合71.9%を掛け合わせて推計した。なお、日経MJ調査におけるコンビニエンスストアとは、売上割合のうち生鮮食品が30%未満、営業時間が1日14時間以上、売場面積が250㎡未満（1996年調査までは200㎡未満）を中心とするチェーンが対象。同調査は1979年から開始されているが、時系列分析が可能な1982年調査以降の数字を掲載した。

（注6）1997〜2014年の「百貨店」「総合スーパー」「コンビニエンスストア」「食品スーパー」の飲食料品小売販売
　　　額は、『商業統計表（業態別統計編）』における飲食料品小売販売額をとった。「百貨店」は衣、食、住にわた
　　　る各種商品を小売し、そのいずれも小売販売額の10％以上70％未満の範囲内で従業者が50人以上、セルフサー
　　　ビス方式採用は売場面積の50％未満、「総合スーパー」は同売場面積の50％以上でセルフサービス方式採用、「食
　　　品スーパー」は売場面積250㎡以上で取扱商品は食が70％以上、売場面積の50％以上でセルフサービス方式採
　　　用、「コンビニエンスストア」は売場面積30㎡以上250㎡未満で飲食料品を取り扱っており、営業時間が14時
　　　間以上、売場面積の50％以上でセルフサービス方式採用のもの。
（出所）経済産業省（通商産業省）『商業統計表（品目編）（産業編）（業態別統計編）』（各年版）、同『商業動態統計
　　　年報（商業販売統計年報）』（各年版）、日経MJ編『流通経済の手引（1984〜1999年）』日本経済新聞社より作成。

すすんでいる[2]。

（2）大規模小売業による飲食料品小売

　商業動態統計調査に基づいて、「百貨店」「スーパー」「コンビニエンスストア」の飲食料品販売額、および販売額全体に占める飲食料品割合をみると、「百貨店」の飲食料品販売額は、1992年の2兆6,000億円をピークに減少傾向にあり、2014年には1兆9,000億円となっている。他方で、「スーパー」および「コンビニエンスストア」は、ほぼ一貫して飲食料品販売額を増加させており、2014年には「スーパー」9兆1,000億円、「コンビニエンスストア」6兆6,000億円に達している。

　販売額全体に占める飲食料品割合の推移をみると、「百貨店」は1980年代の20％強から少しずつその割合を増加させ、2014年には29.0％と、30％近くまで増加している。「スーパー」でも、飲食料品割合が確実に増加しており、1980年代から1998年までは40％台、2006年までは50％台、2007年以降は60％台となり、2014年には67.9％に達し、"総合スーパーの食品スーパー化"が進んでいる。他方で、「コンビニエンスストア」では、スーパーとは逆に飲食料品割合が減少傾向にあり、調査が開始された1998年以降2007年までは70％台前半であったが、2008年以降は60％台となり、2014年には66.5％と、「スーパー」とほぼ同程度の水準となっている[3]。

2　全国チェーン・ローカルチェーンの動向

（1）全国チェーン・地域チェーン別売上割合

　表2−2は、「全国チェーン」「地域チェーン（地域スーパー）」「その他」に区分して、飲食料品小売額に占める売上割合を推計したものである。推計にあ

表2-2 飲食料品小売額の全国チェーン・地域チェーン別売上割合の推移（1997-2014年）

	1997年		2007年		2014年	
	年間販売額 （十億円）	売上割合 （％）	年間販売額 （十億円）	売上割合 （％）	年間販売額 （十億円）	売上割合 （％）
小売業計	45,856	100.0	42,640	100.0	36,963	100.0
全国チェーン	7,648	16.7	7,905	18.5	9,789	26.5
全国スーパー	4,322	9.4	3,549	8.3	3,445	9.3
コンビニエンス ストア	3,326	7.3	4,356	10.2	6,344	17.2
地域チェーン （地域スーパー）	1,426	3.1	2,569	6.0	4,349	11.8
その他	36,782	80.2	32,166	75.3	22,825	61.8

(注1)「全国チェーン」「地域スーパー」ともに、企業の年間売上高が500億円以上の企業を集計の対象とした。

(注2) 日経MJ「日本の小売業調査」の区分を用いて、出店地域が4都道府県以上で、かつ首都圏（1都3県）、大阪府、名古屋市のうち2都市以上に拠点を持つ企業を「全国スーパー」、4都道府県以上で全国スーパー以外の企業を「地域チェーン（地域スーパー）」とした。

(注3「食品流通実勢マップ」において、「コンビニエンスストア」企業で地域チェーンに分類されるものは、関東地方限定で出店しているスリーエフのみ（北海道を中心に展開しているセイコーマートは調査対象外）で、他の大手コンビニエンスストア企業はすべて全国チェーンとして分類されている。

(出所) 経済産業省（通商産業省）『商業統計表（品目別）』（各年版）、日本食糧新聞社編『食品流通実勢マップ1999（総合編）』(1997年分) 日本食糧新聞社、同『食品流通実勢マップ2007〜2008（総合編）』(2007年分)、同『食品流通実勢マップ2015〜2016（総合編）』(2014年分) より作成。

たっては、日本食糧新聞社編『食品流通実勢マップ2015〜2016（総合編）』に掲載されている企業のうち、企業全体の売上高が500億円以上の「スーパー」企業の食品部門売上高を用いた。「スーパー」企業は、さらに日経MJ「日本の小売業調査」の分類基準を用いて、「全国スーパー」「地域スーパー」に区分した。「コンビニエンスストア」企業も同様に、全国チェーンと地域チェーンに分類した。

　同表によると、飲食料品小売額に占める「全国チェーン」の売上割合は1997年の16.7％から2014年26.5％へと9.8ポイント増加、「地域チェーン（地域スーパー）」の売上割合も大きく増加し、1997年の3.1％から2014年11.8％へと8.7ポイント増加となっており、飲食料品小売の大規模チェーンへの集中が進んでいることは間違いない。

　しかし、2014年においても、「全国チェーン」の売上割合は26.5％、「地域チェーン（地域スーパー）」は11.8％、残りの61.8％は全国チェーン・地域チェーン以外の企業によるものであり、食品流通の卸売段階において、必ずしも大規模な全国卸に集中していくことを示唆するものではない。

（2）全国スーパー・地域スーパー・地方スーパーの売上高増加率の推移

先の表2-1において、食品スーパー化が進んでいる「総合スーパー」、および「食品スーパー」が飲食料品小売において大きな売上割合をもっていること、いわば食品流通における「スーパー」の重要性を確認した。すなわち、2014年において飲食料品小売額に占める「食品スーパー」の売上割合は38.4％、「総合スーパー」は8.9％と、合計で47.3％と半数近くを占めている。

しかし、スーパー業界においては、必ずしも全国的に出店している全国スーパーが、地域を限定して出店している地域・地方スーパーと比べて優位に立っているわけではない。日経MJ「日本の小売業調査」においては、スーパーをその出店地域によって「全国スーパー」「地域スーパー」「地方スーパー」の3つに分類している。表2-3は、この分類基準を用いて、タイプ別の前年度比売

表2-3　全国スーパー・地域スーパー・地方スーパーの売上高増加率の推移

（単位：％）

	全国スーパー	地域スーパー	地方スーパー
2000年度	2.4（　2.2）	5.8	0.9
2001年度	▲1.6（　0.9）	2.5	2.8
2002年度	▲1.0（▲2.5）	4.2	3.0
2003年度	▲1.8（　3.4）	1.1	4.0
2004年度	▲0.4（　5.7）	1.1	1.4
2005年度	▲1.5（　1.4）	4.9	▲0.6
2006年度	▲3.2（　2.0）	5.4	2.3
2007年度	▲0.9（　3.2）	2.5	7.6
2008年度	▲1.3	4.3	3.9
2009年度	▲4.6	▲1.6	▲0.4
2010年度	▲2.4	1.8	2.6
2011年度	▲0.2	1.8	2.2
2012年度	▲1.9	2.6	▲0.0
2013年度	0.0	3.6	2.3
2014年度	▲0.2	4.8	2.2

（注1）全国スーパーにおいて売上高首位の「イオンリテール」は、2008年8月にイオン（株）が純粋持ち株会社に移行するに際して設立された。それ以前は「イオン」全体の売上高が計上されている。ちなみに、2007年の「イオン」の売上高は5兆1,674億円、2008年の「イオンリテール」の売上高は2兆350億円となっている。そのため、厳密には2008年以前と以降の全国スーパーの売上高増加率を比較することはできない。参考までに、表中の2007年以前はイオンを除く売上高増加率、カッコ内はイオンも含む売上高増加率を掲載した。

（注2）日経MJ「日本の小売業調査」の区分を用いて、出店地域が4都道府県以上で、かつ首都圏（1都3県）、大阪府、名古屋市のうち2都市以上に拠点を持つ企業を「全国スーパー」、4都道府県以上で全国スーパー以外の企業を「地域スーパー」、出店地域が3都道府県以内の企業を「地方スーパー」とした。

（注3）売上高増加率は、「全国スーパー」「地域スーパー」「地方スーパー」の3区分それぞれについて、上位10企業のうち増加率が比較可能な企業について、年間売上高によるウェイトを付けた加重平均で算出した。

（出所）日経MJ「日本の小売業調査」（各年版）より作成。

上高増加率を算出したものである。売上高増加率は、売上高の大きさによって
ウェイトを付けた加重平均の増加率を用いた。同表によると、比較可能な2008
〜2014年度の増加率のうち、すべての年において「全国スーパー」の増加率が
最も低く、増加率が最も高いのは2008年および2012〜2014年度は「地域スー
パー」、2009〜2011年度は「地方スーパー」(2009年度は減少率が最も低い) と
なっている[4]。

3　加工食品卸売業における構造変化

(1) 加工食品卸売業界の特徴
①商流と物流の分離[5]
　1980年代以降、多くのチェーンストアが専用の物流センターを配置し、主に
大手メーカーに対して、工場から物流センターへの直送を求めるようになっ
た。この結果、「メーカーの工場⇒小売業の専用物流センター⇒小売業の店舗」
という物流経路をたどる割合が徐々に高まってきた。
　しかし、メーカー、チェーンストアともに物流センター内の在庫負担には消
極的であったため、在庫負担機能は加工食品卸売業が引き続き担い、物流に関
与しない場合でも加工食品卸売業は商流上の所有権に伴うリスクの対価として
帳合料を受け取ることとなった。他方で、商流は「メーカー⇒メーカーと特約
店契約を結んだ商流上の卸売業⇒小売業」となり、商流と物流が分離すること
となった。
　物流センターから各店舗への配送については、店舗に到達するまでの所有権
とコスト負担が加工食品卸売業に属するにもかかわらず、実際の物流はチェー
ンストアが指定した業者に委託することとなり、この対価として加工食品卸売
業はチェーンストア経由で物流受託業者にセンターフィーを支払うこととなっ
た。ここでも商流と物流の分離が生じた。
　チェーンストアは、物流センター業務の委託先として、高い物流機能を持っ
ている大手加工食品卸売業を指定することが多かった。この場合、物流セン
ターを運営する加工食品卸売業が、センター受託手数料と引き換えに、競合他
社が所有権を持つ商品を自社の取扱商品と一括してセンター内で保管・仕分け
し、各店舗へ配送する役割を担うこととなった。

②大手企業による事業領域の拡大

1980年代後半以降、大手チェーンストアの販売力が強まる中で、大手加工食品卸売業は次のように事業領域を拡大してきた。

　　1）地方二次卸の系列化による営業エリアの全国化（ナショナル化）[6]。

　　2）酒類卸や菓子卸など専門卸を傘下におさめることによる品揃えの拡充（フルライン化）。

　　3）特定の大手チェーンストア向け物流センターの運営受託[7]。

2000年代に入ってからは、ドラッグストアやホームセンターなど「新たな販路の拡大」、中食や外食などの「業務用需要への対応」、「低温（冷蔵・冷凍）輸送への対応」が、トピックスとして取り上げられることが多くなっている[8]。

③総合商社による系列化の進展

大手加工食品卸売業による地方卸の系列化が進み、さらに総合商社による大手加工食品卸売業の系列化も進んでいる。商社系加工食品卸売業として、三菱食品（三菱商事）、日本アクセス（伊藤忠商事）、三井食品（三井物産）、伊藤忠食品（伊藤忠商事）[9]、独立系加工食品卸売業として、国分、加藤産業がある。独立系加工食品卸売業においても、国分は丸紅と提携関係にあり、加藤産業も住友商事、三井物産、三菱商事が大株主となっている[10]。

（2）加工食品卸売業の事業所数・販売額の推移

表2-4は、飲食料品卸売業における事業所数・年間販売額の推移をみたものである。「飲食料品卸売業」は、「食料・飲料卸売業」と「農畜産物・水産物卸売業」からなる。卸売業全体に共通する傾向であるが、いずれの業種も1991年をピークに事業所数、年間販売額ともに減少傾向にある。

このうち、「食料・飲料卸売業」に注目すると、事業所数はピーク時の1991年の5万7,000事業所から2014年には3万9,000事業所へと▲1万8,000事業所（▲31.2%）減少している。年間販売額も、4兆8,000億円から4兆1,000億円へと▲7,000億円（▲15.2%）の減少となっている。

次に、表2-5は日経MJ「日本の卸売業調査」における「食品卸売業」の前年度比年平均売上高増加率・年平均利益額増加率の推移をみたものである。同表によると、売上高増加率は1980年代前半に下降傾向となり、バブルに向けてやや持ち直した感はあるが、バブル崩壊以降は2%を下回る水準で推移してい

表2-4　飲食料品卸売業における事業所数・年間販売額の推移

	飲食料品卸売業		食料・飲料卸売業		農畜産物・水産物卸売業	
	事業所数	年間販売額 (十億円)	事業所数	年間販売額 (十億円)	事業所数	年間販売額 (十億円)
1979年	86,870	60,103	50,052	24,756	36,818	35,347
1982年	94,031	79,508	54,205	32,634	39,826	46,874
1985年	93,275	88,029	54,082	34,846	39,193	53,183
1988年	96,067	95,830	54,996	39,904	41,071	55,926
1991年	100,018	108,718	56,663	48,182	43,355	60,536
1994年	96,224	104,335	53,687	47,381	42,537	56,954
1997年	87,437	97,848	47,485	46,432	39,952	51,416
2002年	83,595	84,274	45,295	44,017	38,300	40,256
2007年	76,058	75,649	38,214	40,698	37,844	34,951
2014年	76,653	71,553	39,002	40,859	37,651	30,695

(出所) 経済産業省 (通商産業省)『商業統計表 (産業編)』(各年版) より作成。

表2-5　食品卸売業売上高・利益額増加率の推移

(単位：%)

	年平均売上高増加率	年平均利益額増加率
1980～1982年	6.0	8.0
1983～1985年	3.4	4.2
1986～1988年	3.6	12.8
1989～1991年	4.1	2.3
1992～1994年	1.2	▲3.8
1995～1997年	1.5	▲2.1
1998～2002年	1.3	5.1
2003～2007年	1.8	0.5
2008～2014年	1.8	4.9

(注) 利益額は、2007年度までは経常利益額、2008年度からは営業利益額。
(出所) 日経MJ「日本の卸売業調査」(各年版) における「食品卸売業」より作成。

る。他方で、利益額増加率はバブル崩壊以降マイナスとなったが、1990年代後半からは回復し、プラスとなっている。2003～2007年にかけては利益額増加率が低下、逆に2008～2014年にかけては利益額増加率が回復している。

(3) 加工食品卸売業における上位企業集中傾向

　先に表2-4でみたように、1991年のバブル崩壊を機に、「食品・飲料卸売業」は事業所数、年間販売額ともに減少傾向にあるが、そうした状況の中で上

位企業への集中が進んでいるかどうかをみたものが表2-6である。同表は、日経MJ「日本の卸売業調査」における「食品」企業の売上高ランキングを用いて作成したものである。

まず、食品卸売業売上高ランキング上位100社に占める上位3社、5社、10社、20社の売上割合を算出した。同表によると、いずれの指標においても1990年度までは低下、1990年度以降は増加傾向にあることが明確である。バブルに向けて販売額が増加している状況では上位企業集中傾向が弱まり（逆にいえば下位企業でも市場機会がある）、バブル崩壊を機に年間販売額が大きく減少している状況では上位企業集中傾向が強まる（逆にいえば下位企業の市場機会が失われる）という状況が明確に確認できる。

HHI指数（ハーフィンダール・ハーシュマン指数）を用いて、上位20社および上位100社の指数を算出しても、上位企業に集中していく傾向が明確である。

表2-6　食品卸売業における上位企業売上割合・HHI指数の推移

	上位企業売上割合（100社中）（%）				HHI指数	
	上位3社	上位5社	上位10社	上位20社	上位20社	上位100社
1980年度	21.3	29.2	40.7	56.6	760	272
1985年度	19.5	27.0	38.1	53.3	738	243
1990年度	18.0	25.4	37.0	51.3	722	225
1995年度	19.6	28.1	40.8	55.6	723	254
2000年度	21.2	30.0	43.9	58.7	753	285
2005年度	26.6	35.1	50.6	66.1	814	374
2010年度	31.6	41.0	56.1	70.1	908	462
2014年度	37.4	47.4	61.4	73.8	1,079	599

（注）HHI指数（ハーフィンダール・ハーシュマン指数）は、市場の集中度を測る指標で、各社の売上割合を二乗した合計で求められる。この数値が大きいほど、寡占化が進んでいると判断される。
（出所）日経MJ「日本の卸売業調査（各年版）」より作成。

（4）流通経路の短縮化傾向

表2-7は、食料・飲料卸売業におけるW/W比率の推移をみたものである。W/W比率は1985年以降1.7～1.8とほとんど変化しておらず、必ずしも流通経路の短縮化傾向はみられなかったが、2014年には1.57と低下傾向にある。

次に、表2-8は「食料・飲料卸売業計」の年間販売額がピークであった1991年と2014年の年間販売額の増減をみたものである。「食料・飲料卸売業計」

表2-7　食料・飲料卸売業におけるW/W比率の推移

	W/W比率			W/W比率
1979年	1.90		1994年	1.71
1982年	1.85		1997年	1.68
1985年	1.81		2002年	1.71
1988年	1.81		2007年	1.76
1991年	1.79		2014年	1.57

(注) W/W比率は、(卸売業販売額計−本支店間取引額) ／ (卸売業者以外への販売額＝小売業向け販売額＋産業用使用者向け販売額＋国外直接輸出額＋消費者向け販売額)。
(出所) 経済産業省 (通商産業省)『商業統計表 (流通経路別統計編)』(各年版) より作成。

表2-8　食料・飲料卸売業一次卸・二次卸の年間販売額の変化 (1991-2014年)

	1991年	2014年	1991-2014年増減
食料・飲料卸売業計	43兆9,600億円	39兆7,500億円	▲4兆2,100億円
うち一次卸 (生産業者から卸売業者へ)	4兆7,200億円	3兆 500億円	▲1兆6,700億円
うち一次卸 (生産業者から小売業者へ)	10兆 600億円	11兆3,100億円	1兆2,500億円
うち二次卸 (卸売業者から卸売業者へ)	2兆5,800億円	2兆1,000億円	▲4,800億円
うち二次卸 (卸売業者から小売業者へ)	6兆2,600億円	10兆5,000億円	4兆2,400億円

(注) 食料・飲料卸売業計は、「本支店間移動」を除く。
(出所) 経済産業省『商業統計表 (流通経路別統計編)』(各年版) より作成。

の年間販売額は、この期間に▲4兆2,100億円減少している。主な流通経路についてその詳細をみると、卸売業への販売が減少、一次卸 (生産業者から卸売業者へ) ▲1兆6,700億円減、二次卸 (卸売業者から卸売業者へ) ▲4,800億円減、逆に小売業への販売が増加、一次卸 (生産業者から小売業者へ) 1兆2,500億円増、二次卸 (卸売業者から小売業者へ) 4兆2,400億円増となっている。

　卸売業への販売が減少し、小売業への販売が増加していることは、流通経路の短縮化傾向の進展を示唆するものである。他方で、流通経路の短縮化傾向が進んでいるならば、「一次卸」よりも「二次卸」の方が衰退傾向が強いのではと推測されるが、統計上は必ずしもそのようにはなっていない。

　このことは、「二次卸」が相対的に好調ととらえるよりも、それまで「一次卸」と格付けされていた事業所の中で、生産業者からの仕入れ額が減り、逆に卸売業者からの仕入れ額が増加することにより、「二次卸」と格付けされる事業者が増えていると考える方が妥当であろう。

むすび

　食品小売業においては、「食品スーパー」、および食品の売上割合が増加し食品スーパー化が進む「総合スーパー」などの大規模小売店、食品の売上割合は減少しているものの中食市場に大きな売上割合を占めるようになった「コンビニエンスストア」など、大規模企業によって運営されている大規模チェーン店の売上割合が増加し、品揃えの幅が限定されている小規模な「業種店」の割合が減少している。

　また、「スーパー」における2008年度以降の売上高増加率の推移をみると、「全国スーパー」よりも、明らかに「地域スーパー」や「地方スーパー」の増加率の方が高く、ナショナルチェーンの優位性はみられない。

　他方で、加工食品卸売業においては、バブル期の1990年度を底に上位企業への集中傾向が明らかに強まった。しかし、W/W比率は1985年以降1.7～1.8と、ほとんど変化しておらず、必ずしも流通経路の短縮化傾向がみられるわけではなかったものの、2014年には1.57と低下傾向にある。

　すなわち、食品小売業においては、大規模企業や大規模チェーン店が売上割合を伸ばしているとはいえ、その割合は圧倒的なものではなく、ローカルチェーンも健闘している。また、加工食品卸売業における大企業への集中傾向は緩やかであり、大規模な全国卸以外の加工食品卸売業にも一定の市場機会が確保されているといえる。

注

1）堀千珠「進化する大手加工食品卸──グローバル競争時代のサバイバルに向けて──」『みずほ産業調査』第5号、2003年2月、43ページ。
2）飲食料品小売額に占める大規模小売業の売上割合を推計すると、次のとおりである。推計にあたっては、「商業統計表」の産業分類のうち、「百貨店、総合スーパー」「コンビニエンスストア」「ドラッグストア」「ホームセンター」による飲食料品小売額はすべて大規模小売業による販売額とみなし、「各種食料品小売業（食品スーパー）」については、資本金1億円以上の企業による販売額の割合66.6％を大規模小売業による販売額とみた。これによると、「大規模小売業」の売上割合は50.9％、「その他の小売業」が49.1％となり、飲食料品小売の約半数は大規模小売業以外によって担われている。大規模小売業の中では、「食品スーパー」が24.2％、次いで「百貨店、総合スー

パー」12.6％、「コンビニエンスストア」11.8％となっている。このことは、食品流通の卸売段階においても、必ずしも大規模な全国卸に集中していくことを示唆するものではない（経済産業省『商業統計表（品目編）2014年』より算出）。

3）2018年現在の小売業態別飲食料品販売額をみると、「百貨店」1兆8,000億円（2014年比▲1,000億円減）、「スーパー」9兆8,000億円（同7,000億円増）、「コンビニエンスストア」7兆8,000億円（同1兆2,000億円増）と、「コンビニエンスストア」の増加が大きい。また、販売額全体に占める飲食料品の割合は、「百貨店」28.8％（2014年比▲0.2ポイント減）、「スーパー」68.6％（同0.7ポイント増）、「コンビニエンスストア」68.6％（同2.1ポイント増）となっており、「コンビニエンスストア」における増加が目立っている（経済産業省『商業動態統計年報2014年、2018年』より算出）。

4）近年の売上高増加率（上位10社の加重平均）は、「全国スーパー」2015年度2.1％増、2016年度▲2.7％減、2017年度0.2％増、2018年度0.1％増、「地域スーパー」2015年度7.4％増、2016年度3.9％増、2017年度2.3％増、2018年度2.1％増、「地方スーパー」2015年度5.3％増、2016年度4.2％増、2017年度1.5％、2018年度0.6％増となっており、「全国スーパー」の増加率が低く、「地域スーパー」の増加率が高い傾向が続いている（日経MJ「日本の小売業調査（2015～2018年度）」より算出）。

5）堀千珠、前掲論文、60ページ。

6）日経MJ編『流通経済の手引き』日本経済新聞社によると、すでに1972年頃から地方卸や二次卸の衰退、全国卸による再編がトピックスとなっている。

7）堀千珠、前掲論文、56ページ。「専用センターの設置は菱食が先行したが、取引のイニシアティブを握ることができるという食品卸の思惑と、一括配送で物流コスト削減が図れるという小売業の利害が一致し、急速に普及していった。しかし、専用センターは近年では食品卸の収益をむしばむ要因となりつつある。これは、小売業側が専用センターの運営委託と帳合の一本化は別のものと考え、取引の主導権を食品卸に渡さなかったことが主因といえる。小売業は、自社専用センターに納入するすべての卸からセンターフィーを徴収するが、これは専用センターを運営する卸も例外ではなく、小売業から受け取るセンター運営費とは別勘定になっている。近年、業績低迷に苦しむ小売業は、センターフィーによって利益を上げようと値上げ圧力をかけている」（『激流』第34巻第2号、1997年2月、54-57ページ、同第35巻第2号、1998年2月、64-67ページ）。なお、日経MJ編『流通経済の手引き』、および『激流』によると、センターフィー問題は2006年頃から繰り返しトピックスとして取り上げられるようになっている。

8）日経MJ編『流通経済の手引き』、および『激流』。

9）商社系卸売業の2018年3月期における連結売上高、および主要株主は次のとおりである。三菱食品（2兆5,134億円、三菱商事60.9％）、日本アクセス（2兆1,374億円、伊藤忠商事93.8％）、三井食品（8,164億円、三井物産100.0％）、伊藤忠食品（6,609億円、伊藤忠商事50.8％）。

10）国分の2018年12月期の連結売上高は1兆8,858億円、国分HDが株式を100％保有している。2015年10月、国分と丸紅は、国分によるナックスナカムラおよび山星屋への出資、丸紅による国分首都圏への出資、相互資本参画を通じた提携基本契約書の締結

に合意している。加藤産業の2018年9月期の連結売上高は1兆90億円、主要株主は住友商事5.3％、三井物産8.7％、三菱商事4.9％となっている。

第3章　食市場の構造変化

はじめに

女性の社会進出[1] や単身世帯が増加[2] する中で、食事材料を食品スーパー等で購入し、それを家庭内で調理して食する「内食」が減少、他方で家庭外で調理されたものを購入して食する「中食」が増加している。本章は、「外食」「中食」「内食」の区分に着目して、食市場の構造変化を分析することを目的とする。第一に、食市場全体の市場規模、および「外食」「中食」「内食」それぞれの市場規模の推移について分析する。第二に、外食産業に焦点をあて、その業種別市場規模の推移について分析する。第三に、中食産業に焦点をあて、その市場規模および小売業態別売上割合の推移について分析する。

1　外食、中食、内食の定義

（1）外食、中食、内食の概念

山田雅俊は、表3-1に示すように、調理主体、調理の場、および飲食の場によって、「外食」「中食」「内食」を定義している。すなわち、「外食」は家庭外の人が家庭外で調理した飲食物を提供施設内で飲食すること、「中食」は家庭外の人が家庭外で調理した飲食物を提供施設外で飲食すること、「内食」は家庭内の人が家庭内で調理した飲食物を家庭内もしくは家庭外で飲食することである。

表3-1　外食、中食、内食の概念規定

食事形態	調理主体	調理の場	飲食の場
外食	家庭外の人	家庭外	飲食物の提供施設内
中食	家庭外の人	家庭外	飲食物の提供施設外
内食	家庭内の人	家庭内	家庭内または家庭外

（出所）山田雅俊「外食産業に関する研究状況と経営戦略論の必要性」『中央大学大学院論究』第37号、2005年12月、49ページ。

　表3-1は、食事形態による分類であるが、財を分類するためには、「中食商品」の定義を明確にする必要がある。茂木信太郎は、「惣菜を買って帰り、家庭での食事に加えることは本来中食とは呼ばず内食の補完であり、厳密には一食すべてが調理済み食品で構成されることが中食である」としている[3]。すなわち、弁当、おにぎり、サンドイッチなど、それだけで1つの食事として完結するものは食事形態としての「中食」であるが、それだけでは完結しない各種惣菜は食事形態としての「中食」ではないという考え方である。

（2）中食商品と内食商品

　食事形態としての「中食」と、財の分類である「中食商品」は区別されるべきであろう。そこで、農林水産省の「中食」の定義を援用することとする。これは、食事形態としての「中食」の定義というよりも、「中食商品」を定義したものといえる。これによると、「市販の弁当やそう菜等、家庭外で調理・加工された食品を家庭や職場・学校・屋外等へ持って帰り、そのまま（調理加熱することなく）食事として食べられる状態に調理された日持ちのしない食品の総称」[4] と定義している。

　農林水産省による「中食商品」の定義は、"調理加熱することなく食べることができる"という点がポイントである。しかし、「調理加熱」という概念に、どのような行為までを含めるか明確にしておかないと、「中食商品」の範囲が曖昧なものになってしまう。

　たとえば、家庭外の人によって調理された「弁当（日持ちのしない商品）」を電子レンジで加熱するという行為は、調理加熱とはいえず、「中食商品」ととらえることができよう。他方で、「カップ麺（日持ちのする食品）」や「レトルト食品（日持ちのする食品）」は、「内食商品」ととらえることが妥当であろう。そこで、家庭外で調理された「日持ちのしない商品」は「中食商品」、他方で家庭外で調理され、湯を入れて食する、あるいは加熱して食する「日持ちのする商品」は「内食商品」ととらえることとする。

2　食市場に占める外食・中食・内食

　表3-2は、「食市場計」、および外食・中食・内食の市場規模の推移をみた

表 3 - 2　外食・中食・内食市場規模および食市場に占める割合の推移

(単位：千億円、％)

	食市場計	(参考) 消費者物価指数				外食	中食 『外食産業データ集』		中食 『惣菜白書』	
		総合	外食	調理食品	食料		中食①	内食①	中食②	内食②
1975年	309	55.0	47.4	53.5	54.5	86 (27.8)	2 (0.7)	221 (71.6)		
1976年	347	60.2	52.0	56.7	59.5	101 (29.1)	2 (0.7)	244 (70.2)		
1977年	379	65.0	55.8	59.4	63.5	110 (29.1)	3 (0.9)	265 (70.0)		
1978年	403	67.5	58.3	61.5	65.7	121 (30.0)	4 (1.0)	278 (69.0)		
1979年	431	69.9	60.0	62.2	67.1	136 (31.6)	5 (1.2)	289 (67.2)		
1980年	460	75.5	63.8	65.2	71.1	146 (31.8)	7 (1.6)	306 (66.6)		
1981年	489	79.2	67.1	68.1	74.9	157 (32.1)	8 (1.6)	324 (66.3)		
1982年	518	81.3	69.3	70.8	76.3	172 (33.2)	9 (1.7)	337 (65.0)		
1983年	535	82.8	71.2	72.5	77.8	177 (33.1)	9 (1.8)	349 (65.2)		
1984年	554	84.7	73.3	73.6	80.0	185 (33.4)	13 (1.8)	359 (64.8)		
1985年	575	86.4	74.9	74.2	81.4	193 (33.5)	11 (1.9)	371 (64.6)		
1986年	586	86.7	76.1	74.8	81.5	205 (34.9)	12 (2.1)	369 (63.0)		
1987年	596	86.6	76.8	75.6	80.8	213 (35.8)	14 (2.3)	369 (61.9)		
1988年	615	87.0	77.4	75.7	81.4	225 (36.6)	16 (2.7)	374 (60.7)		
1989年	636	89.0	80.2	77.8	83.2	235 (36.9)	19 (3.0)	383 (60.2)		
1990年	680	91.7	82.2	79.7	86.5	257 (37.7)	23 (3.4)	400 (58.8)		
1991年	720	94.8	84.5	83.7	90.7	272 (37.8)	26 (3.6)	421 (58.5)		
1992年	739	96.3	86.5	85.9	91.2	277 (37.5)	28 (3.7)	434 (58.7)		
1993年	745	97.4	88.2	87.1	92.1	278 (37.3)	29 (3.9)	438 (58.8)		
1994年	738	97.9	89.2	87.9	92.9	277 (37.5)	30 (4.1)	431 (58.4)		
1995年	743	97.6	89.1	87.5	91.8	279 (37.6)	31 (4.2)	433 (58.3)		
1996年	739	97.6	88.8	88.0	91.7	287 (38.8)	33 (4.5)	419 (56.7)		
1997年	732	99.2	91.1	90.1	93.3	291 (39.8)	36 (4.9)	405 (55.3)		
1998年	738	99.9	91.8	90.8	94.6	285 (38.6)	44 (6.0)	409 (55.4)		
1999年	728	99.5	92.0	90.7	94.2	274 (37.6)	49 (6.7)	405 (55.6)		
2000年	714	98.6	91.1	90.0	92.3	270 (37.8)	50 (7.0)	394 (55.2)		
2001年	705	97.7	90.6	89.0	91.8	259 (36.7)	51 (7.2)	395 (56.0)		
2002年	699	96.6	90.9	88.6	91.0	254 (36.3)	52 (7.4)	393 (56.2)		
2003年	680	96.3	90.8	88.1	90.9	246 (36.2)	53 (7.8)	381 (56.0)		
2004年	683	96.3	91.6	88.0	91.7	245 (35.9)	53 (7.8)	385 (56.4)	72 (10.5)	366 (53.6)
2005年	667	95.9	91.7	88.5	90.9	244 (36.6)	55 (8.2)	368 (55.2)	76 (11.4)	347 (52.0)
2006年	662	96.2	92.1	88.9	91.3	246 (37.2)	56 (8.5)	360 (54.4)	78 (11.8)	338 (51.1)
2007年	663	96.3	92.8	89.4	91.6	246 (37.1)	57 (8.6)	360 (54.3)	79 (11.9)	338 (51.0)
2008年	668	97.8	94.3	92.4	93.9	245 (36.7)	55 (8.2)	368 (55.1)	82 (12.3)	341 (51.0)
2009年	663	96.4	95.1	93.5	94.1	237 (35.7)	56 (8.4)	370 (55.8)	81 (12.2)	345 (52.0)
2010年	669	95.6	95.0	91.9	93.9	235 (35.1)	57 (8.5)	377 (56.4)	81 (12.1)	353 (52.8)
2011年	658	95.4	95.2	92.3	93.5	228 (34.7)	58 (8.8)	372 (56.5)	84 (12.8)	346 (52.6)
2012年	674	95.4	95.2	93.0	93.6	232 (34.4)	59 (8.8)	383 (56.8)	85 (12.6)	357 (53.0)
2013年	693	95.8	95.5	92.7	93.4	240 (34.6)	60 (8.7)	393 (56.7)	86 (12.4)	367 (53.0)
2014年	704	99.0	98.0	96.9	97.0	246 (34.9)	62 (8.8)	396 (56.3)	93 (13.2)	366 (51.9)
2015年	733	100.0	100.0	100.0	100.0	254 (34.7)	66 (9.0)	413 (56.3)	96 (13.2)	379 (52.1)
2016年	740	99.9	100.8	101.4	101.7	254 (34.3)	70 (9.5)	416 (56.2)	98 (13.2)	393 (52.8)
2017年	744	100.4	101.1	101.7	102.4	257 (34.5)	72 (9.7)	415 (55.8)	101 (13.6)	386 (51.9)

（注1）カッコ内の数字は、食市場に占める割合。
（注2）「食市場計」「外食」「中食①」「内食①」は、食の安心・安全財団『外食産業データ集』。なお、「中食①」は、料理品小売業市場規模（弁当給食分を除く）。
（注3）「中食②」は日本惣菜協会『惣菜白書』、「内食②」は「食市場計」から「外食」および「中食②」を差し引いて算出した。
（注4）消費者物価指数は2015年＝100.0の指数。「総合」は持ち家の帰属家賃を含む。
（出所）食の安心・安全財団『外食産業データ集』（各年版）、日本惣菜協会『惣菜白書』（各年版）、総務省『消費者物価指数年報』より作成。

ものである。まず、「食市場計」、および「外食」「中食①」「内食①」の市場規模について、食の安心・安全財団『外食産業データ集』の推計に基づいて1975年以降の長期推移をみると、「食市場計」では1993年の74.5兆円をピークに減少傾向にあり、2011年には65.8兆円まで減少したが、その後は食にかかわる消費者物価が上昇傾向にあることもあって再び増加しており、2017年には74.4兆円とピーク時の規模まで回復している。

「外食」の市場規模も、「食市場計」と時期をほぼ同じくして、1997年の29.1兆円から2011年には22.8兆円まで減少したが、その後は外食の消費者物価指数が上昇傾向にある[5] こともあって再び増加しており、2017年には25.7兆円まで戻している。

他方で、「中食①」（食の安心・安全財団推計）は1997年の3.6兆円から2016年には7.2兆円へとプラス3.6兆円と倍増しており、「外食」の減少分を「中食」が吸収する形となっている。「内食①」（食の安心・安全財団推計）は、1993年の43.8兆円がピークであり、2006年および2007年には36.0兆円まで減少したが、その後は回復傾向にあり、2017年は41.5兆円まで戻している。

次に、「食市場計」および「外食」の市場規模は食の安心・安全財団『外食産業データ集』の推計に基づき、「中食②」は日本惣菜協会『惣菜白書』の推計を用いて、「内食②」は「食市場計」から「外食」および「中食②」を差し引いたものとして、時系列比較が可能な2004年から2017年までの推移をみることとする。2004年から2017年までの期間に、「食市場計」が6.1兆円の増加であったのに対して、「外食」はプラス1.2兆円の増加にとどまり、これに対して「中食②」はプラス2.9兆円、「内食②」はプラス2.0兆円となっている。

食市場計に占める割合をみると、「外食」は1997年の39.8％から減少傾向にあり2004年には35.9％、その後ほぼ横ばいないしは減少傾向にあり、2017年には34.5％と、2004年から2017年にかけて▲1.4ポイントの減少となっている。他方で、「中食②」は2004年の10.5％から2017年の13.6％へと同期間にプラス3.1ポ

イントの増加、「内食②」は2004年の53.6％から2017年の51.9％へと▲1.7ポイント減少しており、「中食」の割合が増加している。

3　外食市場と外食産業

（1）外食産業市場規模

　表3-2でみたように、外食産業の市場規模は順調に拡大してきたが、1997年の29兆1,000億円をピークとして減少傾向にあり、2015年には25兆4,000億円と▲3兆7,000億円の減少となっている。

　そこで、表3-3は外食産業市場規模と飲食店店舗数の推移をみたものである。「飲食店計」の店舗数は、1991年に846千店とピークとなり、同様に「一般飲食店」は1986年に503千店とピーク、酒類の提供を伴う「酒類提供飲食店」は1996年に380千店とピークを迎えている。

　1996年を100.0とした指数をみると、2014年は外食産業全体の市場規模で85.7、他方で「一般飲食店店舗数」84.9、「酒類提供飲食店店舗数」61.3となっており、酒類の提供を伴う「酒類提供飲食店」の減少が目立っている。

表3-3　外食産業市場規模と飲食店舗数の推移

	外食産業市場規模（千億円）	店舗数（千店）		
		飲食店計	一般飲食店	酒類提供飲食店
1975年	86（ 30.0）	572（ 68.4）	383（ 84.0）	188（ 49.5）
1978年	121（ 42.2）	686（ 82.1）	451（ 98.9）	235（ 61.8）
1981年	157（ 54.7）	795（ 95.1）	498（109.2）	296（ 77.9）
1986年	205（ 71.4）	843（100.8）	503（110.3）	340（ 89.5）
1991年	272（ 94.8）	846（101.2）	474（103.9）	372（ 97.9）
1996年	287（100.0）	836（100.0）	456（100.0）	380（100.0）
1999年	274（ 95.5）	805（ 96.3）	443（ 97.1）	362（ 95.3）
2001年	259（ 90.2）	795（ 95.1）	443（ 97.1）	352（ 92.6）
2004年	245（ 85.4）	738（ 88.3）	420（ 92.1）	318（ 83.7）
2006年	246（ 85.7）	724（ 86.6）	415（ 91.0）	309（ 81.3）
2009年	237（ 82.6）	673（ 80.5）	406（ 89.0）	268（ 70.5）
2012年	232（ 80.8）	611（ 73.1）	391（ 85.7）	220（ 57.9）
2014年	246（ 85.7）	620（ 74.2）	387（ 84.9）	233（ 61.3）

（注）カッコ内は、1996年を100とした指数。
（出所）外食産業市場規模は食の安全・安心財団『外食産業データ集』、事業所数は総務省『事業所・企業統計調査（2006年以前）』、総務省『経済センサス基礎調査（2009年、2014年）』、総務省『経済センサス活動調査（2012年）』より作成。

（2）外食業種別市場規模の推移

　表3−4は、外食産業における1975年以降の業種別市場規模の推移をみたものである。長期にわたる推移をみるために、消費者物価指数によって調整し、また1991年を100とした指数で示した。まず、「一般飲食店」の推移をみると、「喫茶店」の指数は1982年の142.2をピークとして大きく減少し、2009年には59.8となったが、その後はやや増加傾向にあり、2017年には63.6となっている。

　「喫茶店」に次いで市場規模が減少しているのは「すし店」で、1991年の100.0をピークとして、2012年に74.7まで減少したが、その後は回復傾向にあり、2017年には83.3まで戻している。「食堂・レストラン」は、1997年に110.2とピークを迎え、その後は減少傾向にあったが、2011年を底にやや戻している。「そば・うどん店」は、1990年代以降、横ばいないしは微増傾向にある。「その他の飲食店」は、1990年代以降も増加を続け、2010年に138.8となったが、その後は減少し、2017年には123.4となっている。

　次に、酒類の提供を伴う「酒類提供飲食店」の市場規模の推移をみると、「居酒屋・ビヤホール等」「バー・キャバレー・ナイトクラブ、料亭等」ともに、ほとんど同じ傾向で推移しており、1991年をピークとして減少を続け、2009年以降は1991年の6割ないしはそれを下回る水準で推移している。

4　中食市場と中食産業

（1）中食産業市場規模と小売業態別売上割合

　表3−5は、日本惣菜協会『惣菜白書』に基づいて中食産業市場規模と小売業態別売上割合の推移をみたものである。中食産業の市場規模は2008年から2010年の期間は停滞傾向にあるものの基本的には増加基調にあり、2004年の7兆2,000億円から、2009年8兆1,000億円、2014年9兆3,000億円、2017年10兆1,000億円と推移している。

　小売業態別売上割合の推移をみると、「総合スーパー」および「百貨店」は減少を続け、「総合スーパー」は2004年の12.3％から2017年には9.2％へと▲3.1ポイント減少、同様に「百貨店」も2004年の6.1％から2017年には3.6％へと▲2.5ポイント減少している。

　他方で、「食品スーパー」は着実に増加し、2004年の21.7％から2017年には

表3-4　外食産業業種別市場規模の推移（1991年＝100とした指数）

	外食産業計	一般飲食店					酒類提供飲食店	
		食堂・レストラン	そば・うどん店	すし店	その他の飲食店	喫茶店	居酒屋・ビヤホール等	バー・キャバレー・ナイトクラブ、料亭等
1975年	56.2	47.5	54.3	59.7	67.2	88.1	50.0	56.6
1976年	60.1	52.1	62.3	65.6	71.4	98.7	54.2	58.6
1977年	61.3	53.2	62.4	67.0	73.1	102.2	56.6	60.2
1978年	64.5	56.3	65.9	69.2	76.5	107.4	60.7	63.7
1979年	70.4	61.2	72.5	76.1	84.4	129.8	67.4	69.7
1980年	71.2	62.7	77.3	78.7	75.9	132.7	68.8	70.6
1981年	72.5	64.7	75.0	79.0	71.5	131.4	70.1	71.6
1982年	77.1	70.0	81.2	83.0	66.1	142.2	74.5	75.5
1983年	77.1	71.6	83.9	82.2	72.0	137.4	74.4	75.3
1984年	78.2	72.2	84.4	81.6	77.8	132.5	78.0	78.6
1985年	79.9	73.8	85.1	83.7	84.7	128.3	78.5	79.1
1986年	83.5	76.6	88.6	85.6	93.5	123.7	82.3	82.6
1987年	86.3	80.7	91.4	88.5	95.0	120.9	85.2	85.5
1988年	90.4	86.8	99.2	92.7	97.5	119.7	91.7	91.7
1989年	90.8	88.8	95.4	93.5	97.1	108.0	90.2	90.2
1990年	96.9	97.3	97.8	97.9	99.4	105.0	93.4	93.4
1991年	100.0	100.0	100.0	100.0	100.0	100.0	100.0	100.0
1992年	99.5	102.0	102.5	99.8	100.4	97.1	99.4	99.4
1993年	97.7	100.7	102.0	96.8	98.7	93.8	97.1	97.2
1994年	96.4	100.0	97.8	94.9	100.5	90.1	93.1	93.1
1995年	97.1	102.0	97.3	94.7	105.5	86.3	92.7	92.7
1996年	100.1	108.1	104.2	95.2	112.8	87.3	95.1	95.1
1997年	99.0	110.2	104.9	94.6	115.2	87.6	92.3	92.3
1998年	96.3	107.1	106.5	92.1	118.0	84.7	89.1	89.1
1999年	92.4	103.3	102.8	86.6	119.1	78.5	82.3	82.3
2000年	91.9	104.3	107.2	87.7	125.2	77.1	81.6	81.7
2001年	88.6	100.1	106.4	83.9	126.0	74.2	77.1	77.1
2002年	86.9	101.6	107.6	83.5	126.2	71.3	74.2	74.2
2003年	84.0	97.5	103.9	79.0	124.0	70.5	70.5	70.6
2004年	82.9	96.4	102.3	78.0	124.0	69.9	69.6	69.6
2005年	82.5	97.0	102.3	78.5	124.9	68.4	69.9	69.9
2006年	82.7	98.9	101.7	79.1	127.9	67.8	70.0	71.3
2007年	82.2	100.2	102.8	82.4	134.7	64.7	67.3	67.6
2008年	80.6	99.3	100.1	80.8	137.0	62.2	66.1	64.9
2009年	77.2	96.0	98.8	78.9	137.9	59.8	62.5	61.0
2010年	76.7	95.3	100.0	75.5	138.8	60.8	62.0	60.4
2011年	74.4	92.6	98.4	75.2	136.1	60.6	61.3	59.9
2012年	75.7	95.5	99.1	74.7	133.7	60.7	60.4	59.0
2013年	78.0	98.4	106.1	79.1	131.5	62.9	62.7	62.4
2014年	77.9	99.3	105.1	79.2	121.9	63.1	63.1	63.4
2015年	78.8	101.0	108.9	80.2	112.8	63.9	62.6	62.6
2016年	78.3	101.6	108.5	83.5	119.0	62.8	59.7	60.5
2017年	78.7	103.0	111.0	83.3	123.4	63.6	58.7	59.2

（注）市場規模は、2015年＝100とした消費者物価指数の「外食」によって調整。
（出所）食の安全・安心財団『外食産業データ集』(各年版）より作成。

表3-5　中食産業市場規模と小売業態別売上割合の推移

	中食産業市場規模（千億円）	小売業態別売上割合（％）				
		総合スーパー	百貨店	食品スーパー	コンビニエンスストア	専門店・その他
2004年	72	12.3	6.1	21.7	27.1	32.7
2005年	76	11.7	5.7	22.1	26.3	34.2
2006年	78	11.5	5.3	22.8	25.8	34.7
2007年	79	11.4	5.2	23.2	25.2	35.0
2008年	82	11.1	5.0	23.6	25.5	34.9
2009年	81	11.1	4.7	24.3	25.4	34.5
2010年	81	11.0	4.5	24.4	25.9	34.2
2011年	84	10.9	4.4	24.3	26.7	33.7
2012年	85	10.7	4.4	24.3	27.5	33.2
2013年	86	10.5	4.3	24.5	28.0	32.8
2014年	93	9.9	4.0	24.8	30.2	31.1
2015年	96	9.6	3.9	25.6	30.9	30.0
2016年	98	9.3	3.7	25.8	31.6	29.5
2017年	101	9.2	3.6	26.1	32.1	29.0

（出所）日本惣菜協会『惣菜白書』(各年版) より作成。

26.1％へと4.4ポイントの増加となっている。

　「コンビニエンスストア」は、2004年の27.1％から2007年には25.2％まで減少したが、その後増加に転じ、2010年に25.9％、2012年に27.5％、2014年に30.2％、2017年には32.1％と、2010年頃から大きく増加している。

　「専門店・その他」は、2004年の32.7％から2007年の35.0％へと増加傾向にあったが、その後は減少に転じ、2017年には29.0％にまで減少している。

　すなわち、「総合スーパー」および「百貨店」の割合は減少を続けているが、他方で「食品スーパー」は着実に増加している。「コンビニエンスストア」は、特に2010年頃から大きく増加している[6]。

（2）中食商品分類別小売業態別売上割合

　表3-6は、中食商品分類別の小売業態別売上割合をみたものである。2017年における中食売上高10兆1,000億円のうち、ほぼ半数の5兆円を占める「米穀類」では「専門店・その他」が40.2％、次いで「コンビニエンスストア」が31.8％となっている[7]。「専門店・その他」は、一般惣菜においても、「食料品スーパー」（38.5％）に続く34.9％となっている。「コンビニエンスストア」の割

表3-6　小売業態別売上割合（中食商品分類別）2017年

(単位：億円、%)

	コンビニエンスストア	専門店・その他	食料品スーパー	総合スーパー
合計	32,290 （32.1）	32,848 （32.7）	26,206 （26.1）	9,212 （ 9.2）
米穀類	15,869 （31.8）	20,042 （40.2）	10,148 （20.3）	3,837 （ 7.7）
一般惣菜	4,755 （13.9）	11,916 （34.9）	13,144 （38.5）	4,290 （12.6）
袋物惣菜	4,581 （67.0）	255 （ 3.7）	1,430 （20.9）	567 （ 8.3）
調理麺	3,443 （69.3）	494 （ 9.9）	713 （14.4）	316 （ 6.4）
調理パン	3,641 （76.6）	141 （ 3.0）	771 （16.2）	203 （ 4.3）

(注)「米飯類」は、弁当、おにぎり、寿司等、「調理パン」は、サンドィッチ等、「調理麺」は、調理済み焼きそば、うどん、割りこそば、スパゲティ等、「一般惣菜」は、コロッケ、天ぷら、サラダ等、「袋物惣菜」は、ポテトサラダ、肉じゃが、鯖の味噌煮等（2012年から調査対象）。
(出所)日本惣菜協会『惣菜白書2018年』より作成。

合が高いのは、「調理パン」76.6％、「調理麺」69.3％、「袋物惣菜」67.0％、「食料品スーパー」の割合が高いのは、「一般惣菜」38.5％となっている。

むすび

「食市場計」の市場規模は、1993年の74.5兆円をピークに減少傾向にあり、2011年には65.8兆円まで減少したが、その後は食にかかわる消費者物価の上昇もあって再び増加し、2017年には74.4兆円とピーク時の規模まで回復している。「外食」の市場規模も、「食市場計」と時期をほぼ同じくして、1997年の29.1兆円から2011年には22.8兆円まで減少したが、その後は外食の消費者物価指数の上昇もあって再び増加しており、2017年には25.7兆円まで回復している（外食産業データ集）。「中食」の市場規模について、比較可能な2004年から2017年までの期間についてみると、2004年7.2兆円、2009年8.1兆円、2014年9.3兆円、2017年10.1兆円と着実に増加している。「食市場計」に占める「中食」の割合は10.5から13.6％へと3.1ポイント増加、他方で「外食」は35.9％から34.5％と▲1.4ポイント減少、「内食」も53.6％から51.9％へと▲1.7ポイント減少しており、「中食」の割合が増加している（外食産業データ集、惣菜白書）。

「外食産業」の業種別市場規模の1975年以降の推移（消費者物価指数調整済）をみると、「喫茶店」が1982年をピークとして大きく減少、「すし店」も1991年をピークとして減少傾向、「食堂・レストラン」および「そば・うどん店」は横ばいとなっている。酒類の提供を伴う「酒類提供飲食店」の市場規模は、

「居酒屋・ビヤホール等」「バー・キャバレー・ナイトクラブ、料亭等」ともに、ほとんど同じ傾向で推移し、1991年をピークとして減少を続け、2009年以降は1991年の６割ないしはそれを下回る水準となっている（外食産業データ集）。

「中食産業」の小売業態別売上割合は、「総合スーパー」および「百貨店」の割合は減少を続けているが、他方で「食品スーパー」は着実に増加、「コンビニエンスストア」は特に2010年頃から大きく増加している（惣菜白書）。

注

1）20歳から59歳における女性の労働力人口比率の推移をみると、1970年57.3％、1975年54.0％、1980年57.6％、1985年60.7％、1990年64.4％、1995年65.5％、2000年66.2％、2005年68.1％、2010年69.9％、2015年73.8％と推移しており、1975年以降着実に増加している（総務省『労働力調査年報』、同『国勢調査報告』による。「労働力人口比率」は、人口に占める労働力人口（就業者と完全失業者の合計）の割合）。

2）単身世帯数は、1970年2,888千世帯（一般世帯数に占める割合10.8％）、1980年7,105千世帯（同19.8％）、1990年9,390千世帯（同23.1％）、2000年12,911千世帯（同27.6％）、2005年14,457千世帯（同29.5％）、2010年16,785千世帯（同32.4％）、2015年18,418千世帯（同34.5％）と推移し、さらに2020年19,342千世帯（同35.7％）、2025年19,960千世帯（同36.9％）、2030年20,254千世帯（同37.9％）、2035年20,233千世帯（同38.7％）、2040年19,944千世帯（同39.3％）まで増加すると予測されている。また、高齢単身世帯数（65歳以上の単独世帯数）は、1970年389千世帯、1980年835千世帯、1990年1,623千世帯、2000年3,032千世帯、2005年3,865千世帯、2010年4,980千世帯、2015年6,253千世帯と推移し、さらに2020年7,025千世帯、2025年7,512千世帯、2030年7,959千世帯、2035年8,418千世帯、2040年8,963千世帯と、大きく増加すると予測されている（2015年までは総務省『国勢調査報告』、将来予測は国立社会保障・人口問題研究所『日本の世帯数の将来推計』2018年１月推計）。

3）茂木信太郎『食品の消費と流通』建帛社、2003年、１ページ（田中浩子『「サービスの工業化」と外食・中食産業』（立命館大学博士論文）、2011年３月、５ページ）。

4）農林水産省「用語の解説（中食）」（http://www.maff.go.jp/j/wpaper/w_maff/h18_h/trend/１/terminology.html）。

5）日本フードサービス協会「外食産業市場動向調査」に基づいて、外食産業の売上高・客数・客単価の前年比指数の推移をみると、2012年頃から「客単価」指数が上昇傾向にあり、これが「売上高」指数の上昇に寄与しているといえる。しかし、「客単価」の上昇は総務省「消費者物価指数」による「外食」指数の上昇傾向と符合しており、実質的には人件費や材料費の高騰に伴う値上げによってもたらされたものといえる。

6）コンビニエンスストアにおける中食商品（FF・日配食品）の売上高は、着実に増加している。コンビニエンスストアの飲食料品売上高に占めるFF・日配食品の割合

は、1998年の50.2％から2004年は51.0％と緩やかな増加にとどまっていたが、それ以降は2005年52.0％、2010年53.2％、2015年58.2％、2018年58.4％と着実にその割合を高めている（経済産業省『商業動態統計年報（商業販売統計年報）』より算出）。

7）コンビニエンスストアにおける中食商品の商品分類別売上割合の推移をみると、「米飯類」が2011年の63.9％から2017年には49.1％へと大きく減少し、2012年から調査対象となった「袋物惣菜」が2012年の4.8％から2017年には14.2％へと大きく増加している（日本惣菜協会『惣菜白書』（各年版）より算出）。

第4章　コンビニエンスストアの成長過程と
　　　　小売業態間競争

はじめに

　コンビニエンスストアの年間販売額（サービスも含む）は、1998年6兆円、2002年7兆円、2009年8兆円、2012年9.5兆円、2013年10兆円、2015年11兆円、2018年12兆円と急速に拡大し、成長業態と位置づけられてきた。コンビニエンスストアの店舗数も、1997年3.1万店、2006年4万店、2013年5万店、2015年5.5万店、2018年5.7万店と大きく増加している。しかし、コンビニエンスストアの販売額の拡大は、店舗数の増加による部分が大きく、既存店の販売額は前年対比マイナスという状態が2000年から2007年頃まで続いた（経済産業省『商業動態統計年報（商業販売統計年報）』）。

　コンビニエンスストアは、小売業態としては、あるいはチェーン本部としては急成長を遂げた一方で、チェーン加盟店の売上高は減少を続け、チェーン本部と加盟店との利益配分が問題となる中で、コンビニエンスストアの成長限界説もささやかれた。しかし、2008年頃から既存店の売上高は前年比プラス傾向に転じ、チェーン本部・加盟店の双方にとって望ましい状態となり、「新たな成長ステージ」を迎えたといえる。

　コンビニエンスストアの最初の成長ステージは、女性の社会進出や核家族化が進展する中で、食事材料を食品スーパー等で購入し、それを家庭内で調理して食する「内食」の割合が減少、他方で家庭外で調理されたものを購入して食する「中食」の割合が増加していく中で、中食需要を取り込んできたためである。

　次に、コンビニエンスストアに新たな成長をもたらしたのは、自販機でのたばこの購入の多くがコンビニエンスストアにシフトしたためである。2008年から自販機でのたばこの購入に「タスポカード」[1] が必要とされるようになり、タスポカードが不要なコンビニエンスストアでのたばこ販売が増加し、さらにたばこを購入する際のついで買いも誘発してコンビニエンスストアの売上高を押し上げる効果を生んだ。これは、外生的な環境変化がコンビニエンスストア

にプラスの効果をもたらしたものといえる。

　コンビニエンスストアに新たな成長をもたらしたもう1つの要因は、コンビニエンスストアによる小売業態間競争への取り組みの成果である。すなわち、2013年頃から本格化してきたコンビニエンスストア各社によるPB商品の開発・販売、さらに「挽きたて・淹れたてコーヒー」の販売の拡大である。

　そこで、本章は小売業態間競争の中でコンビニエンスストア業態がなぜ成長することができたかについて、統計資料を用いて分析することを目的とする。まず、コンビニエンスストアが中食需要を取り込んで成長してきた過程を分析する。次に、コンビニエンスストアの既存店前年比売上高や客数・客単価をもとに、近年コンビニエンスストアが「新たな成長ステージ」にあることを確認する。そして、「新たな成長ステージ」をもたらした自販機からコンビニエンスストアへのシフト、PB商品による貢献を中心に分析する。

1　コンビニエンスストアにおける飲食料品販売額

　表4-1に基づいて、飲食料品販売額に占めるコンビニエンスストアの割合をみると、1998年の8.4％から少しずつ増加し、2005年には10.1％となった。そして、2010年頃までは停滞傾向にあったが、その後は再び増加し、2014年11.6％、2015年12.4％、2016年13.2％、2017年13.5％、2018年13.7％と推移している。その間、小売業販売額に占めるコンビニエンスストアの割合は一貫して増加しており、特に2011年以降は飲食料品販売額に占めるコンビニエンスストアの割合の増加と符合して、小売業販売額に占める割合も増加傾向が強まっている。

　2005年から2010年頃の期間は、コンビニエンスストアの飲食料品販売額がほとんど増加していない中で、コンビニエンスストア全体の販売額は増加し、販売額に占める飲食料品の割合が減少した。この頃は、飲食料品以外の商品の販売が飲食料品販売の低迷を支えていたといえる。

表 4-1　コンビニエンスストアの商品販売額、小売業販売額に占める割合の推移

	店舗数（前年比増加率%）	商品販売額（十億円）	飲食料品販売額（十億円）	ファストフード・日配食品販売額（十億円）	小売業販売額に占めるコンビニエンスストアの割合（%）	飲食料品販売額に占めるコンビニエンスストアの割合（%）
1998年	32,248	5,828	4,357	2,188	4.1	8.4
1999年	33,627（ 4.3）	6,136	4,526	2,283	4.3	8.7
2000年	35,461（ 5.5）	6,389	4,688	2,353	4.6	9.2
2001年	36,113（ 1.8）	6,517	4,786	2,399	4.8	9.5
2002年	37,083（ 2.7）	6,631	4,861	2,464	5.0	9.7
2003年	37,691（ 1.6）	6,760	4,916	2,522	5.1	9.7
2004年	38,621（ 2.5）	6,971	5,045	2,574	5.2	10.0
2005年	39,600（ 2.5）	7,042	5,057	2,628	5.2	10.1
2006年	40,183（ 1.5）	7,107	5,063	2,677	5.3	10.1
2007年	40,405（ 0.6）	7,177	5,094	2,709	5.3	10.0
2008年	40,745（ 0.8）	7,620	5,186	2,756	5.6	9.9
2009年	41,724（ 2.4）	7,645	5,077	2,698	5.7	9.7
2010年	42,347（ 1.5）	7,762	5,162	2,745	5.7	9.7
2011年	43,373（ 2.4）	8,402	5,354	2,902	6.2	9.9
2012年	47,801（10.2）	9,044	5,818	3,229	6.6	10.7
2013年	50,234（ 5.1）	9,391	6,139	3,487	6.8	11.1
2014年	52,725（ 5.0）	9,890	6,582	3,808	7.0	11.6
2015年	54,505（ 3.4）	10,395	7,023	4,089	7.4	12.4
2016年	55,636（ 2.1）	10,825	7,370	4,290	7.7	13.2
2017年	56,374（ 1.0）	11,099	7,592	4,423	7.8	13.5
2018年	56,574（ 0.4）	11,326	7,769	4,539	7.8	13.7

（注）飲食料品販売額は、商業動態統計調査の「百貨店」（衣・食・住の各販売額がいずれも小売販売額総額の10%以上70%未満で、従業者数50人以上、かつ売場面積1,500㎡以上、東京都特別区・政令指定都市3,000㎡以上、スーパーを除く）、および「スーパー」（売場面積の50%以上についてセルフサービス方式採用、かつ売場面積が1,500㎡以上）における飲食料品販売額に、飲食料品小売販売額を加えたもの。飲食料品の割合は、コンビニエンスストアにおける飲食料品販売額／飲食料品販売額×100で算出した。

（出所）経済産業省『商業動態統計年報（商業販売統計年報）』(各年版）より作成。

2　コンビニエンスストア業界の再成長

（1）前年同月比既存店売上高増加率の推移

　図4-2は、コンビニエンスストアの前年同月比売上高増加率の推移を示したものである。2008年の前年同月比売上高の増加は、自販機でのたばこの購入に際してタスポカードが必要となり、自販機でのたばこの販売が大きく減少、その減少分の多くをコンビニエンスストアが取り込み、さらにたばこ購入のつ

いでに他の商品も購入するという"ついで買い効果"が貢献したものと考えられる。商業動態統計調査における商品分類では、たばこは「非食品」として分類されるが、「非食品」の前年同月比売上高は20％を超えるほど大きく増加している[2]。

しかし、「タスポ効果」が一巡した2009年後半からは再び前年同月比売上高が水面下に陥る。しかし、2010年10月に1箱300円のマイルドセブンが410円に値上げされるなど、たばこの大幅な増税が実施された[3]。そのため、同年9月には駆け込み需要により、さらに同年12月からは値上げ効果により「たばこ（非食品）」の売上高が大幅に増加[4]、既存店前年同月比売上高はプラスに転じることとなった。

しかし、「たばこ増税効果」が薄れてきた2012年後半からは、前年同月比売上高は再び水面下に陥り、コンビニエンスストアの成長の限界は明らかなように見えた。他方で、セブン-イレブンの既存店前年同月比売上高は、「たばこ増税効果」が薄れていった直後の2012年8月から2017年9月まで62か月連続で増加している。既存店前年同月比売上高の増加は、2014年末頃まではセブン-イレブンのみで、ローソンやファミリーマートなど他の企業は、必ずしもそのような状況ではなかったため、"セブン-イレブンの一人勝ち"というような状態が続いた（図4-3参照）。

セブン-イレブンにこのような好調をもたらした要因は、PB商品である「セブンプレミアム」、さらにPB商品以外のセブン-イレブン オリジナル商品の開発・販売が進んだこと、さらに2013年1月から販売を開始した挽きたて・淹れたてコーヒー「セブンカフェ」の貢献が大きいといえる。

セブン-イレブンの好調に刺激される形で、他のコンビニエンスストア企業もPB商品やオリジナル商品の開発・販売に取り組み、挽きたて・淹れたてコーヒーの販売を本格化していく。それらの効果もあり、2015年4月頃からはローソンやファミリーマートにおいても既存店前年同月比売上高が増加傾向を示し、コンビニエンスストアは「新たな成長ステージ」に入ったといえる。

ここで注意しなければならないことは、2014年4月から消費税率が5％から8％へと引き上げられたことである。消費税はコンビニエンスストア企業が納税する義務を負っているため、消費税の税率アップはコンビニエンスストアの売上高を3％分押し上げるだけで、コンビニエンスストアに利益の増加をもた

らすものではない。

　そこで、消費税増税の影響を確認すると、増税直後の2014年 4 月の前年同月

図 4 - 2　コンビニエンスストア既存店前年同月比売上高増加率の推移

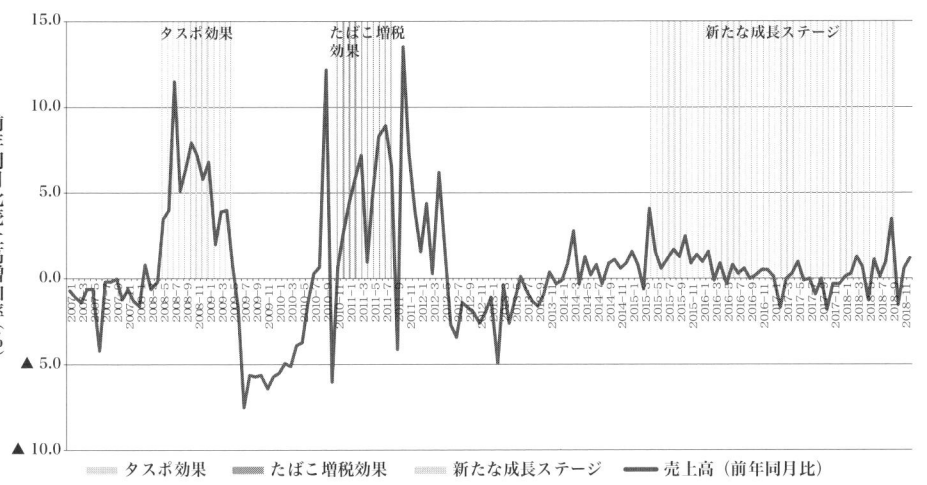

（出所）経済産業省『商業動態統計年報（商業販売統計年報）』（各年版）（2015年7月以降は日本フランチャイズ
　　　チェーン協会『コンビニエンスストア統計調査月報』（各月版））より作成。

図 4 - 3　コンビニエンスストア主要 3 チェーン既存店前年同月比売上高増加率の推移

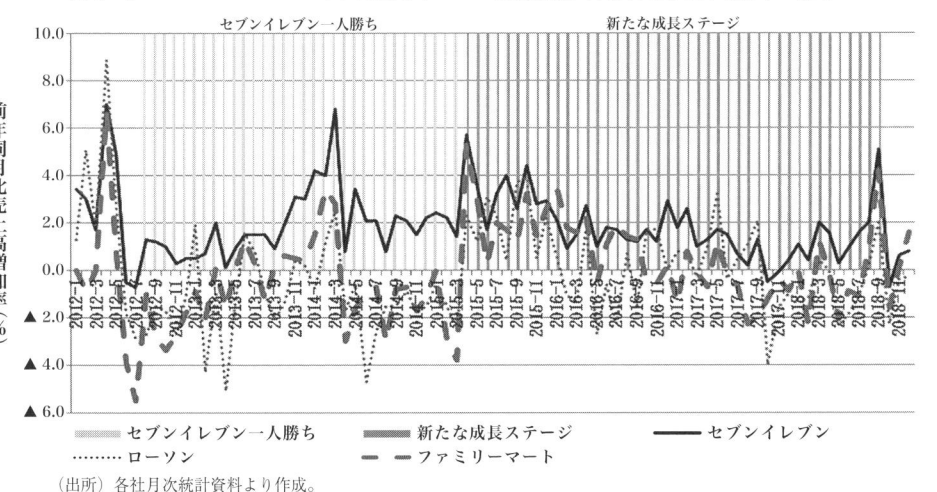

（出所）各社月次統計資料より作成。

比売上高はマイナスとなった。その後も1％程度の増加にとどまっており、実質的な既存店売上高はマイナスであったといえる。消費税増税の影響が前年同月比売上高増加率に反映されるのは2015年3月までであるが、2015年4月以降も前年同月比売上高は増加している。そのため、2015年4月頃以降、コンビニエンスストアは「新たな成長ステージ」に入ったという方が妥当であろう。

（2）前年同月比既存店客数・客単価の推移

　前項で述べたコンビニエンスストアに売上高の増加をもたらした要因、すなわち2008年5月からの「タスポ効果」、2010年10月からの「たばこ増税効果」、PB商品等によってもたらされた2015年4月頃からの「新たな成長ステージ」について、売上高を「客数」と「客単価」に分解することにより分析する（図4-4参照）。

　2008年5月からの「タスポ効果」は、2009年6月まで続く「客数」の増加に明確に現れており、タスポカードの導入はコンビニエンスストアの新たな顧客の開拓に大きく貢献したといえよう。

　2010年10月からの「たばこ増税効果」は、買いだめの影響が薄れた2010年12月～2011年8月まで続く、「客単価」の増加に貢献している。

図4-4　コンビニエンスストア既存店前年同月比客数・客単価の推移

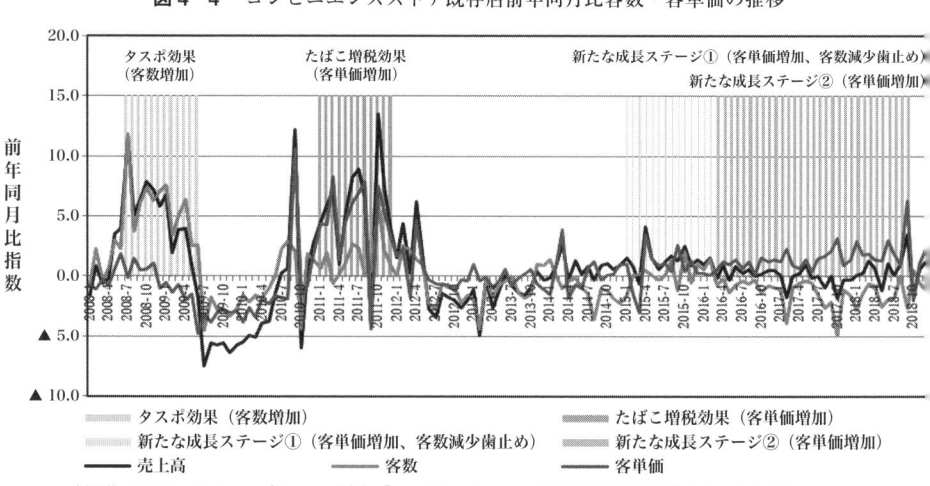

（出所）日本フランチャイズチェーン協会『コンビニエンスストア統計調査月報』（各月版）より作成。

　2015年4月頃からのコンビニエンスストアの「新たな成長ステージ」は、「客単価」の増加をもたらすと同時に、2014年3月から2015年1月まで継続していた「客数」の減少傾向に歯止めをかけることとなった。

　しかし、「客単価」が増加し、かつ「客数」も増加基調にあった時期は2015年4月〜2016年2月の11か月間にとどまり、2016年3月からは「客単価」は増加しているものの、逆に「客数」は減少を続けている。既存店売上高も増加基調を続けているものの、その増加率はわずかであり、「新たな成長ステージ」も2018年末頃から終わりに近づいているように思われる。

3　コンビニエンスストアと自販機の競争

（1）たばこ

　たばこ小売免許は、1995年1月以降規制が緩和されたが、現在でも新規に免許を取得するためには、最寄りのたばこ販売店との距離が地域区分（指定都市、市制施行地、町村制施行地）、および環境区分（繁華街、市街地、住宅街）ごとに定められた基準を満たしていることが必要である[5]。

　表4−5は、たばこ売上高の推移である。2008年7月にタスポカードが全面的に導入されたことを受けて、たばこ自販機売上高は2007年度の1兆7,000億円から2008年度は8,500億円へと半減、さらに2009年度には5,700億円へとタスポカード導入前の3分の1にまで落ち込んでいる。その後は横ばいとなったが、2012年度からは大きく減少し、2016年度には2,100億円へと、タスポカード導入前の2007年度と比較すると、わずか12.3％にまで落ち込んでいる。この間に、たばこ売上高は2007年度の3.9兆円から2010年度には3.6兆円と減少傾向にあったが、2010年10月のたばこ税の大幅増税をはさんで、2011年度には再び4.1兆円と増加、その後は概ね4兆円程度で推移してきた。しかし、2016年度に3.6兆円、2018年度には2.9兆円へと大きく減少している。自販機で販売されている割合も、2007年度の43.4％から、2016年度には5.8％まで減少している。

　このように、タスポカード導入を機に、たばこ自販機売上高が激減する中で、コンビニエンスストアのたばこ売上高が増加している。たばこ売上高が公表されているローソンおよびファミリーマートについて、たばこ売上高の変化をみると、ローソンでは2007年度の2,500億円から2016年度に4,700億円、2018

表4-5　たばこ売上高（自販機、ローソン、ファミリーマート）の推移

	たばこ売上高 （億円）	たばこ自販機売上高 （億円） （自販機の割合（%））	ローソン たばこ売上高（億円）	ファミリーマート たばこ売上高（億円）
2005年度	39,694	19,625（49.4）	2,220	1,499
2006年度	39,820	18,422（46.3）	2,384	1,663
2007年度	39,131	16,989（43.4）	2,497	1,809
2008年度	37,270	8,541（22.9）	3,425	2,612
2009年度	35,460	5,706（16.1）	3,586	2,845
2010年度	36,163	5,987（16.6）	3,822	3,157
2011年度	41,080	5,895（14.4）	4,707	4,002
2012年度	40,465	4,864（12.0）	4,970	4,124
2013年度	40,744	4,280（10.5）	4,591	4,323
2014年度	38,418	3,274（ 8.5）	4,828	4,549
2015年度	39,227	2,556（ 6.5）	4,762	4,774
2016年度	36,377	2,094（ 5.8）	4,719	5,004
2017年度	31,655	―	4,986	6,187
2018年度	29,368	―	5,329	7,263

（注）「たばこ自販機売上高」は、商品価格及び決済方法の多様化により算出が困難となったという理由で、2016年度までで算出が終了した。
（出所）たばこ売上高は日本たばこ協会「販売実績（数量・代金）推移一覧」（各年版）、たばこ自販機売上高は日本自動販売機工業会「自販機普及台数及び年間自販金額」（各年版）、およびローソン、ファミリーマートIR資料より作成。

年度には5,300億円に、ファミリーマートも2007年度の1,800億円から2016年度に5,000億円、2018年度には7,300億円と大幅に増加しており、この2社だけで2007年度から2016年度にかけて5,400億円増、この間のたばこ自販機売上高の減少額1兆4,900億円の約36%を吸収した形となっている[6]。

（2）酒

　酒類小売においては、厳しい免許制が取られていた。セブン-イレブンはチェーン展開をはじめた1970年代において、酒小売店を中心にフランチャイズチェーン加盟店を勧誘した。酒小売免許をもっている小売店は、セブン-イレブンの加盟店となっても酒小売免許が継続され、引き続き酒を販売することができたためである。当時、多くの食品スーパーは、酒小売免許を取得することができず、酒を販売することができなかった。また、酒小売店出身以外のコンビニエンスストアが酒小売免許を取得することは非常に困難であった[7]。

　酒小売免許は、既存の酒小売店からの距離による「距離基準」、人口規模に

表4-6　酒類の小売業態別数量割合の推移

(単位：%)

	1985年度	1990年度	1995年度	2000年度	2005年度	2010年度	2015年度
一般小売店	92.6	83.3	66.0	55.1	27.9	19.1	13.8
コンビニエンスストア	4.3	10.4	10.9	11.7	11.3	11.1	11.3
スーパーマーケット	0.7	1.9	14.1	18.8	29.4	34.9	37.4
量販店	―	―	―	―	12.1	14.7	12.2
その他	2.4	4.4	9.0	14.4	19.3	20.2	25.3

(出所) 国税庁「酒類小売業の経営実態調査結果」(2005年度まで)、同「酒類小売業者の概況」(2010年度以降)より作成。

応じた「人口基準」によって、新規免許の付与が制限されていた。酒小売免許の規制緩和は、1989年6月の大規模小売店への特例免許の付与、通信販売小売免許の新設、世帯基準から人口基準への変更、大都市の駅周辺の距離基準の緩和に始まる。続いて、2001年1月に距離基準の廃止、2003年9月に人口基準の廃止、2006年8月末の緊急調整区域（競争激化地域での新規免許の制限）の撤廃により、原則として自由化された[8]。

　酒小売免許の規制緩和によって、ほとんどのコンビニエンスストアが酒を取り扱うようになった[9]。しかし、酒小売免許の規制緩和は、コンビニエンスストアのみに有利に働くのではなく、スーパーなど他の小売業態でも酒を取り扱う店舗が増加し、競争の激化をもたらした。

　表4-6は、数量割合ではあるが、酒類の小売業態別割合の推移をみたものである。規制緩和の進展に伴って、一般小売店が激減、他方でスーパーマーケットの割合が大きく増加した。しかし、コンビニエンスストアの割合は1990〜2000年度にかけては微増、規制緩和がすすんだ2000年度以降は11.0％台と横ばいになっている[10]。

　なお、酒・ビールの自販機は一般小売店の店頭に置かれていることも多かった。しかし、購入者の年齢確認が求められようになったこと、さらに一般小売店の割合の減少と歩調を合わせる形で酒・ビール自販機売上高も激減し、1995年度3,470億円、2000年度1,980億円、2005年度1,030億円、2010年度580億円、2015年度330億円、2016年度310億円と推移している。

　すなわち、酒小売免許の規制緩和は、スーパーマーケットに売上高の増加をもたらしたものの、コンビニエンスストアは一般小売店や自販機の売上高の減

少分を十分に吸収できなかったといえる。

（3）挽きたて・淹れたてコーヒー

　2012年にサークルKサンクスが「淹れたてコーヒー」として全国展開、その後ローソンの「マチカフェ」やファミリーマートの「あじわいファミカフェ」が追随、セブン‐イレブンも2013年1月に「セブンカフェ」として参入した。「セブンカフェ」は、2014年9月までに全店舗に導入され、2013年1月から2014年2月末の累計販売数は4.5億杯となった。その後、2台目設置店舗を拡大、さらに2015年9月までに全国展開を完了、2016年1月の全面刷新を経て2016年2月期の年間販売数は8.5億杯に達した。2016年5月にはリニューアルを実施、アイスカフェラテの全店導入を完了、2018年2月期には年間販売数は10億杯に達している[11]。

　このように、2013年頃からのコンビニエンスストア各社による「挽きたて・淹れたてコーヒー」の販売の拡大[12]に伴って、カップ式のコーヒー・ココアの自販機売上高は、2011年1,600億円、2012年の1,570億円、2013年1,520億円、2014年1,470億円、2015年1,430億円、2016年1,380億円と推移しており、コンビニエンスストアに挽きたて・淹れたてコーヒーが導入された2012年度頃から減少傾向にある[13]。

（4）清涼飲料

　清涼飲料の売上高は、富士経済『清涼飲料マーケティング要覧』による推計では、2006年5兆900億円、2009年4兆8,800億円、2012年4兆9,600億円、2015年5兆700億円、2016年5兆1,000億円、2017年5兆2,000億円と推移しており、ほぼ5兆円前後で推移している。

　しかしながら、表4‐7にみるように、清涼飲料自販機売上高は2007年に過去最高の2兆4,200億円を記録した後、タスポカードの導入以降はたばこ自販機に併設された機械での「ついで買い」が減ったこと[14]等の影響もあって、2008年には2兆1,500億円、2009年には1兆8,800億円へと大きく減少している。その後は、横ばい傾向にあったが、2016年には1兆7,400億円と再び減少している。キリンビバレッジの推計によって清涼飲料の販売数量割合の推移をみると、2006年から2016年の間に、自販機の割合が35％から23％へと▲12ポイント

表4-7　小売業態別清涼飲料販売数量割合の推移

	清涼飲料自販機 売上高（十億円）	清涼飲料販売数量割合（%）			
		自販機	コンビニエンス ストア	量販店	その他
2006年	23,152	35	33	20	12
2007年	24,202	35	33	20	12
2008年	21,497	33	35	20	12
2009年	18,795	31	36	21	12
2010年	19,671	30	37	20	12
2011年	18,954	30	38	20	12
2012年	19,023	26	38	21	15
2013年	19,134	26	39	20	15
2014年	18,726	25	40	20	16
2015年	18,226	24	40	20	16
2016年	17,405	23	40	21	16
2017年	—	22	41	21	16

（注）「清涼飲料自販機売上高」は、商品価格及び決済方法の多様化により算出が困難となったという理由で、2016年度までで算出が終了した。
（出所）清涼飲料自販機売上高は日本自動販売機工業会「自販機普及台数及び年間自販金額」（各年版）、清涼飲料販売数量割合はキリンHD『Data Book（各年版）』より作成。

減少、他方でコンビニエンスストアの割合が33%から40%へと7ポイント増加し、清涼飲料の販売において自販機からコンビニエンスストアへのシフトが起きているといえる（表4-7参照）。

4　コンビニエンスストアにおけるPB商品開発

　2015年4月頃から、コンビニエンスストア既存店の客単価が増加、客数の減少に歯止めがかかるなど、コンビニエンスストアが「新たな成長ステージ」に入っていることを指摘したが、この要因はコンビニエンスストア各社によるPB商品の開発・販売によるところが大きい。すなわち、セブン-イレブンの「セブンプレミアム」、ローソンの「ローソンセレクト」、ファミリーマートの「ファミリーマートコレクション」などである。PB商品の開発・販売は、セブン-イレブンが先行し、"セブン-イレブンの一人勝ち"ともいわれる状況をもたらしたが、ローソン、ファミリーマートなども追随し、少なくとも主要各社においては「新たな成長ステージ」に入ったものとみられる。
　表4-8によると、セブン&アイHDにおける「セブンプレミアム」の売上割

表4-8　PB・NB商品別売上高の推移（セブン-イレブン）

（単位：億円）

	全店売上高	広義PB商品	セブンプレミアム	セブン-イレブン・ジャパンオリジナル商品	NB商品
2012年度	35,080　(100.0)	13,826　(39.4)	3,326　(9.5)	10,500　(29.9)	21,254　(60.6)
2013年度	37,810　(100.0)	16,660　(44.1)	4,660　(12.3)	12,000　(31.7)	21,150　(55.9)
2014年度	40,080　(100.0)	1,8530　(46.2)	5,780　(14.4)	12,750　(31.8)	21,550　(53.8)
2015年度	42,910　(100.0)	21,216　(49.4)	7,216　(16.8)	14,000　(32.6)	21,694　(50.6)
2016年度	45,517　(100.0)	―	8,390　(18.4)	―	―
2017年度	46,781　(100.0)	―	9,722　(20.8)	―	―
2018年度	48,989　(100.0)	―	10,532　(21.5)	―	―

（注）セブン-イレブンにおける「セブンプレミアム」の売上高は、「セブンプレミアム」の売上高計に、セブン
　　　＆アイHD傘下のセブン-イレブンの全店売上高、イトーヨーカ堂、およびヨークベニマルの売上高合計に占
　　　めるセブン-イレブンの割合を掛け合わせて推計した。
（出所）セブン＆アイHD『決算補足資料』（各年度版）より作成。

合は、2012年度9.5％、2013年度12.3％、2014年度14.4％、2015年度16.8％、
2016年度18.4％、2017年度20.8％、2018年度21.5％と、着実にその割合を増加さ
せている。先に図4-3でみたように、セブン＆アイHDの中核であるセブン-
イレブンの既存店前年同月比売上高は増加を続けているが、その時期は「セブ
ンプレミアム」の売上割合の急速な増加と符合している。

　また、2012年度以降におけるセブン-イレブンにおけるPB商品とNB商品の売
上高の推移をみると、2012年度から2015年度にかけてのNB商品の売上高は、
２兆1,000億円強とほとんど変化していない。他方で、この４年間にセブン-イ
レブンの全店売上高は、３兆5,000億円から４兆2,900億円へと約8,000億円増加
しており、その増加額のほとんどを広義PB商品が担う形になっている（表
4-8参照）。

むすび

　飲食料品販売額に占めるコンビニエンスストアの割合は、1998年の8.4％か
ら少しずつ増加し、2005年には10.1％となった。その後、2010年頃までは停滞
傾向にあったが、その後は再び増加し、2018年には13.7％になっている。
　コンビニエンスストアの既存店前年比売上高は、2000年頃から長期にわたっ

て水面下にあったものの、2008年5月からの「タスポ効果」、2010年10月からの「たばこ増税効果」により、再び増加することとなった。しかし、これらの効果が薄れてきた2012年後半からは再び水面下となり、コンビニエンスストアは成長の限界に達したように見えた。

　しかし、セブン-イレブンの既存店前年同月比売上高は、「たばこ増税効果」が薄れていった直後の2012年8月から2017年9月まで62か月連続で増加した。他方で、ローソン、ファミリーマートなど他の企業は、必ずしも増加基調ではなかったため、"セブン-イレブンの一人勝ち"といわれるような状態が続いた。しかし、2015年4月頃からはローソンやファミリーマートにおいても既存店前年同月比売上高が増加傾向を示し、コンビニエンスストアは「新たな成長ステージ」に入ったといえる。

　コンビニエンスストア各社のPB商品の開発・販売は、セブン-イレブンが先行したが、ローソン、ファミリーマートなども追随し、コンビニエンスストアに「新たな成長ステージ」をもたらした。2008年5月からのタスポカードの導入は2009年6月まで続く既存店の前年同月比の「客数」の増加に、2010年10月のたばこ増税は買いだめの影響が薄れた2010年12月から2011年8月まで続く既存店の前年同月比の「客単価」の増加に貢献している。

　さらに、2015年4月頃からのコンビニエンスストアの「新たな成長ステージ」は、「客単価」の増加をもたらすと同時に、2014年3月から2015年1月まで継続していた「客数」の減少傾向に歯止めをかけることとなった。

　しかし、「客単価」が増加し、かつ「客数」も増加基調にあった時期は2015年4月～2016年2月の11か月間にとどまり、2016年3月からは「客単価」は増加を続けているものの、逆に「客数」は減少を続けている[15]。既存店売上高も増加基調を続けているものの、その増加率はわずかであり、「新たな成長ステージ」も2018年末頃から終わりに近づいているように思われる[16]。

注

1）タスポカードとは、社団法人日本たばこ協会、全国たばこ販売協同組合連合会および日本自動販売機工業会が未成年者の喫煙防止に向けて開発し、2008年3月から順次全国に導入した成人識別ICカードの名称、および同カードを使用したシステムの総称である。2008年3月から稼動を開始した宮崎県、鹿児島県に続いて、2008年7月には全都道府県に導入された。財務省の調査（2008年12月実施、対象は「喫煙者」およ

び「2005年 7 月以降喫煙を止めた者」）によると、たばこの購入先は「店頭」が79.4％と同年 2 月の前回調査の44.4％から急増し、他方で自販機は18.9％と、前回調査の53.7％から大幅に減少している。また、タスポカードの取得は喫煙者全体の35.2％にとどまっている（財務省「新しい注意文言に関するアンケート調査結果」財政制度等審議会第15回たばこ事業等分科会資料、2009年 3 月、47-48ページ）。

2 ）コンビニエンスストアの商品分類別既存店前年同月比売上高をみると、「非食品」は2008年 6 月〜2009年 4 月にかけて、前年同月比20％を超える売上高増加となった（経済産業省『商業販売統計年報』）。

3 ）2009年末に閣議決定された税制改正大綱で、たばこ 1 本につき税金を3.5円引き上げることとなり、たばこメーカーの値上げ分の1.5円を合わせて 1 本 5 円・ 1 箱100円の値上げが2010年10月より実施された。その影響で、たばこ販売数量は2010年 9 月には前年同月比87.8％増、同年10月にはその反動で前年同月比▲58.8％減にまで落ち込んだ。たばこ販売数量は減少傾向にあるものの、たばこ売上高は増税のため2011年度までは増加しており（表 4 - 5 参照）、コンビニエンスストアの非食品部門の売上高増加に貢献している。なお、たばこの粗利益率は平均10％程度であり、コンビニエンスストアの平均粗利益率約30％と比べると小さいが、たばこ売上高の増加はコンビニエンスストアに利益の増加をもたらした。

4 ）コンビニエンスストアの商品分類別既存店前年同月比売上高をみると、「非食品」の増加率は、2011年 3 月、2011年 5 月〜同年 8 月、2011年10月および同年11月において20％を超えている（経済産業省『商業販売統計年報』）。

5 ）たばこ事業法第23条、たばこ事業法施行規則第20条〜22条、および大蔵省告示「たばこ事業法施行規則に基づき財務大臣が定める事項」に定める地域区分及び環境区分を参照されたい。なお、コンビニエンスストアの主要企業別に、たばこを取り扱っている店舗の割合をみると、タスポ効果によりコンビニエンスストアのたばこ売上高が増加していた当時（2009年 2 月末現在）において、たばこを取り扱っている店舗の割合はセブン−イレブン86.8％、ローソン78.7％、ファミリーマート82.2％であった（商業界『コンビニ』第12巻第 8 号、2009年 8 月）。2015年 2 月末現在では、たばこを取り扱っている店舗の割合は、セブン−イレブン95.5％、ローソン85.4％、ファミリーマート86.3％（商業界『コンビニ』第18巻第 8 号、2015年 8 月）、2018年 2 月末現在では、セブン−イレブン95.8％、ローソン93.2％、ファミリーマート97.7％となっている（各社決算補足資料より）。

6 ）全店売上高に占める「たばこ」の割合は、2018年度ではローソン25.3％、ファミリーマート24.9％と、大きな割合を占めている（ローソン「決算補足資料」、ユニー・ファミリーマートHD「決算参考資料」）。なお、セブン−イレブンの「たばこ」売上高は公表されていない。

7 ）セブン−イレブンなどコンビニエンスストアの発展初期の酒の取扱いについては、南方建明「コンビニエンスストアの成長による食品小売市場の変化」『大阪商業大学論集』第 5 巻第 4 号、2010年 1 月に詳しい。

8 ）酒小売免許の規制緩和については、南方建明「酒類小売規制の緩和による酒類小売市場の変化」『日本消費経済学会年報』第31集、2011年 3 月に詳しい。

9）コンビニエンスストアの主要企業別に、酒を取り扱っている店舗の割合をみると、1998年2月末現在で酒を取り扱っている店舗の割合は、セブン-イレブン54.0%、ローソン37.4%、ファミリーマート31.7%（商業界『コンビニ』第1巻第1号、1998年10月）にとどまっていた。2001年1月に距離基準の廃止がなされた後の2002年10月末現在では、酒取扱店の割合はセブン-イレブン69.7%、ローソン55.8%、ファミリーマート57.7%（商業界『コンビニ』第6巻第1号、2003年1月）まで増加している。さらに、2006年8月末の緊急調整区域撤廃後の2007年2月末現在で酒を取り扱っている店舗の割合は、セブン-イレブン92.1%、ローソン94.4%、ファミリーマート90.4%（商業界『コンビニ』第10巻第8号、2007年8月）であった。その後、酒小売免許の規制緩和により酒を取り扱っている店舗が急速に増加し、2013年2月末現在ではセブン-イレブン98.9%、ローソン98.2%、ファミリーマート96.4%（商業界『コンビニ』第16巻第8号、2013年8月）と、ほとんどの店舗が酒を取り扱うようになった。その後は、コンビニエンスストアの立地が学校や病院等にまで拡大したこともあって、酒を取り扱っている店舗の割合はやや減少し、2018年2月末現在では、セブン-イレブン98.5%、ローソン96.5%、ファミリーマート98.3%となっている（各社決算補足資料より）。

10）全店売上高に占める「酒」の割合は、ファミリーマートのみが公表されており、2018年度においては4.3%となっている（ユニー・ファミリーマートHD「決算参考資料」）。

11）セブン＆アイHD『有価証券報告書』。

12）章胤杰は、2015年におけるコンビニエンスストア業界のカウンターコーヒーの販売額、粗利益額について、次のように推計している。カウンターコーヒーの販売額2,280億円（19億杯×平均単価120円）、粗利益率を50〜60%とみて、粗利益額は1,140〜1,368億円。他方で、たばこの年間販売額が2.7兆円、粗利益率10%として粗利益額が2,700億円、カウンターコーヒーの粗利益額はたばこの半分近くを占めている（章胤杰「コンビニエンスストアの成長にとってのカウンターコーヒーの意義」『研究年報 経済学』第76巻第1号、2018年3月）。カウンターコーヒーの割合は、コンビニエンスストアの年間販売額約11兆円（『商業動態統計年報2015年』）の2.1%、粗利益額約3兆4,000億円（粗利益率を31.3%として計算、ローソン『統合報告書2015年』）の3.3〜4.0%を占めると推計される。

13）コーヒーの国内消費量は、2007年43億8千万トンとピークを迎えたのち、やや減少傾向にあったが、2011年の42億1千万トンを底に、2012年42億8千万トン、2013年44億6千万トン、2014年45億トン、2015年46億2千万トン、2016年47億3千万トン、2017年46億5千万トンと、増加傾向にある（全日本コーヒー協会「日本のコーヒー需給表」）。

14）日本自動販売機工業会「自販機普及台数及び年間自販金額」2008年、1-2ページ。

15）既存店の前年同月比客数は、2016年3月から2018年2月現在まで24か月連続マイナスとなっている（日本フランチャイズチェーン協会「コンビニエンスストア統計調査月報」）。

16）近年の人手不足や人件費の上昇が進む中で、コンビニエンスストアの成長が困難な

状況になりつつある。経済産業省「コンビニエンスストア加盟者の取組事例調査」（2019年3月）に基づいて従業員の充足状況をみると、「従業員が不足している」61％、「従業員は足りているが何かあれば運営に支障がでると思う」34％、「従業員は十分に足りており（スタッフの退職等）何かあっても対応できる」6％となっており、人手不足を訴える加盟店が多い。これを受けて、経済産業省がコンビニエンスストア本部に対して人手不足対策の行動計画の策定とその公表を求める異例の事態となった（2019年4月5日）。各社の行動計画は、セルフレジの導入と営業時間の短縮実験が主な柱となっており、セルフレジについてはローソンが2019年8月末までに、セブン‐イレブンも2019年度（2020年2月期）中に全店に導入、ファミリーマートも2019年度（2020年2月期）中に約5,000台まで拡充するとしている（各社行動計画、2019年4月25日）。このような状況の中で、各社とも新規出店よりも既存店の支援に注力するとしており、NHKの調査（2019年4月12日）によると、2019年度（2020年2月期）の店舗増加数は、セブン‐イレブン100店（新規出店850店、閉店750店、新たに進出する沖縄を除く）、ファミリーマート100店、ローソン0店（新規出店700店、閉店700店）の計画であり、大きく減少する見込みである（https://www3.nhk.or.jp/news/html/20190412/k10011881411000.html?utm_int=nsearch_contents_search-items_001）。

第5章　ドラッグストアの成長過程と小売業態間競争

はじめに

　ドラッグストアは、医薬品、化粧品、日用雑貨、トイレタリー（洗剤、歯磨き、芳香剤等）、加工食品などをセルフサービス方式で販売する小売業態である[1]。

　百貨店や総合スーパーなどの衣食住全般にわたる『総合店』から、取扱商品を限定した『専門店チェーン』へという小売業態構造の変化が進む中で、限定された分野では総合的な商品構成をもつ「食品スーパー」「コンビニエンスストア」「ホームセンター」「ドラッグストア」「均一価格店」など、いわゆる『部分総合店』が成長してきた。これら『部分総合店』は2000年代以降に停滞期を迎えているホームセンターを除いて概ね順調に成長しているが、特にドラッグストアの成長が目立っている。

　そこで本章では、小売業態間競争に着目してドラッグストアの成長過程を明らかにすることを目的とする。まず、ドラッグストアの商品部門別売上割合の推移について分析する。次に、ドラッグストアの商品部門別にみた小売業態間競争について分析する。そして、ドラッグストアが医薬品専門店や化粧品専門店の売上高を取り込んで成長してきた過程、食品スーパーやコンビニエンスストアと競合する中でもドラッグストアが新たな商品部門として開拓してきた「食品」をめぐる小売業態間競争について分析する。

1　ドラッグストア業界の成長過程

（1）ドラッグストア業界の概要

　経済産業省『商業動態統計年報2017年』によると、ドラッグストアの商品分類別売上割合は、「医薬品（OTC）」14.3％、「調剤医薬品」6.4％、「ヘルスケア用品（衛生用品）・介護・ベビー」6.9％、「健康食品」3.4％、「ビューティケア

（化粧品・小物）」15.0％、「トイレタリー」9.6％、「家庭用品・日用消耗品・ペット用品」15.3％、「食品」26.8％、「その他」2.3％となっており、H＆BC（ヘルス＆ビューティケア）で半分近く、次いで食品が4分の1強を占め、近年は食品の取扱いが増加している[2]。食品の取扱いが増加しているのは、H＆BCだけでは来店頻度を高めることが難しいためである。他方で、食品はH＆BCと比較して粗利益率が低く、また食品スーパーやコンビニエンスストアなどとの競合という問題も抱えている。

　ドラッグストア業界の企業別売上高ランキングをみると、2017年度において、1位ウエルシアHD（一本堂、クスリのマルエを含む）（7,168億円）、2位ツルハHD（杏林堂薬局、ビー・アンド・ディーを含む）（6,933億円）、3位サンドラッグ（5,642億円）、4位マツモトキヨシHD（5,351億円）となっている。近年の順位はめまぐるしく入れ替わっており、特にマツモトキヨシHDのランキングが低下している。同社は1994〜2015年度まで22年間にわたって1位であったが、2016年度はウエルシアHDおよびツルハHDに抜かれて3位になり、2017年度はサンドラッグにも抜かれ、4位となっている。

　2017年度におけるドラッグストア業界上位10社の総売上高は4兆7,395億円[3]に達し、市場規模5兆8,057億円（日本ホームセンター研究所推計）に対する市場占拠率81.6％、同6兆8,504億円（日本チェーンドラッグストア協会推計）同69.2％と、かなりの割合を占めている。

（2）医薬品小売にかかわる規制緩和の歴史

①医薬部外品の範囲拡張　1999年3月栄養ドリンク剤、2004年7月ビタミン剤など

　栄養ドリンクの多くは、1999年に「医薬部外品」に指定され、薬局以外の店舗で取り扱えるようになった。これらの医薬部外品は、「新指定医薬部外品」とよばれる。2004年には、ビタミン剤など多くの医薬品が「医薬部外品」に指定替えとなり、薬局以外でも取扱いができるようになった。このとき新たに「医薬部外品」に指定されたものは「新範囲医薬部外品」とよばれる。

②一部の医薬品は登録販売者による販売が可に　2006年6月薬事法改正、2009年6月施行

　医薬品の販売は薬剤師のみに認められていたが、2006年6月の薬事法改正により、一部の医薬品は新しく制定された「登録販売者（都道府県が実施する試験に合格し、登録を受けた者）」も販売できるようになった。また、登録販売

表 5 - 1　「一般用医薬品」の分類（2006年改正薬事法）

分類	第1類	第2類	第3類
リスクの大小	大	中	小
主な特徴	一般用医薬品として使用経験が少ない等、安全上特に注意を要する成分を含むもの	まれに入院相当以上の健康被害が生じる可能性がある成分を含むもの	日常生活に支障を来す程度ではないが、身体の変調・不調が起こるおそれがある成分を含むもの
対象となる薬剤	H2ブロッカー含有薬、一部の毛髪用薬など	主なかぜ薬、解熱鎮痛薬、胃腸鎮痛鎮けい薬など	ビタミンB・C含有保健薬、主な整腸薬、消化薬など
対応する専門家	薬剤師	薬剤師または登録販売者	薬剤師または登録販売者の管理・指導の下で、一般従事者も販売可
情報提供	義務	努力義務	質問がない限り、情報提供は不要
相談対応	義務		

（出所）厚生労働省「薬事法の一部を改正する法律の概要」2009年6月をもとに作成。

者制度の導入と併せて、医薬品のリスクの程度に応じた情報提供と相談体制の整備が実施されることとなった。改正前の薬事法ではリスクの程度に関わらず、情報提供については一律の扱いであったが、2006年の改正では、リスクの程度に応じて「一般用医薬品」が次の３つに分類された。第１類（リスクが大きい医薬品）、第２類（リスクが中程度の医薬品）、第３類（リスクの小さい医薬品）。そして、第１類の医薬品は薬剤師による書面での説明が義務づけられ、第２類の医薬品でも購入者への情報提供の努力義務が課せられることになった（表５-１参照）。

　③**インターネット販売が可能な医薬品の拡充**　2013年12月薬事法改正、2014年6月施行

　2013年12月の薬事法改正において、一般用医薬品となって間がなくリスクが不確定な医薬品（「スイッチ直後品目」「スイッチOTC」と呼ばれる）および劇薬は、従来の「一般用医薬品」とは区別され、「要指導医薬品」となった。「要指導医薬品」は、対面販売（取扱い上の注意についての文書での情報提供および薬剤師による対面指導）が義務づけられ、そのインターネット販売が禁止された。そして、「一般用医薬品」（第１類、第２類、第３類）のインターネット販売は、厚生労働省が許可した業者に限って認められることになった。なお、「要指導医薬品」のうち「スイッチ直後品目」は、原則３年で「一般用医薬品」に移行され、その後はインターネット販売が可能となる（表５-２参照）。

84

表5-2　インターネット販売が可能な医薬品の拡充（2013年改正薬事法）

改正前	医療用医薬品	一般用医薬品		
	（処方箋薬等）	第1類	第2類	第3類
	省令で対面販売を義務づけ	省令で対面販売を義務づけ		インターネット販売可能

改正後	医療用医薬品	要指導医薬品	一般用医薬品		
	（処方箋薬等）	第1類の一部を切り出して指定	第1類	第2類	第3類
	法律で対面販売を義務づけ	法律で対面販売を義務づけ	インターネット販売可能		

（出所）厚生労働省「一般用医薬品のインターネット販売について」2014年5月をもとに作成。

（3）ドラッグストアとホームセンターの成長性の比較

　ドラッグストアの発祥は、ハックイシダ（後にCFSコーポレーション、現ウエルシア薬局）が、1976年に横浜市にオープンした「ハックファミリーセンター杉田店」といわれている。1990年代に入って、マツモトキヨシが全国放映のテレビCMの中で「ドラッグストア」という言葉を用い、業態認識が広まったという[4]。

　ドラッグストアの売上高については、政府統計としては2002年から経済産業省『商業統計表（業態別統計編）』、2014年からは同『商業統計表（産業編）』、2014年1月からは同『商業動態統計月報』において月次統計が実施されている。いずれも近年になって開始された統計であるため、ドラッグストアの初期の成長過程は把握できない。そこで、民間統計を用いてドラッグストア業界の動向をみることとする。ドラッグストアの主な民間統計としては、1995年に開始された「日本ホームセンター研究所」、2000年に開始された「チェーンドラッグストア協会」によるものがある。このうち、「日本ホームセンター研究所」の統計は、ドラッグストア業界の草創期からの売上高が推計されていること、また2014年から開始された政府統計である経済産業省『商業動態統計年報』の売上高規模と概ね符合していること、また2014年から2017年にかけての売上高の増加額は両統計とも約1兆円であることに鑑みて、ここでは「日本ホームセンター研究所」による売上高推計を用いることとする。

　日本ホームセンター研究所の推計によると、ドラッグストアの売上高は、1999年度1兆円、2003年度2兆円、2007年度3兆円、2012年度4兆円、2015年度には5兆円を超え、2017年度には5兆8,000億円と6兆円間近となっている

（日本ホームセンター研究所『ドラッグストア経営統計2018年』）。

　ドラッグストアとホームセンターの売上高の推移を比較すると、売上高が１兆円から２兆円に達するまでにドラッグストアは４年、ホームセンターは５年、２兆円から３兆円に達するまでにドラッグストアは４年、ホームセンターは５年と大きな差はなく、両業態ともに急成長を遂げたといえる。しかし、ドラッグストアは３兆円から４兆円までを５年、４兆円から５兆円までを３年で達成しているのに対して、ホームセンターは2003年から2017年まで14年間にわたって３兆9,000億円前後の売上高のままで停滞している（前掲図１-９参照）。

（４）ドラッグストアの店舗数・売上高・売場面積の推移

　図５-３は、2005年を100としたドラッグストアの店舗数・売上高・売場面積の推移を示したものである。これをみると、2005年以前は、いずれもほとんど同じペースで増加しており、売場効率を落とすことなく、店舗数の増加とともに、売上高を拡大している。2005年以降は、店舗数の増加ペースは、売上高や売場面積よりも緩やかになり、１店あたりの売上高や売場面積の増加、すなわち大規模化が進んだ。売上高と売場面積は同じようなペースで増加しており、ドラッグストアは大規模する中でも売場効率を落とすことなく、成長してきた

図５-３　ドラッグストア店舗数・売上高・売場面積指数の推移

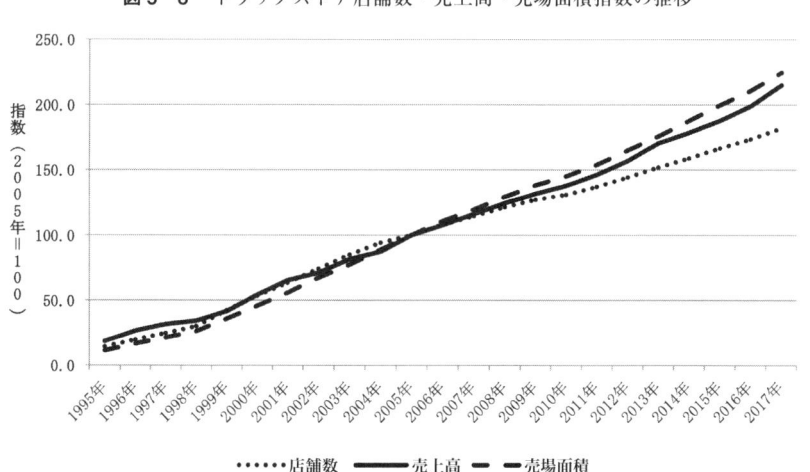

（出所）日本ホームセンター研究所『ドラッグストア経営統計』（各年版）より作成。

といえる[5]。

（5）ドラッグストアの売場効率の推移

　わが国小売業においては、バブル崩壊以降、小売業の実質販売額が横ばいないしは減少傾向にある中で、売場面積が増加したため、売場効率（売場面積1㎡あたり年間販売額）が低下を続けている[6]。ドラッグストア業界においても、業界全体の売上高が急増する中で、売場効率は2003年頃までは低下を続けてきたが、2004年からはほぼ60万円／㎡を維持していることは特筆される（図5-4参照）。

　ドラッグストア業界においては売場面積の大規模化が確実に進んでおり、売場面積規模別の売上割合をみると、「498㎡未満」が2006年の36.6％から2017年には17.7％まで減少し、逆に、大店立地法の規制対象とはならない「660〜1,000㎡」が2006年の32.4％から2017年には47.4％に、大店立地法の規制対象となる「1,003㎡以上」でも2006年の18.8％から2017年には24.5％へと増加している（表5-5参照）。

　売場面積規模別の売場効率をみると、「1,003㎡以上」において2006年の60.1

図 5-4　ドラッグストア売上高・売場効率の推移

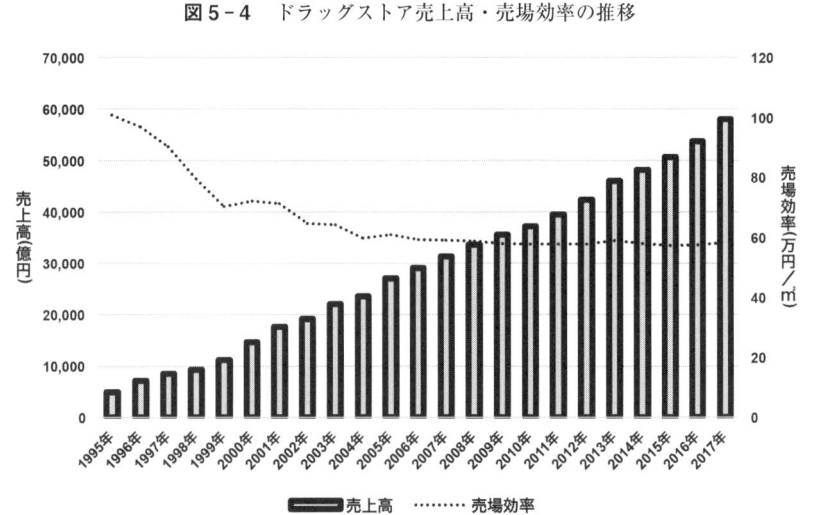

（注）調査対象は、売場面積297㎡以上のドラッグストア。
（出所）日本ホームセンター研究所『ドラッグストア経営統計』（各年版）より作成。

表5-5　ドラッグストア売場面積規模別売上割合の推移

(単位：％)

	2006年	2007年	2008年	2009年	2010年	2011年	2012年	2013年	2014年	2015年	2016年	2017年
～498㎡	36.6	33.9	31.2	29.0	26.0	25.0	23.0	22.0	20.7	19.6	18.7	17.7
502～657㎡	12.1	13.2	14.3	14.0	14.9	13.5	13.0	12.6	12.2	11.5	11.2	10.4
660～1,000㎡	32.4	34.4	35.1	37.0	38.8	40.9	43.1	44.0	45.0	45.8	46.1	47.4
1,003㎡～	18.8	18.5	19.4	20.0	20.3	20.6	20.9	21.4	22.1	23.2	23.9	24.5
計	100.0	100.0	100.0	100.0	100.0	100.0	100.0	100.0	100.0	100.0	100.0	100.0

（出所）日本ホームセンター研究所『ドラッグストア経営統計2018年』より作成。

表5-6　ドラッグストア売場面積規模別売場効率の推移

(単位：万円／㎡)

	2006年	2007年	2008年	2009年	2010年	2011年	2012年	2013年	2014年	2015年	2016年	2017年
～498㎡	59.1	60.5	60.5	59.9	59.9	59.9	60.1	61.0	60.9	60.3	61.4	62.6
502～657㎡	63.0	63.2	63.2	63.3	62.0	63.7	63.7	65.7	64.2	63.6	63.8	64.6
660～1,000㎡	57.8	58.0	57.4	56.8	57.5	57.3	57.6	58.6	57.9	57.3	57.0	58.0
1,003㎡～	60.1	56.7	56.0	54.3	53.9	53.1	53.4	54.5	52.9	52.5	53.2	54.1
計	59.3	59.2	58.8	58.0	58.0	57.8	57.9	59.0	58.0	57.3	57.5	58.3

（出所）日本ホームセンター研究所『ドラッグストア経営統計2018年』より作成。

万円／㎡から2017年には54.1万円／㎡へと、やや低下傾向にはあるものの、いずれの規模においても、ほぼ60万円／㎡前後で推移している（表5-6参照）。

2　ドラッグストアの商品構成の変化と成長過程による時代区分

（1）ドラッグストアの商品構成の変化

　表5-7は、日本ホームセンター研究所『ドラッグストア経営統計』に基づいて、商品部門別売上割合の推移をみたものである。2017年において商品部門別売上割合が大きいのは、「食品（酒類を含む）」25.4％、次いで「医薬品関係」22.7％（OTC12.0％、調剤薬10.7％）、「美容関係」23.0％（化粧品14.7％、ビューティケア8.3％）、「日用品関係」15.5％（日用消耗品9.6％、家庭用品5.9％）などとなっている[7]。

①一貫して増加傾向　「食品（酒類を含む）」「調剤薬」

　「食品（酒類を含む）」（2000年9.7％、2010年17.8％、2017年25.4％）、「調剤薬」（2000年2.8％、2010年8.5％、2017年10.7％）[8]。「食品（酒類を含む）」は、食品スーパーやコンビニエンスストアとの競合も大きいものの来店頻度を高める

[9] ため、「調剤薬」は他業態と差別化し、業態の性格を明確化するためにその割合が増加しているといえる。

②2010年まで増加傾向にあったが、以降はやや減少傾向　「化粧品」「家庭用品」

「化粧品」（2000年13.5％、2005年15.9％、2010年17.9％、2017年14.7％）、「家庭用品」（2000年5.0％、2005年6.3％、2010年6.5％、2017年5.9％）。両者とも、ドラッグストアが商品構成を拡大する中で、相対的にその割合を減少させているが、実額では「化粧品」2010年6,700億円、2017年8,500億円、「家庭用品」2010年2,400億円、2017年3,400億円と、大きく増加している。

③一貫して減少傾向　「医薬品（OTC）」「健康食品」

「医薬品（OTC）」（2000年20.3％、2010年18.0％、2017年12.0％）、「健康食品」（2000年5.3％、2010年3.4％、2017年2.6％）。両者とも、ドラッグストアが商品構成を拡大する中で、相対的にその割合を減少させているが、実額では「医薬品（OTC）」2000年3,000億円、2010年6,700億円、2017年7,000億円、「健康食品」2000年800億円、2010年1,300億円、2017年1,500億円と増加している[10]。なお、「医薬品（OTC）」については、売上高ベースでみても、2009年施行の改正薬事法以降に他業態での「医薬品（OTC）」の取扱いが増える中で増加額は小さくなってきている[11]。

④2010年までは減少傾向にあったが、その後はやや増加傾向　「ヘルスケア」「ベビー用品」

「ヘルスケア」（2000年5.3％、2010年2.3％、2017年3.0％）、「ベビー用品」（2000年8.2％、2010年2.7％、2017年3.5％）。「ベビー用品」の売上高は、2000年から2011年の期間は1,000〜1,200億円程度で推移し、全体の売上高が増加する中でその割合を減少させてきたが、2013年には1,500億円、2017年には2,000億円と売上高を増加させている。同様に、「ヘルスケア」も2000年の800億円から2010年に900億円とわずかの増加にとどまったが、2013年に1,200億円、2017年には1,700億円まで増加している。

⑤割合は増減しているが、実額では大きく増加傾向　「ビューティケア」「日用消耗品」

「ビューティケア」「日用消耗品」は、割合としては増減があるものの、実額では次に示すように大きく増加している。「ビューティケア」2000年1,400億円、2010年3,600億円、2017年4,800億円、「日用消耗品」2000年1,900億円、2010年4,300億円、2017年5,600億円。

（2）ドラッグストアの成長過程からみた時代区分

ドラッグストア業界の成長過程について、前年比店舗数、同売場面積、同売上高の増加率と売場効率の変化、さらに商品部門別売上割合（表5-7参照）に着目して分類すると、次の3つのステージに区分できる。

①草創期（2004年まで）　店舗数・売場面積拡大、売場効率低下

店舗数・売場面積・売上高ともに急増したが、売場効率は1995年100.9万円／㎡、1998年79.6万円／㎡、2001年71.4万円／㎡、2004年59.9万円／㎡と大きく低下している。H&BCが中心であるが、調剤薬はわずかであり、食品の割合も少ない。

②第一次成長期（2005〜2011年）　店舗数・売場面積拡大、売場効率維持

店舗数・売場面積・売上高の拡大は続くが、草創期と比較するとその増加率は鈍化した。売場効率も2005年の61.0万円／㎡から2011年には57.8万円／㎡とほぼ維持されている。ドラッグストア業態が消費者に認知され、急速に市場を拡大していった時期である。「調剤薬」や「化粧品」、および「食品」の割合が増加するなど、商品構成の幅が拡大した。

③第二次成長期（2012年以降）　商品構成拡大、売場効率維持

店舗数・売場面積・売上高の増加率は、第一次成長期よりも拡大した。売場効率は2012年の57.9万円／㎡から2017年には58.3万円／㎡と維持され、再び順調な成長を遂げていく時期である。商品構成の幅の拡大に伴い、「医薬品（OTC）」の割合が2010年の18.0％から2017年には12.0％へと減少、「化粧品」も2010年の17.9％から2017年には14.7％へと減少する一方で、「食品」が2010年の17.8％から2017年には25.4％と、大きく増加している。

表5-7　ドラッグストア商品部門別売上割合の推移

（単位：％）

	医薬品（OTC）	調剤薬	ヘルスケア	健康食品	ビューティケア	化粧品	ベビー用品	家庭用用品	日用消耗品	食品（酒類含む）	その他
1996年	26.6		13.5		11.1	10.7	7.4	13.3		6.3	11.1
2000年	20.3	2.8	5.3	5.3	9.3	13.5	8.2	5.0	13.1	9.7	7.5
2005年	19.1	3.4	4.3	4.4	6.8	15.9	3.8	6.3	9.3	18.0	8.7
2010年	18.0	8.5	2.3	3.4	9.6	17.9	2.7	6.5	11.6	17.8	1.7
2012年	15.6	8.5	2.8	3.3	8.7	16.5	3.1	6.9	12.2	20.0	2.4
2017年	12.0	10.7	3.0	2.6	8.3	14.7	3.5	5.9	9.6	25.4	4.3

（出所）日本ホームセンター研究所『ドラッグストア経営統計』（各年版）より作成。

3 ドラッグストアをめぐる小売業態間競争

（1）商品分類別にみた小売業態間競争

　表5-8は、ドラッグストアの売上割合が5％以上の商品における小売業態間競争の状況を示したものである。2014年においてドラッグストアの売上割合がトップの商品は「一般用医薬品」56.7％であり、次いで「化粧品」40.9％、「合成洗剤」32.6％となっている（経済産業省『商業統計表（産業編）』）。いずれの商品も、2002年から2014年にかけて売上割合がかなり増加しており、特に「化粧品」では10.3ポイントの増加（経済産業省『商業統計表（業態別統計

表5-8 ドラッグストアの売上割合が5％以上の商品における小売業態間競争
（5％以上の売上割合の業態のみ表示）

（単位：％）

| | ドラッグストア | | ホームセンター | 各種食料品（食品スーパー） | コンビニエンスストア | 無店舗販売 | 専業店 | その他 |
	2002-2014年（業態別統計編）	2014年（産業編）						
一般用医薬品	+8.6	56.7				5.4	17.5	
化粧品	+10.3	40.9		5.0		15.3	21.2	
合成洗剤	+4.9	32.6	30.7	16.2				5.2（他に分類されないその他の小売）
荒物	+3.9	9.1	45.5	8.5			7.7	5.4（他に分類されない飲食料品）
乳製品	―	9.1		52.0		8.1		18.2（他に分類されない飲食料品）
他の飲食料品	+6.2	8.1		32.7	8.3	15.2	22.4	
医療用医薬品	▲1.3	5.8					93.6	
ペット用品	+1.5	5.3	49.7	8.9		6.6	20.1	
紙・文房具	+1.0	5.2	16.5	6.1		19.1	29.4	
ペット	+4.3	5.0	29.8	9.0			44.6	

（注1）「百貨店・総合スーパー」の販売額を除いて算出した。なお、「百貨店・総合スーパー」の売上割合は、「小売計」9.1％、「紳士・洋品」24.4％、「婦人・子供服・洋品」32.7％、「その他の衣料品」30.6％、「身の回り品」22.5％、「飲食料品」12.6％、「家具」9.7％、「家庭用電気機械器具」2.3％、「家庭用品」9.5％、「その他商品」3.3％となっている（経済産業省『商業統計表（産業編）2014年』）。
（注2）表中の枠内の数字は売上割合が1位、下線の数字は同2位を示す。
（注3）「乳製品」は、2014年調査から分類が新設されたため、2002年から2014年にかけての推移は算出できない。
（注4）「他の飲食料品」は、レトルト食品、チルド食品、健康食品、サプリメント、調味料、缶詰など。
（出所）経済産業省『商業統計表（産業編）（品目編）2014年』『商業統計表（業態別統計編）2002年、2014年』より作成。

編)』）と、ドラッグストアの競争優位が強まっているといえる。

　ドラッグストアが他の小売業態とかなり競合しているとみられる商品は、対ホームセンターとは「合成洗剤」のみである。「合成洗剤」の売上割合は、「ドラッグストア」が32.6％と最も多く、次いで「ホームセンター」が30.7％となっている。

　「荒物」および「ペット用品」では、ホームセンターが競争優位にある（「荒物」ホームセンター45.5％、ドラッグストア9.1％、「ペット用品」ホームセンター49.7％、ドラッグストア5.3％）。また、「乳製品」「他の飲食料品（健康食品、サプリメント、レトルト商品、チルド食品など）」では、「各種食料品（食品スーパー）」が競争優位にある（「乳製品」食品スーパー52.0％、ドラッグストア9.1％、「他の飲食料品」食品スーパー32.7％、ドラッグストア8.1％）。

　「医療用医薬品」では、ドラッグストアも取扱いを増やし5.8％となっているものの、調剤薬局が93.6％と圧倒的である。「ペット」は、ドラッグストアが5.0％に対して、ペット・ペット用品店44.6％、ホームセンターも29.8％を占めている。ペット・ペット用品店は、「ペット用品」においても20.1％を占めている。

　同様に、「紙・文房具」では、ドラッグストアが5.2％であるのに対して、紙・文房具店が29.4％、無店舗販売が19.1％、ホームセンターが16.5％、各種食料品（食品スーパー）も6.1％を占めている。

（2）ドラッグストアと医薬品専門店

　ドラッグストアにおける主力商品部門である「一般用医薬品」[12]について、ドラッグストアが「医薬品専門店」の売上高を取り込む形で成長してきた過程について分析する。

①「ドラッグストア」と「医薬品専門店」

　「一般用医薬品」の売上高に占める「ドラッグストア」の割合は、2002年の48.1％から2007年には52.7％と半数を超え、さらに2014年には56.7％へと、2002年と比較して8.6ポイント増加、他方で専業店である「医薬品専門店＋住関連中心店」の割合は、2002年の41.0％から2014年には25.2％となり、▲15.8ポイント減と大きく減少している[13]（表5-9参照）。

表5-9　ドラッグストアと「医薬品専門店＋住関連中心店」（一般用医薬品）

（単位：十億円、%）

	ドラッグストア	医薬品専門店 ＋住関連中心店	その他	計
2002年	932 （48.1）	794 （41.0）	210 （10.8）	1,935 （100.0）
2007年	898 （52.7）	578 （33.9）	229 （13.4）	1,705 （100.0）
2014年	1,015 （56.7）	451 （25.2）	325 （18.1）	1,790 （100.0）

（注）「医薬品専門店」は、「医薬品」の取扱商品割合が90%以上、かつセルフサービスが売場面積の50%未満の
　　　事業所。「住関連中心店」は、住関連の取扱商品割合が50%以上、かつセルフサービスが売場面積の50%未満
　　　の事業所。
（出所）経済産業省『商業統計表（業態別統計編）』（各年版）より作成。

②医薬品専門店の売場面積規模別売上割合

　2014年より、『商業統計表（産業編）』に「ドラッグストア」が新設され、そ
れまで「医薬品店」として分類されていた事業所が、「ドラッグストア」とし
て分類されることとなった。そのため、2014年にはこれら専業店の売上高は大
きく減少している。売場面積「100㎡未満」の事業所は、「ドラッグストア」で
はなく、「医薬品専門店」であると考えられるため、「100㎡未満」の売上高の
推移に着目して、「ドラッグストア」が「医薬品専門店」の売上高を取り込む
形で成長してきた過程について分析する。

　「医薬品」の売上高は、1997年までは「医療用医薬品」も含まれていたため、
1997年に2兆8,700億円と大きな売上高となっている。その後、2002年に1兆

表5-10　「医薬品店」売場面積別売上割合の推移

（単位：十億円、%）

	1985年	1988年	1991年	1994年	1997年	2002年	2007年	2014年
売上高	1,312	1,620	2,117	2,514	2,866	1,935	1,705	1,790
100㎡未満	104.3	96.7	89.3	83.1	77.0	45.7	28.4	14.0
100㎡以上250㎡未満	10.6	10.7	12.1	15.6	17.6	23.6	18.9	4.0
250㎡以上500㎡未満	2.7	3.2	4.9	10.0	17.5	31.5	37.8	1.2
500㎡以上	0.7	0.5	1.9	2.9	2.4	24.9	53.0	1.2

（注1）売上高は「医薬品」（商業統計表品目編）、売場面積規模別割合は「医薬品」の売上高を分母とした「医薬
　　　品店」の売場面積規模別売上（商業統計表産業編）。「医薬品店」の売上高には、医薬品以外の売上高も一
　　　部含まれているため、大きめの売上割合となっている。
（注2）1997年以前の「医薬品」の売上高は「医療用医薬品」も含む。1997年以前の売場面積規模別売上高は「調
　　　剤薬局」も含む。
（注3）1991年の500㎡以上の秘匿数字は、前後の調査年である1988年と1994年の平均、1994年の売場面積不詳の
　　　秘匿数字は、1997年と同じとみて計算した。
（出所）経済産業省『商業統計表（品目編）（産業編）』（各年版）より作成。

9,300億円、2014年には1兆7,900億円と、やや減少傾向になっている。「100㎡未満」の売上高は、1997年の2兆2,100億円をピークに激減、2002年の8,800億円から2014年にはわずか2,500億円まで減少している。「医薬品」の市場規模が1兆円あまり減少しているとはいえ、「100㎡未満」だけで2兆円近く減少しており、そのうち約1兆円は「ドラッグストア」に取り込まれたものとみられる。そのため、「医薬品」の売上高に占める「100㎡未満」の「医薬品店」の売上高（一部医薬品以外の売上高も一部含まれる）の割合は、1997年の77.0％から、2014年にはわずか14.0％まで減少している（表5-10参照）。

③「ドリンク剤」小売業態別売上割合の推移

「ドリンク剤」[14] の多くは、1999年3月末から「医薬品」から「医薬部外品」へ移行し（2009年6月からは改正薬事法施行により「指定医薬部外品」となった）、コンビニエンスストア等の一般小売店や自動販売機でも販売可能となった。それ以降のドリンク剤の小売業態別売上割合の推移をみると、表5-11のとおりである。

同表によると、2001年から2015年にかけて、「薬系チャネル」が約6割、「非薬系チャネル」が約4割で推移しており、それほど大きな変化はない。「非薬系チャネル」では、「コンビニエンスストア」が増加傾向、「食品スーパー・総合スーパー」が減少傾向にある。

表5-11 「ドリンク剤」小売業態別売上割合の推移

（単位：％）

	2001年	2005年	2010年	2015年
薬系チャネル	62.5	57.1	59.7	58.9
非薬系チャネル	37.5	42.9	40.3	41.1
コンビニエンスストア	17.0	19.2	25.7	25.6
食品スーパー・総合スーパー	13.1	15.6	9.1	9.6
駅売店	1.1	1.3	1.6	1.9
自動販売機	2.2	3.2	1.9	1.7
その他	4.1	3.6	2.1	2.2

（出所）富士経済『一般用医薬品データブック』（各年版）より作成。

（3）ドラッグストアと化粧品専門店

ドラッグストアにおける主力商品部門である「化粧品」について、ドラッグストアが「化粧品専門店」の売上高を取り込む形で成長してきた過程について

分析する。

①「ドラッグストア」と「化粧品専門店」

「化粧品」の売上高に占める「ドラッグストア」の割合は、2002年の30.6%から2014年には40.9%へと10.3ポイント増加、他方で専業店である「化粧品専門店＋住関連中心店」の割合は、2002年の42.0%から2014年には25.4%、▲16.6ポイントと、大きく減少している（表5-12参照）。

表5-12　ドラッグストアと「化粧品専門店＋住関連中心店」(化粧品)

（単位：十億円、%）

	ドラッグストア	医薬品専門店＋住関連中心店	その他	計
2002年	565　(30.6)	776　(42.0)	508　(27.5)	1,848　(100.0)
2007年	722　(36.9)	672　(34.4)	562　(28.7)	1,957　(100.0)
2014年	939　(40.9)	582　(25.4)	775　(33.7)	2,295　(100.0)

（注）「化粧品専門店」は、「化粧品」の取扱商品割合が90%以上、かつセルフサービスが売場面積の50%未満の事業所。「住関連中心店」は、住関連の取扱商品割合が50%以上、かつセルフサービスが売場面積の50%未満の事業所。
（出所）経済産業省『商業統計表（業態別統計編）』(各年版）より作成。

②化粧品専門店の売場面積規模別売上割合

「化粧品」の売上高は1994年の1兆8,800億円を底に回復傾向にあり、2014年には2兆3,000億円と、4,200億円増加している。逆に、ほとんどが「化粧品専門店」と考えられる「100㎡未満」の売上高は、1991年の9,500億円から1994年

表5-13　「化粧品店」売場面積別売上割合の推移

（単位：十億円、%）

	1985年	1988年	1991年	1994年	1997年	2002年	2007年	2014年
売上高	1,379	1,690	2,028	1,881	1,952	1,848	1,957	2,295
100㎡未満	56.0	50.7	46.9	43.4	36.2	30.1	21.4	14.7
100㎡以上250㎡未満	7.2	7.4	9.6	9.7	9.6	14.1	16.5	6.0
250㎡以上500㎡未満	3.0	4.4	6.9	9.5	10.5	13.1	17.1	2.1
500㎡以上	2.5	2.1	4.9	5.7	10.3	10.3	25.6	2.1

（注1）売上高は「化粧品」(商業統計表品目編)、売場面積規模別割合は「化粧品」の売上高を分母とした「化粧品店」の売場面積規模別売上高（商業統計表産業編)。「化粧品店」の売上高には、化粧品以外の売上高も一部含まれているため、大きめの売上割合となっている。
（注2）1994年の不詳の秘匿数字は1997年と同じとみなし、2014年の売場面積1,000㎡以上の秘匿数字は0とみなして計算した。
（出所）経済産業省『商業統計表（品目編)(産業編)』(各年版）より作成。

には8,200億円に減少、その後減少傾向が加速し、2014年には3,400億円と、1994年から2014年にかけて4,800億円の減少となった。このほとんどは「ドラッグストア」に取り込まれたものとみられる。そのため、「化粧品」売上高に占める「100㎡未満」の「化粧品店」の売上高（一部化粧品以外の売上高も含まれる）の割合は、1994年の43.4％から、1997年には36.2％、2014年には14.7％まで減少している（表5-13参照）。

③「化粧品」小売業態別売上割合の推移

「化粧品」について、ドラッグストアの売上割合の推移をみると、2000年に15.4％であったものが、2015年には29.8％と、ほぼ倍増している。他方で、専業店である「化粧品店・薬局・薬店」は2000年に23.5％であったものが、2015年には9.2％と、大きく減少している（表5-14参照）。

表5-14　「化粧品」小売業態別売上割合の推移

（単位：％）

	2000年	2005年	2010年	2015年
化粧品店・薬局・薬店	23.5	12.6	10.6	9.2
ドラッグストア	15.4	25.6	27.6	29.8
量販店	16.9	14.1	12.6	12.0
百貨店	8.8	9.0	8.1	8.3
コンビニエンスストア	4.2	4.1	3.4	3.1
訪問販売	11.9	11.2	9.3	8.7
通信販売	6.9	9.1	13.5	13.4
業務用	6.0	7.3	7.3	7.6
その他	6.4	7.2	7.6	7.9

（出所）富士経済『化粧品マーケティング要覧』（各年版）より作成。

（4）「合成洗剤」をめぐる小売業態間競争

表5-15は、小売業態別の「合成洗剤」の売上高について、2002年と2014年を比較したものである。「合成洗剤」においては、「百貨店・総合スーパー」の売上高を除く市場規模が2002年の6,275億円から2014年には5,531億円へと減少する中でも、「ドラッグストア」および「ホームセンター」は売上高を増加させている[15]。

そのため、「百貨店・総合スーパー」の売上高を除く小売業の売上高に占め

96

表 5 -15 「合成洗剤」小売業態別売上割合の推移

（単位：億円）

	2000年	2014年	2002-2014年
小売業計	6,275 （100.0％）	5,531 （100.0％）	▲744
ホームセンター	1,392 （ 22.2％）	1,637 （ 29.6％）	245 （ 7.4ポイント）
ドラッグストア	1,736 （ 27.7％）	1,805 （ 32.6％）	69 （ 5.0ポイント）
食料品スーパー	1,077 （ 17.2％）	909 （ 16.4％）	▲168 （▲ 0.7ポイント）
その他の小売業	2,070 （ 33.0％）	1,180 （ 21.3％）	▲890 （▲11.7ポイント）

（注）小売業計は、「百貨店・総合スーパー」の売上高を除く。
（出所）経済産業省『商業統計表（業態別統計編）2002年、2014年』より作成。

る「ドラッグストア」の売上割合は2002年の27.7％から2014年には32.6％へと5.0ポイント増加している。他方で、「ホームセンター」の割合は、2002年の22.2％から2014年には29.6％へと7.4ポイント増加しており、2つの小売業態が拮抗する形で競っているといえる。

　一方で、「食料品スーパー」は売上高・売上割合ともに減少、小規模店も含む「その他の小売業」は2002年から2014年にかけて約900億円も売上高が減少し、その売上割合も▲11.7ポイントと大きく減少している。

（5）食品をめぐる小売業態間競争

①ドラッグストア主要企業の食品売上割合

　ドラッグストアの売上高に占める「食品」の割合は年々増加し、2017年には経済産業省『商業動態統計年報』26.8％、日本ホームセンター研究所『ドラッグストア経営統計』「食品（酒類含む）」25.4％、「健康食品」2.6％、日本チェーンドラッグストア協会『日本のドラッグストア実態調査』「フーズ・その他」26.0％となっており、ほぼ4分の1を占めている。

　表 5 -16は、主なドラッグストア企業の売上高に占める食品の割合をみたものであるが、ゲンキーやコスモス薬品のように半数を超える企業もあれば、マツモトキヨシHDのように10％に満たない企業もある[16]。

②ドラッグストアが食品部門を強化する背景

　ドラッグストアが食品の売上割合を増加させている背景として、次の3点を指摘することができる。1つは、先に述べたように「医薬品専門店」や「化粧品専門店」の売上高を取り込む形での成長は限界に達しつつあり、新たな商品部門の開拓が求められていること、2つは、粗利益率が高い「医薬品」の販売

表5-16　ドラッグストア主要企業の食品売上高・食品売上割合（2017年度）

		食品売上割合（%）	食品売上高（百万円）	全売上高（百万円）
1	ゲンキー	55.8	46,574	83,399
2	コスモス薬品	55.6	279,674	502,732
3	カワチ薬品	46.3	124,060	268,205
4	薬王堂	41.0	39,513	83,100
5	クリエイトSD HD	38.6	95,528	247,341
6	クスリのアオキHD	35.0	68,965	188,744
7	サツドラHD	34.7	30,500	87,844
8	スギHD	22.5	102,768	457,047
9	ウエルシアHD	21.7	151,099	695,268
10	ツルハHD	15.2	95,105	577,088
11	ココカラファイン	11.0	34,065	390,963
12	マツモトキヨシHD	9.4	51,936	558,879

（出所）「ドラッグストア（業態別ランキング分析）」『ダイヤモンド・チェーンストア』第49巻第12号、2018年7月、より作成。

であげた利益を、「食品」の値下げ原資に充てることができ、価格競争力をもちうること[17]、3つは、ドラッグストアは店舗面積が比較的小さいため、狭い商圏範囲でも存立可能であり、購入頻度の高い食品の販売に適していることである。

　表5-17は、日本ホームセンター研究所『ドラッグストア経営統計2018年』に基づいて、ドラッグストアの商品分類別に、その売上割合、粗利益率、商品回転率をみたものである。「食品」の売上割合は23.0%と約4分の1を占めるが、その粗利益率は15.5%[18]と、ドラッグストア全体の粗利益率25.9%と比較しても10ポイント以上低い。

　商品分類別の粗利益率は、「酒類」11.2%、「ベビー用品」11.9%、「介護用品」12.3%、そして「食品」15.5%などにおいて、ドラッグストア全体の粗利益率と比較してかなり低く、これらは価格競争力をもちうる商品部門であることをうかがわせる。ただし、その売上割合をみると、「食品」は23.0%と高いものの、その他の商品部門は「ベビー用品」3.5%、「酒類」2.4%、「介護用品」1.6%と小さく、消費者の業態イメージに与える「食品」の影響力は大きい。

　他方で、「医薬品（OTC）」の粗利益率は37.3%、「調剤薬」では32.4%となっており、これらの商品部門は人件費コストも高いとはいえ、ドラッグストアは「医薬品」の利益を「食品」の値下げ原資に活用し、価格競争力をもちうる条

98

表5-17 ドラッグストア商品部門別売上割合・粗利益率・商品回転率（2017年）

	売上割合（%）	粗利益率（%）	商品回転率（回）	交差比率
医薬品（OTC）	12.0	37.3	5.6	208.9
調剤薬	10.7	32.4	9.8	317.5
ヘルスケア	3.0	36.5	5.4	197.1
健康食品	2.6	31.8	5.7	181.3
ビューティケア	8.3	28.3	5.1	144.3
化粧品	14.7	28.8	3.7	106.6
ベビー用品	3.5	11.9	7.9	94.0
介護用品	1.6	12.3	7.1	87.3
家庭用品	5.9	21.5	7.6	163.4
日用消耗品	9.6	18.6	9.9	184.1
食品	23.0	15.5	18.4	285.2
酒類	2.4	11.2	11.3	126.6
その他	2.7	21.8	6.4	139.5
全体	100.0	25.9	6.6	170.9

（注1）ドラッグストア企業へのアンケートをもとに集計した粗利益率および商品回転率の平均値。
（注2）交差比率は、粗利益率に商品回転率を掛け合わせた指標。
（出所）日本ホームセンター研究所『ドラッグストア経営統計2018年』より作成。

件をもっているといえる[19]）。

　商品回転率をみても、「食品」は18.4回と、ドラッグストア全体の6.4回と比較するとかなり高く、低い粗利益率といえども高い商品回転率に支えられる形で交差比率は285.2となっている。交差比率は、「調剤薬」の317.5に次いで高く、「医薬品（OTC）」の208.9を大きく上回り、「食品」は効率よく利益を生み出す商品部門になっているといえよう。

③ドラッグストアの商圏範囲と食品の取扱い

　次に、ドラッグストアは店舗面積からみて比較的狭い商圏範囲でも存立可能であり、購入頻度の高い食品の販売に適している点について考察したい。

　表5-18は、総合店である「総合スーパー」、および部分総合店4業態について、その平均売場面積を示したものである。売場面積が小さいほど小さな商圏人口でも立地が可能であり、かつ商圏人口が小さいほど、購入頻度の高い商品の販売に適しているといえる。

　同表によると、小売業態別平均売場面積（全国）は、小さな順に「コンビニエンスストア」124㎡、「ドラッグストア」436㎡、「食料品スーパー」1,271㎡、「ホームセンター」2,820㎡、「総合スーパー」10,285㎡となっている。区部・市

表5-18　小売業態別平均売場面積（2014年）

	全国	区部	市部	郡部	全国売場面積規模別店舗数割合
総合スーパー	10,285㎡	11,726㎡	9,308㎡	10,380㎡	「6,000㎡以上」83.5%、「3,000㎡以上6,000㎡未満」16.5%
食料品スーパー	1,271㎡	1,150㎡	1,323㎡	1,202㎡	「500㎡以上1,000㎡未満」30.6%、「250㎡以上500㎡未満」25.1%、「1,500㎡以上3,000㎡未満」23.7%、「1,000㎡以上1,500㎡未満」15.1%
コンビニエンスストア	124㎡	120㎡	125㎡	124㎡	「100㎡以上250㎡未満」79.4%、「50㎡以上1,00㎡未満」15.8%
ドラッグストア	436㎡	342㎡	479㎡	459㎡	「500㎡以上1,000㎡未満」33.3%、「250㎡以上500㎡未満」25.7%、「100㎡以上250㎡未満」17.0%
ホームセンター	2,820㎡	3,443㎡	2,890㎡	2,021㎡	「500㎡以上1,000㎡未満」33.6%、「3,000㎡以上6,000㎡未満」20.8%、「1,500㎡以上3,000㎡未満」18.9%、「6,000㎡以上」11.4%、「1,000㎡以上1,500㎡未満」7.9%、「250㎡以上500㎡未満」7.4%

（出所）経済産業省『商業統計表（業態別統計編）2014年』より作成。

表5-19　小売業態別人口1,000人あたり売場面積（2014年）

（単位：㎡）

	全国	東京都	（東京都特別区）	大阪府
小売業計	1,061　(100.0)	717　(67.6)	687　(64.8)	818　(77.1)
ホームセンター	94　(100.0)	34　(36.2)	22　(23.4)	43　(45.7)
ドラッグストア	45　(100.0)	33　(73.3)	31　(68.9)	34　(75.6)
コンビニエンスストア	34　(100.0)	37　(108.8)	39　(114.7)	25　(73.5)

（注1）カッコ内は、全国を100とした指数。
（注2）ホームセンターの人口1,000人あたり売場面積は全国平均では94㎡であるが、都道府県別にみて大きいのは、秋田県186㎡、鳥取県182㎡、山梨県177㎡、島根県176㎡など、地方圏である。
（出所）経済産業省『商業統計表（業態別統計編）2014年』、総務省『国勢調査2015年』より作成。

部・郡部別にみると、「ドラッグストア」は「郡部」の平均売場面積が大きく、逆に「ホームセンター」は「区部」の平均売場面積が大きい。

　「ドラッグストア」は売場面積が比較的小さいために、必要商圏人口は小さく[20]、購入頻度の高い食品等の販売に適しているといえる。他方で、「ホームセンター」は売場面積が大きいため、比較的大きな商圏人口が必要であり、かつ食品をはじめとする購入頻度の高い商品の販売には限界がある。

　さらに、表5-19によって、人口1,000人あたりの売場面積について全国を100とした大都市（東京都および大阪府）の指数をみると、「コンビニエンスストア」は、「ホームセンター」と比較して明らかに大きく、都市型の出店とい

える。「ホームセンター」は、人口密度が相対的に低い非大都市への出店が多いため、一定の商圏人口を確保するためには、より広い商圏範囲が必要となり、購入頻度の高い商品の販売には適していない小売業態といえる。そして、「ドラッグストア」は、「コンビニエンスストア」と「ホームセンター」の中間型と位置づけられる。

むすび

　本章では、小売業態間競争に着目してドラッグストアの成長過程について分析してきた。商品分類別の売上割合の推移に基づいて、ドラッグストアの商品部門を分類すると、次のようになる。①一貫して増加傾向にある「食品（酒類を含む）」「調剤薬」、②2010年まで増加傾向にあったが、以降はやや減少傾向にある「化粧品」「家庭用品」、③一貫して減少傾向にある「医薬品（OTC）」「健康食品」、④2010年までは減少傾向にあったが、その後はやや増加傾向にある「ヘルスケア」「ベビー用品」、⑤割合は増減しているが、実額では大きく増加傾向にある「ビューティケア」「日用消耗品」。

　ドラッグストアの主力商品部門である「医薬品（OTC）」および「化粧品」の売上割合は減少しているが、これはドラッグストア業界の市場規模が急速に拡大する中で相対的に割合が減少しているものの、実額では増加傾向にある。しかし、医薬品専門店や化粧品専門店の売上を取り込む形での成長は限界に達しつつあり、近年では「食品」および「調剤薬」が業界の成長を牽引している。

　ドラッグストアの小売業態間競争について、商品分類別にみると、次のようになっている。2014年においてドラッグストアの売上割合が最も高い商品部門は「一般用医薬品」56.7％であり、次いで「化粧品」40.9％、「合成洗剤」32.6％となっている（経済産業省『商業統計表（産業編）』）。いずれの商品も、2002年から2014年にかけて売上割合がかなり増加しており、特に「化粧品」では10.3ポイントの増加（経済産業省『商業統計表（業態別統計編）』）と、ドラッグストアの競争優位が強まっているといえる。

　ドラッグストアが他の小売業態とかなり競合しているとみられる商品は、対ホームセンターとは「合成洗剤」のみである。「乳製品」「他の飲食料品（健康食品、サプリメント、レトルト商品、チルド食品など）」では、「各種食料品

（食品スーパー）」が競争優位にある。また、「医療用医薬品」では、ドラッグストアも取扱いを増やしているが、調剤薬局が圧倒的である。

　ドラッグストアは、H&BCを主力商品として、「医薬品専門店」や「化粧品専門店」の売上高を取り込む形で成長してきた。しかし、このような形での成長は限界に近づきつつあるため、「食品」および「調剤薬」を強化している。「食品」の強化は利便性を高め来店頻度を増やす戦略、「調剤薬」の強化は専門性を高め粗利益率を向上させる戦略といえる。

　ドラッグストアの売上高に占める「食品」の割合は年々増加し、2017年には約4分の1を占めているが、その背景としては粗利益率が高い「医薬品」であげた利益を「食品」の値下げ原資に充てられること、店舗面積からみて比較的狭い商圏範囲でも存立可能であり、購入頻度の高い食品の販売に適している点を指摘することができる。

注
1）ドラッグストアおよびその関連業種・業態は、次のように定義されている。
　ア、総務省『日本標準産業分類』
　　ⅰ．ドラッグストア
　　　主として医薬品、化粧品を中心とした健康及び美容に関する各種の商品を中心として、家庭用品、加工食品などの最寄り品をセルフサービス方式によって小売する事業所。
　　ⅱ．医薬品小売業（調剤薬局を除く）
　　　主として一般用医薬品及び医療用品を小売する事業所。
　　ⅲ．調剤薬局
　　　主として医師の処方箋に基づき医療用医薬品を調剤し、販売又は授与する事業所。
　イ、経済産業省『商業統計表（業態別統計編）』
　　ⅰ．広義ドラッグストア
　　　次のいずれかに該当する事業所。1）産業分類「ドラッグストア」に格付けされた事業所（産業分類「医薬品・化粧品小売業」に格付けされた事業所のうち、セルフサービス方式を採用しており、「一般用医薬品」を扱っている事業所）、2）「医薬品・化粧品」を小売販売額全体の25％以上取扱い、かつ「一般用医薬品」を扱っている事業所。
　　ⅱ．狭義ドラッグストア
　　　産業分類「医薬品・化粧品小売業」に格付けされた事業所のうち、セルフサービス方式を採用しており、「一般用医薬品」を扱っている事業所。
　ウ、経済産業省『商業統計表（産業編）』

経済産業省『商業統計表（業態別統計編)』における狭義ドラッグストアと同じ。

エ、経済産業省「商業動態統計調査」

日本標準産業分類に掲げる細分類ドラッグストアに属する事業所を50店舗以上有する企業もしくはドラッグストアの年間販売額が100億円以上の企業。

オ、日本チェーンドラッグストア協会

医薬品と化粧品、そして、日用家庭用品、文房具、フィルム、食品等の日用雑貨を取扱うお店。

カ、日本ホームセンター研究所「ドラッグストア経営統計」

ⅰ．ドラッグストア

HBC（ヘルス＆ビューティケア＝薬品、医療品、化粧品、美容品など）を主力に、価格ゾーンの低い大衆実用品（バラエティストア商品）を加えた店で、低い大衆価格（ロア・ポピュラー・プライス）の品揃えの店。日本ホームセンター研究所では便宜上、売場面積90坪以上をドラッグストア、それ未満を薬局・薬店と区別している。

ⅱ．薬局・薬店

薬局は、薬剤師が一般用医薬品と処方箋調剤を販売する店、薬店は薬種商が一般用医薬品を中心に販売する店。

2）各種統計におけるドラッグストアの商品分類別売上割合は、次のとおりである。

ア、経済産業省『商業統計表（業態別統計編、狭義ドラッグストア）、同（産業編）2014年』

「一般用医薬品」27.8％、「医療用医薬品」8.6％、「化粧品」25.8％、「合成洗剤」5.0％、「荒物」1.5％、「紙・文房具」1.3％、「洋品雑貨・小間物」1.3％、「飲食料品」19.0％、「その他」9.7％。

イ、経済産業省『商業統計表（業態別統計編、広義ドラッグストア）2014年』

「一般用医薬品」25.7％、「医療用医薬品」7.5％、「化粧品」24.0％、「合成洗剤」4.7％、「荒物」1.6％、「紙・文房具」1.3％、「洋品雑貨・小間物」1.9％、「飲食料品」23.1％、「その他」10.2％。

ウ、日本ホームセンター研究所『ドラッグストア経営統計2018年』

「医薬品（OTC)」12.0％、「調剤薬」10.7％、「ヘルスケア」3.0％、「ベビー用品」3.5％、「介護用品」1.6％、「健康食品」2.6％、「化粧品」14.7％、「ビューティケア」8.3％、「家庭用品」5.9％、「日用消耗品」9.6％、「食品（酒類含む)」25.4％、「その他」2.7％。

エ、日本チェーンドラッグストア協会「日本のドラッグストア実態調査2017年度」（『ダイヤモンド・ドラッグストア』第83号、2018年7月、27ページ)。

「調剤・ヘルスケア」31.6％、「ビューティケア」20.9％、「ホームケア」21.5％、「フーズ・その他」26.0％。

3）『ダイヤモンド・ドラッグストア』第83号、2018年7月、29ページ。

4）宗像守『ドラッグストアの常識（基礎編)』商業界、2008年、14ページ。

5）ドラッグストアの主要企業について、既存店の前年同月比売上高増加率の推移（2019年3月期まで）をみると、「ウエルシア」は2014年6月期以降2つの月を除いて

プラス、「ツルハ」も2015年5月期以降2つの月を除いてプラス、「コスモス薬品」も2016年6月期以降3つの月を除いてプラス、「スギ薬局」でも2017年4月以降2つの月を除いてプラスとなっている。他方で、「マツモトキヨシ」および「サンドラッグ」は、前年同月比マイナスとなっている月も多く、明暗を分けている（各社IR資料より）。前年同月比既存店売上高増加率が好調を続けている「ウエルシア」について、「客数」と「客単価」に分解すると、「客数」は2014年9月期以降3つの月を除いてプラス、「客単価」では2012年4月期以降2つの月を除いてプラスが継続しており、「客数」「客単価」ともに増加して、売上高を押し上げていることが分かる。同様に、「ツルハ」について2015年5月期以降の状況を分析すると、「客数」ではプラスとマイナスが交錯しているものの、「客単価」はすべての月においてプラスとなっており、客単価の増加が売上高を押し上げているといえる（両社IR資料より）。

6）小売業の実質年間販売額（自動車小売業、ガソリンスタンドなど商業統計調査における売場面積調査対象外業種を除く、2010年＝100とした消費者物価指数「総合」で調整）は、1991年から比較可能な2007年までの期間において100兆円から110兆円の間で推移し、ほぼ横ばいである。他方で、売場面積は1991年の約1億1,000万㎡から2007年には約1億5,000万㎡へと大きく増加したため、売場効率（売場面積1㎡あたり年間販売額）は、1991年95.5万円／㎡から、1997年86.7万円／㎡、2002年72.6万円／㎡、2007年66.2万円／㎡まで低下している（経済産業省『商業統計表（産業編）』（各年版）、および総務省『消費者物価指数年報』より算出）。

7）「食品」の強化は、積極的に客数を増加させてより小商圏でも採算可能な店舗フォーマットの構築を図る戦略であり、「調剤薬」の強化は、より専門性を高めて粗利益率の向上を図る戦略である（「成長は持続するか？（ドラッグストア変化・進化・分化論）」『チェーンストアエイジ』第46巻第3号、2015年2月、47-48ページ）。各企業の商品部門別売上割合をみると、いくつかのタイプに分類することができる。ドラッグストア業界売上高上位企業のうち、当該タイプの典型的な企業と、その商品部門別売上割合（2017年度）(日本ホームセンター研究所『ドラッグストア経営統計2018年』19ページ）は、次のとおりである。ドラッグストアの主力商品部門である「医薬品」「化粧品」に特化している企業（マツモトキヨシHD「医薬品」32.2％、「化粧品」38.6％)、「医薬品」「化粧品」に加えて「調剤薬」を強化している企業（ココカラファイン「医薬品」31.2％、「化粧品」29.6％、「調剤薬」14.4％)、「調剤薬」を強化している企業（スギHD「調剤薬」21.3％)、「食品」を強化している企業（コスモス薬品「食品」55.6％、カワチ薬品「食品」46.3％)、「食品」「調剤薬」の両方を強化している企業（ウエルシアHD「食品」21.2％、「調剤薬」15.6％)。

8）主なドラッグストア企業の売上高に占める「調剤薬」の割合（2017年度）は、「スギHD」18.4％、「ウエルシアHD」16.5％、「ココカラファイン」15.6％、「クスリのアオキHD」9.9％、「ツルハHD」9.5％、「キリン堂HD」9.4％、「マツモトキヨシHD」8.0％、「クリエイトSD HD」7.5％、「サツドラHD」4.5％などとなっている。また、調剤薬売上高（2017年度）は調剤薬局専門チェーンが上位を占め、「アインHD」2,386億円、「日本調剤」2,052億円、「クオール」1,351億円、「総合メディカル」1,079億円と続いているが、ドラッグストアチェーンにおいても「ウエルシアHD」1,148億円、

「スギHD」841億円などが高い売上高をあげている（『ダイヤモンド・チェーンストア』第49巻第12号、2018年7月、56、59ページ）。

9）食品・日用品の購入における小売業態の使い分けについて、（株）エムキューブが収集するスキャンパネルデータ（インストア加工された生鮮食品や惣菜は含まれない、首都圏（東京都、神奈川県、埼玉県、千葉県）に在住する調査パネルのデータ、分析期間は2013年1月1日から2014年12月31日までの2年間を3ヶ月ごとに区切った8期間）を用いたクラスター分析に基づいて、いくつかのタイプに分類している。その主なタイプと全体に占める割合は、次のとおりである。「スーパーマーケット多用ドラッグストア併用型」29.2%、「スーパーマーケット中心型」21.5%、「コンビニエンスストア多用スーパーマーケット併用型」13.5%、「複数業態バランス利用型」9.6%、「コンビニエンスストア中心型」9.0%（山﨑泰弘「消費者の食品・日用品における小売業態使い分けの研究」『流通情報』第520号、2016年5月、7 - 9ページ）。プラネットの調査（2018年7〜8月調査、男女3,498人）に基づいて、週1回以上利用する割合を小売業態別にみると、「スーパー」81.2%（女性では88.2%）、「コンビニエンスストア」50.3%（同43.3%）、「ドラッグストア」23.0%（同27.0%）となっている（FromプラネットVol.93＜ネットスーパーに関する意識調査＞（https://www.planet-van.co.jp/pdf/fromplanet/fromplanet_93.pdf）。同じく、プラネットの調査（2017年1月調査、男女3,885人）に基づいて、ドラッグストアの利用頻度をみると、女性では「週に1回以上」31.7%、「月に1回以上」81.0%、男性では「週に1回以上」22.1%、「月に1回以上」68.5%となっている。女性がドラッグストアで購入する商品は、ノンフーズでは「医薬品・医療用品」75.2%、「日用雑貨・紙類」72.2%、「オーラルケア用品」69.9%、「家庭用洗剤、消毒・殺菌剤」69.3%、「ボディーケア用品」65.8%、「家事用品」61.5%、「ヘアケア商品」56.5%、「基礎化粧品」45.5%、「メークアップ化粧品」40.5%などが上位を占めている。食品類では、「菓子、アイスクリーム」40.0%、「水、清涼飲料水」34.3%、「一般食品」33.6%などとなっている。また、ドラッグストアの魅力については、「ポイントカードがある」57.4%、「価格が安い」52.5%という価格面が上位を占め、次いで「家や職場、駅から近い」51.6%、「品揃えが充実」49.3%などとなっている（FromプラネットVol.56＜ドラッグストアに関する意識調査＞（https://www.planet-van.co.jp/pdf/fromplanet/fromplanet_56.pdf）。

10）健康食品は、医薬品と食品の中間的な特徴を備え、ドラッグストアが取り扱うのに適したカテゴリーだと思われるにも関わらず、重要商材としての位置を占めるには至っていない。この背景として、健康食品の機能性表示が認められていないという点が指摘される。消費者側では一般食品と区別して何らかの機能や効果を期待して摂取する場合が大半である。内閣府消費者委員会『消費者の「健康食品」の利用に関する実態調査（2012年2〜3月調査）』によると、約6割が健康食品を摂取しており、ほぼ毎日摂取する割合は26.2%である。健康食品に不満を感じている人は全体の41.2%、その8割が「期待したほどの効果がなかった」という点を理由としてあげている。健康食品を購入する際に重視する点は、「効き目・有効性」「安全性」「価格」等となっている。また、サプリメント摂取者の約5割が2種類以上を摂取し、34%は処方箋薬と併用している（重冨貴子「ドラッグストア業態の商品構成に見る市場戦略と、収益性

強化の方向性分析――ドラッグストア業態の課題と展望――」『流通情報』第506号、2014年1月、46、52ページ）。

11）2009年の「改正薬事法」施行に伴い「登録販売者」制度が導入され、有資格者であれば、薬局・薬店、ドラッグストア以外の業態でも医薬品（OTC）が販売可能となった。それ以降、徐々にではあるが他業態での医薬品（OTC）の取扱いが拡大している（重富貴子、前掲論文、46ページ）。

12）2002年から2007年にかけての「一般用医薬品」売上高の減少は、2004年7月からビタミン剤、健胃薬、整腸薬などが医薬品から医薬部外品に移行した影響もあるとみられる。生産額ベースであるが、「一般用医薬品」は2003年の6,669億円から2004年には6,368億円に減少、他方で「医薬部外品」は2003年の7,124億円から2004年には7,730億円に増加している（厚生労働省『薬事工業生産動態統計年報』）。

13）「医療用医薬品」については、2014年において「調剤薬局」の売上割合が93.8％を占め、「ドラッグストア」は5.8％にとどまっている（経済産業省『商業統計表（業態別統計編）2014年』より算出）。

14）ドリンク剤の市場規模は、2015年において「第2類医薬品」3,510百万円、「第3類医薬品」1,860百万円、「医薬部外品」82,150百万円、計87,710百万円と推計されており、「医薬部外品」が93.7％を占めている（富士経済『一般用医薬品データブック2016年』より算出）。

15）富士経済の推計による「合成洗剤」の小売業態別売上割合の2002年から2014年にかけての変化は、「総合スーパー・食品スーパー」47.9％⇒25.7％、「ドラッグストア」21.0％⇒44.8％、「ホームセンター」21.2％⇒23.0％となっており、「ドラッグストア」が大きく増加、逆に「総合スーパー・食品スーパー」が大きく減少している（富士経済『トイレタリーグッズ マーケティング要覧2003年、2015年』）。

16）ドラッグストア企業における食品の取扱い戦略は、大きく2つに分かれる。1つは生鮮食品までをフルラインで品揃えする企業、2つは食品を強化しながらも取扱いの容易な日配や冷凍食品などに品揃えを限定する企業である。前者の代表的企業である「クスリのアオキHD」では、テナントを誘致して生鮮食品や総菜を品揃えしている。また、「ゲンキー」は、売場面積300坪クラスの小商圏型生鮮ドラッグストアが主力で、生鮮食品をすべて自前で展開している。購入頻度の高い野菜や総菜を低価格で販売する一方、鮮魚は生魚を取り扱わないなど、管理のしやすさと集客のバランスを取った展開が強みである。オペレーションコストが高くつく生鮮の取扱いを効率的に進めるため、プロセスセンターの展開を進めている。後者は、生鮮食品を取り扱わないが食品売場を強化するというスタンスでドラッグストア業界では今のところ主流である。その代表的企業は「コスモス薬品」であり、生鮮食品はもやしやサンドイッチ、冷凍肉などに限られる一方、広い冷凍・冷蔵のリーチインケースを揃え、日配品や冷凍食品を低価格で販売している。ドラッグストアが生鮮食品を本格的に取り扱わない理由は、オペレーションが複雑化してコストがかかること、人手の確保、新たな教育の必要性から機動的な出店ができなくなるためである（阿部幸治「勢い増す、ドラッグストアの食マーケット深耕戦略」『ダイヤモンド・チェーンストア』第49巻第17号、2018年10月、46-47ページ）。

17）ドラッグストア以外の小売業態の売上高上位企業のうち、商品部門別の粗利益率を公表している企業における「食品」の粗利益率（2017年度）は、次のとおりである。総合スーパーでは「イトーヨーカ堂」27.7％、「ユニー」20.3％、食品スーパーでは「ユナイテッド・スーパーマーケット」27.1％、「ライフコーポレーション」28.4％、コンビニエンスストアでは「セブン-イレブン」26.3％、「ファミリーマート」28.9％などにおいて、ドラッグストアよりも高い利益率となっている。他方で、「ドンキホーテ」の食品の粗利益率は15.2％（売上高に占める割合30.8％）となっており、かなりの価格競争力をもっているとみられる。

18）食品の粗利益率は、ドラッグストアの主要企業でも当然差異があるとみられるが、「ツルハHD」「サンドラッグ」「マツモトキヨシHD」「コスモス薬品」「スギHD」「カワチ薬品」など、売上高上位企業でも粗利益率を公表していない企業が多い。公表している企業では、「ウエルシアHD」粗利益率20.4％（売上高に占める割合21.7％）、「ココカラファイン」粗利益率12.3％（売上高に占める割合9.8％）となっている。

19）総務省『小売物価統計調査（構造編）』に基づいて、「スーパー」（食品・日用品を中心にセルフサービス方式で販売している店舗）と「量販専門店」（日用品を販売するいわゆるドラッグストアやホームセンターなど）の価格を比較すると、次に示すようにドラッグストアなど「量販専門店」の方が低い（数字はスーパーを100とした量販専門店の指数）。「ドリンク剤」2013年91.7、2014年91.1、2015年91.4、2016年90.4、2017年91.3、「洗濯用洗剤」2013年98.4、2014年98.7、2015年98.7、2016年98.3、2017年97.3、「ティッシュペーパー」2013年95.3、2014年93.7、2015年93.0、2016年94.0（2017年は調査対象外）となっている。

20）ホームセンターを運営する各企業の設定商圏世帯数（2017年調査）は、次のとおりである。なお、総務省『国勢調査2015年』によると、1世帯あたりの平均人員は2.38人であるため、設定商圏世帯数に2.4人を掛け合わせた設定商圏人口の形で示す。「4.8万人未満」26.5％、「4.8万人以上7.2万人未満」18.4％、「7.2万人以上9.6万人未満」14.3％、「9.6万人以上14.4万人未満」24.5％、「14.4万人以上」16.3％（『ダイヤモンド・ホームセンター』第38巻第3号、2018年9月、35ページ）。他方で、ドラッグストアを運営する企業の標準店の商圏人口（2017年調査）をみると、「2～3万人」が最も多く57.1％、「3～5万人」21.4％、「2万人未満」21.4％、「5万人以上」の企業はなく（日本ホームセンター研究所『ドラッグストア経営統計2018年』21ページ）、ホームセンターと比較するとはるかに商圏人口は小さい。なお、比較的狭い商圏範囲で存立しうる「ドラッグストア」と、広い商圏範囲を必要とする「ホームセンター」との食品取扱い条件の違いについては、高橋直樹「800～1200坪の差異化モデルに注目を」『ホームセンター名鑑2016年』日本ホームセンター研究所、2016年、9ページ、高橋直樹「ホームセンター──DIYの本筋を追う新業態の開発が活発化──」『激流』第43巻第2号、2018年2月、52-55ページを参考にした。

第6章　ホームセンターの成長過程と小売業態間競争

はじめに

　ホームセンターは、住生活関連商品を幅広く品揃えし、セルフサービスによって販売する小売業態である[1]。日本DIY協会によると、ホームセンター業界の売上高は、1985年に1兆円、1990年に2兆円、1995年に3兆円を超えたが、2001年からはわずかの増加率にとどまり、2006年に始めてマイナス成長となって以降、4兆円を目前にして、ほぼ横ばいの状態が続いている。

　『総合店』から『専門店チェーン』へという小売業態構造の変化が進む中で、限定された分野では総合的な商品構成をもつ『部分総合店』が成長してきた。これら『部分総合店』は概ね順調に成長してきたものの、ホームセンターのみ2000年代以降は停滞期を迎え、今日に至っている。ホームセンターよりも後発の小売業態ながら順調に成長を続けているドラッグストアとは、大きく明暗が分かれている。

　そこで本章では、小売業態間競争に着目してホームセンターの成長過程を明らかにすることを目的とする。まず、ホームセンターの商品部門別売上割合の推移について分析する。次に、ホームセンターの商品部門別にみた小売業態間競争について分析する。そして、ホームセンター業態における新たな需要創造分野として注目されている業務用需要の開拓と、PB商品の強化を通した売上高の拡大よりも利益の拡大を模索するホームセンター業界の戦略について分析する。

1　ホームセンター業界の成長過程

（1）業界の概要

経済産業省『商業動態統計年報2017年』によると、ホームセンター業界の商

品部門別売上割合は、「DIY用具・素材」21.1％および「園芸・エクステリア」14.7％を中心に、「家庭用品・日用品」22.1％、「ペット・ペット用品」7.6％、「インテリア」7.2％、「電気」6.8％、「オフィス・カルチャー」5.4％、「カー用品・アウトドア」5.1％、「その他」10.2％となっている[2]。

　ホームセンター企業の商品部門別売上割合は、それぞれの企業の商品戦略の違いによって、かなり差異がある。各社の商品分類が異なっているため単純には比較できないが、主な企業についてホームセンターの主力商品である「DIYおよび園芸・エクステリア」部門の売上割合（2017年度）をみると、次のとおりである。DCM HD36.1％（ホーム・インプルーブメント20.0％、園芸・エクステリア16.1％）、コメリ52.0％（金物・資材・建材29.5％、園芸・農業用品22.5％）、コーナン商事39.5％（ホーム・インプルーブメント）、ナフコ40.4％（資材・DIY・園芸用品）、ジョイフル本田35.6％（住宅資材・DIY13.1％、アグリライフ5.6％、ガーデンライフ5.6％、エクステリア3.5％、リフォーム7.8％）、ケーヨー31.9％（園芸・エクステリア17.1％、ホーム・インプルーブメント14.8％）[3]。

　ホームセンター業界の企業別売上高ランキングは、2001〜2005年度はカインズが1位、コーナン商事が2位であったが、2006〜2009年度にはDCM HD（2006年9月に、ホーマック、カーマ、ダイキが経営統合）が1位となり、カインズは2位、コーナン商事は3位となった。そして、2010〜2017年度はDCM HDが1位、カインズが2位で変わらないものの、コメリが3位に入り、コーナン商事は4位となっている。

　ホームセンター業界の大手企業の多くは、1973年の第一次オイルショック、1979年の第二次オイルショックの頃に異業種から進出し、地域性をもって展開してきた。売上高ランキング上位10社（2017年度）の出身業種と創業地、ホームセンター業界進出年は次のとおりである。①DCM HD（4,436億円、2006年9月にホーマック、カーマ、ダイキの3社が経営統合、2015年7月サンワ、2016年12月くろがねやを傘下に。ホーマック（金物卸小売、北海道、1976年）、カーマ（薬小売、愛知県、1973年）、ダイキ（建材製造、愛媛県、1978年）、サンワ（自動車部品・用品卸小売、青森県、1988年）、くろがねや（金物卸小売、山梨県、1974年）、②カインズ（4,142億円、食品小売、栃木県、1978年）、③コメリ（3,420億円、米穀・LPガス販売、新潟県、1977年）、④コーナン商事

（3,161億円、燃料・ガソリンスタンド、大阪府、1978年）、⑤ナフコ（2,255億円、家具小売、福岡県、1976年）、⑥LIXILビバ（1,780億円、建材、福島県、1977年）、⑦ジョイフル本田（1,595億円、木材・建材、茨城県、1976年）、⑧島忠（1,412億円、家具小売、埼玉県、1978年）、⑨ケーヨー（1,322億円、ガソリンスタンド、千葉県、1974年）、⑩東急ハンズ（964億円、不動産、神奈川県、1976年）[4]。

　ホームセンター業界上位10社の市場占拠率の推移をみると、2000年度の36.0％から、2005年度に46.1％となり、3社が経営統合してDCM HDが誕生した2006年度には57.0％、2013年度には60.1％と6割を超えた。それ以降は緩やかな増加となり、2017年度には61.5％となっている[5]。

（2）ホームセンターの売上高推移と時代区分

　ホームセンターの売上高は、政府統計としては2002年から経済産業省『商業統計表（業態別統計編）』、その後2014年から経済産業省『商業統計表（産業編）』、さらに2014年1月からは経済産業省『商業動態統計月報』において月次統計が開始されている[6]。

　いずれもホームセンター業界が成熟期に入ってから開始された統計であるため、草創期から成長期に至る売上高動向は把握できない。そこで、民間統計を用いてホームセンター業界の売上高動向をみることとする。ホームセンターにかかわる主な民間統計としては、「日本DIY協会」「日本ホームセンター研究所」「ダイヤモンド社」によるものがあり、いずれも政府統計よりもやや大きめの売上高推計額となっている。このうち、「日本DIY協会」の統計は、ホームセンター業界の草創期からの売上高が推計されており、また政府統計である経済産業省『商業統計表（業態別統計編）』において、2002年の統計開始以降は売上高がほとんど横ばいとなっている状況に符合した売上高推計が示されている。そのため、ホームセンターの時代区分にあたっては、「日本DIY協会」による売上高推計を用いることとする[7]。

　日本DIY協会によると、ホームセンター業界の売上高は、1985年に1兆円、1990年に2兆円、1995年に3兆円を超え、1982年から2000年にかけては年間1,000億円を超える売上高増加を続け、急成長を遂げた。しかし、2001年からは低い増加率にとどまり、2006年に初めてマイナス成長となって以降、4兆円

を目前にして、ほぼ横ばいの状態が続いており、2017年の売上高は3兆9,890億円となっている。

ホームセンター業界の成長過程について、前年比売上高増加率と、大店法による大型店出店規制に注目して分類すると、次の4つのステージに区分できる。

①草創期（〜1979年）

　前年比売上高増加率が20％を超える時期。1974年3月に大店法が施行され店舗面積1,500㎡以上が出店規制の対象となって以降、1979年5月に規制対象面積が500㎡超に引き下げられるまでの「大店法導入期」。

②第一次成長期（1980〜1990年）

　前年比売上高増加率が10〜20％程度の時期。大店法の運用による厳しい出店規制がなされた「規制強化期」[8]。

③第二次成長期（1991〜2000年）

　前年比売上高増加率は概ね10％以下となったものの、年間で1,000億円を超える売上高増加が続いた時期。1994年5月の1,000㎡未満原則自由化など、大店法による出店規制が緩和されていく「規制緩和期」[9]。

④成熟期（2001年〜）

　前年比売上高増加率は概ね1％程度、あるいはマイナスになった時期。2000年5月に大店法が廃止、同年6月から大店立地法が施行され、1,000㎡超を対象として近隣住民の生活環境の保護を目的とした対応を求める「大店立地法期」。

ホームセンターが成熟期に入った要因は、後述のように「金物・荒物」など中小専門店の売上高を取り込む形での成長に限界が見えてきたこと、さらなる売上高を確保する新たな商品部門を開拓できていないことにある。

国土交通省『建築着工統計調査報告』に基づいて、一戸建新築住宅着工戸数の推移をみると、1996年の80.1万件をピークとして、2001年51.8万件、2006年50.3万件、2011年42.9万件、2017年39.3万件と推移しており、1990年代後半になって大きく減少している。

みずほ銀行の分析によると、ホームセンターの都道府県別市場規模は戸建て住宅数との相関が強いが、戸建て住宅数は将来かなり減少し[10]、これに伴って、近年横ばい状態が続いているホームセンターの市場規模も、縮小に転じると予測している[11]。

（3）大店法、大店立地法、改正都市計画法がホームセンターの店舗面積に与えた影響

　大店法下での1994年5月の1,000㎡未満原則自由化以降、2000年6月の大店法廃止・大店立地法施行を経て現在に至る期間における店舗面積「900〜1,100㎡未満」の出店数に占める、届出が不要なギリギリの店舗面積である「995〜1,000㎡」（998㎡店）の割合をみると、1994年5月の1,000㎡未満原則自由化以降の1996年に60.0%、その後大店法末期からはその割合が減少し、大店立地法施行後の2001年には14.3%となった。その後、2003年から2011年までは概ね80%を超えている[12]。また、500㎡超の出店数に占める「995〜1,000㎡」（998㎡店）の割合は、2003年から2011年の期間は30%を超え、特に2007年には54.2%に達し[13]、大店法・大店立地法はホームセンターの店舗面積に大きな影響を与えてきたといえる。

　さらに、2007年11月に施行された改正都市計画法においては、床面積10,000㎡超の大規模集客施設の立地は、原則として「近隣商業地域」「商業地域」「準工業地域」に限定された。ホームセンターの売上高に占める「6,600㎡以上」の店舗の割合は、1998年には5.1%に過ぎなかったが、改正都市計画法による郊外大規模店の抑制効果[14]が現れる前の2008年には36.4%となり、急激に増加している。その後は、大規模店の出店が減少したこともあって微増にとどまり、2016年に42.0%となっている。他方で、「3,300㎡未満」の店舗の割合は69.3%から、2004年43.2%、2008年32.1%、2016年26.5%と大きく減少している。「3,300㎡以上6,600㎡未満」の割合は、1988年の25.6%から年々増加し、2004年に35.7%とピークに達した。しかし、その割合は徐々に減少し、2008年には31.5%となり、その後は横ばい状態となっている。

（4）成熟期におけるホームセンターの売場効率の低下

　ホームセンター業界は2000年代に入って成熟期に入ったといえるが、そうした中でも出店が相次いだため売場面積は増加を続け、売場効率（売場面積1㎡あたりの年間売上高）は大きく低下している。

　表6−1は、商業統計表（業態別統計編）に基づいて、2002年から2014年にかけての売上高および売場面積の推移をみたものである。売上高はほとんど横ばいであるにもかかわらず、売場面積は2002年839万㎡、2007年1,057万㎡、

表6-1 ホームセンター売上高・売場面積・売場効率の推移

	売上高（億円）	売場面積（万㎡）	売場効率（万円／㎡）
2002年	30,759（100.0）	839（100.0）	36.7（100.0）
2007年	30,459（ 99.0）	1,057（126.0）	28.8（ 78.5）
2014年	31,471（102.3）	1,194（142.3）	26.4（ 71.9）

（注）カッコ内は、2002年を100とした指数。
（出所）経済産業省『商業統計表（業態別統計編）』（各年版）より作成。

表6-2 ホームセンター売場面積規模別売場効率の推移

（単位：万円／㎡）

	計	小規模店	中規模店		大規模店	
		250㎡以上 1,000㎡未満	1,000㎡以上 1,500㎡未満	1,500㎡以上 3,000㎡未満	3,000㎡以上 6,000㎡未満	6,000㎡以上
2002年	36.7	38.4	39.5	36.2	36.0	36.0
2007年	28.8	24.9	31.8	31.9	27.6	29.2
2014年	26.4	24.5	33.0	29.9	25.5	25.5

（出所）経済産業省『商業統計表（業態別統計編）』（各年版）より作成。

2014年1,194万㎡と増加を続けている。そのため、売場効率は2002年36.7万円／㎡、2007年28.8万円／㎡、2014年26.4万円／㎡と大きく低下している。

　表6-2は、売場面積規模別の売場効率の変化をみたものである。2002年には売場面積規模別にみた売場効率はほとんど変わらなかったものの、2014年には「小規模店（250㎡以上1,000㎡未満）」と「大規模店（3,000㎡以上）」の売場効率が大きく低下している。「中規模店（1,000㎡以上3,000㎡未満）」の落ち込みは相対的に小さい。中規模店の売場効率は、「1,000㎡以上1,500㎡未満」33.0万円／㎡、「1,500㎡以上3,000㎡未満」29.9万円／㎡と、小規模店および大規模店よりも、やや高い水準になっている。

2　ホームセンターをめぐる小売業態間競争

（1）ホームセンターの商品部門別売上割合の推移

　表6-3は、日本ホームセンター研究所『ホームセンター経営統計』に基づいて、商品部門別売上割合の推移をみたものである。2015年においては、「家庭用品・日用消耗品」20.8％、「ホーム・インプルーブメント」17.9％、「園芸・エクステリア14.5％、「家電」8.0％、「インテリア・収納」7.1％、「ペット・

ペット用品」6.8%、「食品・飲料」6.3%、「カー用品・レジャー」5.4%、「文具・玩具」3.2%、「その他」10.0%となっている。

　増加傾向にある商品部門は次のとおりである。

①増加傾向にあったが、近年は停滞傾向　「家庭用品・日用消耗品」「ペット・ペット用品」

　「家庭用品・日用消耗品」(1981年10.8%、1985年12.7%、1995年20.9%、2015年20.8%)。「ペット・ペット用品」(1985年4.0%、1995年6.7%、2005年7.9%、2015年6.8%)。近年の停滞傾向は、ドラッグストアとの競合が大きいといえる。

②1995年以降増加傾向　「食品・飲料」

　「食品・飲料」(1995年0.6%、2005年4.1%、2015年6.3%)。ホームセンターが開拓した新たな商品部門であるが、ドラッグストアとの競合により、今後の見通しは厳しいといえる。

③緩やかに増加傾向にあるが、売上割合は小さい　「文具・玩具」

　「文具・玩具」(1995年2.9%、2005年3.7%、2015年3.2%)。

逆に、減少傾向にある商品部門は次のとおりである。

④1985年まで増加傾向にあったが、近年は減少傾向　「家電」

　「家電」(1981年5.9%、1985年8.6%、1995年9.4%、2005年8.5%、2015年8.0%)。近年の減少傾向は、家電量販店との競合が大きいといえる。

⑤1995年まで減少傾向　「ホーム・インプルーブメント」「園芸・エクステリア」

　「ホーム・インプルーブメント」(1981年27.7%、1995年16.8%)、「園芸・エクステリア」(1981年18.1%、1995年14.6%)。これらは、他業態の競合というよりも市場の成熟化と、ホームセンター業界による商品構成の拡大による相対的な売上割合の減少である。

⑥一貫して減少傾向　「カー用品・レジャー用品」「インテリア・収納」

　「カー用品・レジャー用品」(1981年17.4%、1995年12.2%、2015年5.4%)、「インテリア・収納」(1981年11.4%、1995年8.3%、2015年7.1%)。これらは、「カー用品専門店」や「家具・インテリア専門店」との競合によるものといえる。

表6-3　ホームセンターにおける商品部門別売上割合の推移

(単位：%)

	ホーム・インプルーブメント	園芸・エクステリア	カー用品・レジャー	インテリア・収納	家庭用品・日用消耗品	家電	ペット・ペット用品	文具・玩具	食品・飲料	その他
1981年	27.7	18.1	17.4	11.4	10.8	5.9	8.7			
1985年	21.7	16.2	15.0	11.0	12.7	8.6	4.0	10.8		
1995年	16.8	14.6	12.2	8.3	20.9	9.4	6.7	2.9	0.6	7.6
2005年	20.7	14.5	7.8	7.9	20.2	8.5	7.9	3.7	4.1	4.7
2015年	17.9	14.5	5.4	7.1	20.8	8.0	6.8	3.2	6.3	10.0

（注）1981年および1985年の数字は、原データでは商品部門別売上割合の合計が100％を超えているため、合計を100％として算出した。
（出所）日本ホームセンター研究所『ホームセンター経営統計』(各年版) より作成。

（2）商品部門別にみた小売業態間競争

　表6-4は、ホームセンターの売上割合が5％以上の商品における小売業態間競争の状況を示したものである。2014年においてホームセンターの売上割合が高い商品は「金物」57.7％、次いで「ペット用品」49.7％、「苗・種子」45.9％、「荒物」45.5％となっている。このうち、「金物」「荒物」については2002年から2014年にかけて10ポイント以上増加しているが、「ペット用品」「苗・種子」の増加はわずかである[15]。

　ホームセンターが他の小売業態とかなり競合しているとみられる商品は、対ドラッグストアとは「合成洗剤」のみである。「合成洗剤」の売上割合は、「ドラッグストア」が32.6％と1位、次いで「ホームセンター」が30.7％となっている（詳しくは、第5章第3節を参照のこと）。

　ホームセンターと無店舗販売の競合状況をみると、「履物（靴を除く）」では「無店舗販売」が24.8％と1位、次いで「ホームセンター」が14.3％となっており、ホームセンターは無店舗販売よりも低い割合にとどまっている。「ミシン・編機」では、「その他の機械器具小売業」が57.5％と6割近くを占めるが、「無店舗販売」が19.8％、「ホームセンター」は5.7％に過ぎない。同様に、「がん具・娯楽用品」では、専業店である「がん具・娯楽用品小売業」が10.4％、「ホームセンター」は5.3％にとどまっている。「紙・文房具」では、専業店である「紙・文房具小売業」が29.4％、次いで「無店舗販売」19.1％、「ホームセンター」16.5％となっており、無店舗販売よりも低い割合にとどまっている。

**表6-4　ホームセンターの売上割合が5％以上の商品における小売業態間競争
（5％以上の売上割合をもつ業態のみ表示）**

（単位：％）

| | 業態別統計編
（2002-2014年） | | 産業編（2014年） | | | | | |
	ホーム センター	専門店＋ 中心店	ホーム センター	各種食料 品（食品 スーパー）	ドラッグ ストア	無店舗 販売	業種店	その他
金物	+15.1	▲15.9	57.7	・			26.3	
ペット用品	+0.9	▲11.7	49.7	8.9	5.3	6.6	20.1	
苗・種子	+2.9	▲12.4	45.9				20.7	14.0（肥料・飼料）
荒物	+12.0	▲8.1	45.5	8.5	9.1	10.0	7.7	5.4（他に分類されない飲食料品）
建築材料	+10.7	▲15.9	41.1			5.0	42.7	
合成洗剤	+7.4	▲8.6	30.7	16.2	32.6			5.2（他に分類されないその他）
ペット	+6.7	▲27.5	29.8	9.0	5.0		44.6	
じゅうたん・カーテン	▲1.5	▲7.9	26.6			19.8		45.3（家具）
家具	+12.3	▲23.6	20.5			12.5	55.8	
紙・文房具	+5.7	▲20.9	16.5	6.1	5.2	19.1	29.4	
肥料・飼料	+1.1	▲10.2	16.2			12.5	58.3	
建具	+6.6	▲8.6	14.8				68.0	
履物（靴を除く）	▲2.4 （注4）	▲20.1	14.3			24.8	13.0	8.8（靴）、8.3（下着類）、6.0（婦人服）、5.3（その他の各種商品）
自転車	▲5.0	▲0.1	12.8				72.9	
花・植木	+1.4	▲7.9	10.6	6.3			74.1	
陶磁器・ガラス器	▲3.2	+0.5	7.0			8.2	37.4	18.5（家具）
農業用機械器具	+1.3	▲4.9	6.9				81.9	
ミシン・編機	+5.4	▲24.1	5.7			19.8		57.5（その他の機械器具）、6.9（燃料）
がん具・娯楽用品	+1.1	▲3.8	5.3			10.4	58.6	8.8（電気機械器具）

（注1）「百貨店・総合スーパー」の売上高を除いて算出した。なお、「百貨店・総合スーパー」の商品分類別売上割合は、「小売計」9.1％、「紳士・洋品」24.4％、「婦人・子供服・洋品」32.7％、「その他の衣料品」30.6％、「身の回り品」22.5％、「飲食料品」12.6％、「家具」9.7％、「家庭用電気機械器具」2.3％、「家庭用品」9.5％、「その他商品」3.3％となっている（経済産業省『商業統計表（産業編）（品目編）2014年』）。

（注2）表中の枠内の数字は売上割合が1位、下線の数字は同2位を示す。

（注3）2002年から2014年にかけての増減は、『商業統計表（業態別統計編）』による。これは、ホームセンターは業種分類（商業統計表（産業編））においては2014年に初めて調査されたため、時系列的な変化をみることができないからである。なお、ホームセンターの定義は、業種分類（商業統計表（産業編））と業態分類（商業統計表（業態別統計編））では異なり、業種分類（商業統計表（産業編））の方がやや大きな割合となっている。

（注4）「履物（靴を除く）」の2014年のホームセンターの売上割合は、秘匿数字のため算出できない。そのため、2002年から2007年にかけての変化を示した。

（注5）「専門店」はセルフサービスが売場面積の50％未満、商品分類のいずれかの取扱いが90％以上の事業所。「中心店」は、セルフサービスが売場面積の50％未満、衣食住それぞれの商品分類のいずれかの取扱いが50％以上の事業所。

（出所）経済産業省『商業統計表（産業編）（品目編）2014年』、経済産業省『商業統計表（業態別統計編）2002年、2014年』より作成。

116

「荒物」では、「ホームセンター」の割合は45.5％を占めるが、「無店舗販売」も10.0％となっている。

なお、「ホームセンター」は、「各種食料品（食品スーパー）」との目立った競合はみられず、また同表には掲載していないが「コンビニエンスストア」とも、ほとんど競合していない。

（3）ホームセンターと金物・荒物専門店

表6‐5は、ホームセンターにおける主力商品群である「金物・荒物」について、ホームセンターが「金物・荒物専門店」の売上高を取り込む形で成長してきた過程を示したものである。商業統計表（品目編）による「金物・荒物」の売上高は、1991年までは増加を続け、「ホームセンターなど」による売上高が増加するとともに、「金物・荒物専門店（売場面積500㎡未満）」の売上高も増加している。すなわち、「金物・荒物」の需要が増加する中で、「ホームセンターなど」「金物・荒物専門店」ともに売上高を増加させることができた時代である。

しかし、「金物・荒物」の売上高は1991年をピークに減少、2002年以降は大きく減少している。このような状況下で、「金物・荒物専門店（売場面積500㎡未満）」の売上高は急速に減少している。「ホームセンターなど」においても、2002年までは順調に売上高を拡大してきたが、2002年以降は「金物・荒物」の需要が減少する中で、「金物・荒物専門店（売場面積500㎡未満）」の減少分を取り込むだけではカバーしきれず、売上高が減少している。2002年はホームセンターの成長が止まり「停滞期」に入った時期であり、「金物・荒物専門店（売場面積500㎡未満）」の売上高を取り込む形での成長に限界が見え、新たな売上高を創出する商品部門の開拓が求められるようになった時期である。

次に、表6‐6は売場面積規模によって「金物・荒物専門店」を捉えるのではなく、対面販売を基本とする「金物・荒物専門店＋住関連中心店」と、セルフサービス方式をとる「ホームセンター」との業態間競争について、比較可能な2002年から2014年の期間についてみたものである。

「金物・荒物」の売上高が減少する中で、「ホームセンター」はやや減少傾向にあるとはいえ、かろうじて売上高を維持しているのに対して、「金物・荒物専門店＋住関連中心店」の売上高は大きく減少している。

表6-5　ホームセンターの金物・荒物売上高と中小金物・荒物店の売上高の推移

（単位：億円）

	1976年	1979年	1982年	1985年	1988年	1991年	1994年	1997年	2002年	2007年	2014年
金物・荒物売上高	9,761	11,661	15,430	16,760	17,986	20,376	18,758	18,381	17,940	12,485	10,716
金物・荒物専門店（売場面積500㎡未満）	6,770	7,877	9,343	9,750	10,119	10,723	8,318	7,279	5,455	3,198	1,864
ホームセンターなど	2,991	3,784	6,087	7,011	7,868	9,649	10,440	11,102	12,486	9,287	8,852

(注1)「金物・荒物専門店（売場面積500㎡未満）」の売上高は、「金物・荒物小売業」として格付けされた事業所の売上高の合計であり、金物・荒物以外の売上高も一部含まれている。なお、「金物小売業」は主として家庭用その他各種の金物雑貨などを小売する事業所、「荒物小売業」は主としてほうき、ざる、日用雑貨（荒物を主とするもの）、ろうそくなどあるいはこれらのものを合わせ小売する事業所である。
(注2)「ホームセンターなど」の売上高は、売場面積500㎡以上の「金物・荒物専門店」の売上高（一部金物・荒物以外の売上高も含む）、およびホームセンターなど「金物・荒物専門店」以外の小売業による金物・荒物売上高の合計。なお、売場面積500㎡以上の「金物・荒物専門店」の2014年における売上高計は774億円であり、ホームセンターなどによる金物・荒物売上高8,852億円のうち8.7％に過ぎない。
(出所) 経済産業省『商業統計表（産業編）（品目編）』（各年版）より作成。

表6-6　ホームセンターの金物・荒物売上高と金物・荒物専門店の売上高の推移

（単位：億円）

	2002年	2007年	2014年
金物・荒物売上高（売場面積500㎡未満の金物・荒物専門店を除く）	12,486 （100.0）	9,287 （100.0）	8,852 （100.0）
ホームセンター	5,537 （ 44.3）	4,336 （ 46.7）	4,842 （ 54.7）
ホームセンター以外の小売業	6,949 （ 55.7）	4,951 （ 53.3）	4,010 （ 45.3）
うち金物・荒物専門店＋住関連中心店	5,521 （ 44.2）	3,589 （ 38.6）	2,297 （ 25.9）
うちその他の小売業	1,428 （ 11.5）	1,362 （ 14.7）	1,713 （ 19.4）

(注1) ホームセンターの金物・荒物売上高は、『商業統計表（業態別統計編）』による。業態別統計編では、ホームセンターは「金物」＋「荒物」＋「苗・種子」が0％を超え70％未満、売場面積250㎡以上、売場面積の50％以上でセルフサービスの事業所として定義されている。
(注2)「金物・荒物売上高（売場面積500㎡未満の金物・荒物専門店を除く）」は、売場面積500㎡以上の「金物・荒物専門店」の売上高（一部金物・荒物以外の売上高も含む）およびホームセンターなど「金物・荒物専門店」以外の小売業による金物・荒物売上高の合計（表6-5における「ホームセンターなど」の売上高と同じ）。「金物・荒物専門店＋住関連中心店」の金物・荒物売上高は、『商業統計表（業態別統計編）』による。「金物・荒物専門店」は、「金物」あるいは「荒物」のいずれかの取扱商品割合が90％以上、かつセルフサービスが売場面積の50％未満の事業所。「住関連中心店」は、住関連の取扱商品割合が50％以上、かつセルフサービスが売場面積の50％未満の事業所。
(出所) 経済産業省『商業統計表（産業編）（業態別統計編）』（各年版）より作成。

3 ホームセンターにおける業務用需要の開拓とPB商品の強化

（1）業務用需要の開拓

　ホームセンター各社は、新たな売上高を獲得できる商品部門の開拓が困難となっている中で、一般消費者向けの消費財の販売から、建築プロ向け分野の開拓、住宅リフォームへの進出、農業用資材の販売という業務用分野の開拓に力を入れている。しかし、「建築プロ向け分野」では既存の建材流通チャネル、「住宅リフォーム」はハウスメーカー、「農業用資材」は農協という既存のチャネルとの競合も厳しく、先行している企業においても、未だ売上高に占める割合は多くない。

　「建築プロ向け分野」は、建築・土木・電気工事・設備業に携わるプロによる建築資材や工具の購買であり、代表的なものはコーナン商事が展開する「コーナンPRO」である[16]。住宅リフォーム市場において、材料費と施工費が一体となった材工一式型の建築請負契約から、材料費と施工費を分離する材工分離型の建築請負契約へとシフトしていくならば、ホームセンターによる建築プロ向け市場の開拓の可能性はあるといえる[17]。

　「住宅リフォーム」については、「LIXILビバ」や「ジョイフル本田」などが先行しているが、ハウスメーカーが売上高ランキングの上位を占めている[18]。ホームセンターの強みとして材料の現物や価格の確認が可能であることを指摘できる一方で、建築業者の小口需要を取り込むためには、資材館の併設や建設業者向けの見本展示など一般消費者向け販売との両立を図る必要がある[19]。

　「農業用資材」では、コメリは専門知識を持った農業アドバイザーを配置するなど、いち早く農業部門の開拓に取り組んできた。コメリの「ハード＆グリーン」は、人口1万人未満の小商圏で成立する業態であり、主な客層は農家、肥料や農薬を初めとする農業用資材の販売である[20]。しかし、農業用資材の販売においてホームセンターが占める割合は、未だ小さい[21]。

（2）PB商品の強化と売上総利益率の向上

　小売業態間競争、そしてホームセンター業界内での企業間競争が厳しさを増し、売上高の拡大が難しくなる中で、ホームセンター各社はPB商品の開発に

よる差別化[22]、さらにそれによる売上総利益率の向上を志向している。2010年度と比較した2017年度のホームセンター企業各社の売上総利益率を比較すると、表6-7に示すように、かなり向上している。

表6-7　ホームセンター企業各社の売上高、売上総利益率の比較

	2010年度		2017年度	
	売上高（億円）	売上総利益率（％）	売上高（億円）	売上総利益率（％）
DCM HD	4,224	29.9	4,367	32.9
コーナン商事	2,885	33.8	3,022	36.9
コメリ	2,864	28.7	3,307	31.8
ナフコ	2,174	32.2	2,255	32.5
ケーヨー	1,822	27.5	1,322	30.9
島忠	1,427	32.0	1,412	33.0

（出所）各社『有価証券報告書』より作成。

むすび

　本章では、小売業態間競争に着目してホームセンターの成長過程を分析してきた。商品部門別売上割合の推移によって、ホームセンターの商品部門を分類すると、次のようになる。①増加傾向にあったが、ドラッグストアとの競合により近年は停滞傾向にある「家庭用品・日用消耗品」、②ホームセンターが開拓した新たな商品部門であるが、ドラッグストアとの競合が強まっている「食品・飲料」、③緩やかに増加傾向にはあるが、売上高に占める割合は小さい「文具・玩具」、④1985年までは増加傾向にあったが、近年は家電量販店との競合によって減少傾向にある「家電」、⑤ホームセンターの主要商品部門であり、商品構成の幅を拡大してきたことにより相対的に売上高に占める割合が減少している「ホーム・インプルーブメント」「園芸・エクステリア」、⑥専門店との競合により一貫して減少傾向にある「カー用品・レジャー用品」「インテリア・収納」。

　2014年においてホームセンターの売上割合が高い商品は「金物」57.7%であり、次いで「ペット用品」49.7%、「苗・種子」45.9%、「荒物」45.5%となっている。このうち、「金物」「荒物」については、2002年から2014年にかけて、そ

の割合が10ポイント以上増加しているが、「ペット用品」「苗・種子」の増加は
わずかである。ホームセンターが他の小売業態とかなり競合しているとみられ
る商品は、対ドラッグストアとは「合成洗剤」である。

　また、「ホームセンター」と「金物・荒物専門店」との競争に着目すると、
1991年までは「金物・荒物」の需要が増加する中で、「ホームセンター」「金
物・荒物専門店」ともに売上高を増加させることができた。しかし、「金物・
荒物」の需要は1991年をピークに減少し、2002年以降は大きく減少している。
このような状況下で、「金物・荒物専門店」の売上高は急速に減少する一方で、
「ホームセンター」は2002年までは順調に売上高を拡大してきた。しかし、
2002年以降は「金物・荒物専門店」の売上高減少分を取り込むだけではカバー
しきれず、新たな商品部門の開拓が求められるようになっている。

　合成洗剤をめぐっては、「ホームセンター」と「ドラッグストア」が拮抗す
る形で競っており、「食料品スーパー」の割合は減少傾向にある。「ホームセン
ター」と「ドラッグストア」との競争に着目すると、「ホームセンター」は
「ドラッグストア」よりも必要商圏人口が広いために飲食料品等の購入頻度の
高い商品部門の取扱いは「ドラッグストア」と比べて不利であり、それ以外の
商品部門を開拓する必要があるといえる。

　そこで、ホームセンターは業務用需要の開拓に力を入れつつあるが、「建築
プロ向け分野」は既存の建材流通チャネル、「住宅リフォーム」ではハウス
メーカー、「農業用資材」では農協という既存のチャネルとの競合も厳しく、
先行している企業においても、未だ売上高に占める割合は多くないのが現状で
ある。このような状況の中で、ホームセンター各社は売上高の拡大よりも、利
益の拡大を模索し、PB商品の開発による差別化、それによる売上総利益率の
向上を志向している。

注

1）ホームセンターの主な定義は、次のとおりである。
　ア、日本標準産業分類（2013年10月改定）・商業統計表（産業編）
　　　主として住まいの手入れ改善にかかる商品を中心に、家庭用品、園芸用品、電気機
　　械器具、家具・収納用品、建築材料などの住関連商品を総合的、系統的に品揃えし、
　　セルフサービス方式により小売りする事業所で、店舗規模が大きい事業所。
　イ、商業統計表（業態別統計編）

　　住関連スーパー（取扱商品のうち70％以上が住関連）のうち「金物」＋「荒物」＋「苗・種子」が０％を超え70％未満、売場面積250㎡以上、売場面積の50％以上についてセルフサービス方式を採用している事業所。

ウ、ホームセンター経営統計（日本ホームセンター研究所）

　　ホーム・インプルーブメント（住まいを良くする）の商品とサービスを、総合化して提供するセルフサービス店。日本ホームセンター研究所では、ホームセンターを「ホーム・インプルーブメント・ストア」と「小型専門店」に区分している。「ホーム・インプルーブメント・ストア」は、売場面積は3,300㎡以上で商品とサービス（取付け施工）を提供する「生活提案ができる」水準にまで専門化した総合大型店。「小型専門店」は売場面積495〜990㎡で、「ハードウェア（金物・工具)」に専門化するなど、コア商品に専門特化した店（日本ホームセンター研究所『ホームセンター経営統計2018年』２ページ）。

２）業界統計によるホームセンターの商品部門別売上割合は、次のとおりである。

　ア、日本ホームセンター研究所（2016年度）

　　「ホーム・インプルーブメント（金物・工具、建材・配管設備、木材、塗料・塗装具など）」26.2％、「園芸・エクステリア」16.8％、「家庭用品・日用消耗品」21.1％、「ペット・ペット用品」7.6％、「家電」5.6％、「インテリア・収納」4.8％、「カー用品・レジャー」5.2％、「文具・玩具」4.6％、「食品・飲料」2.2％、「その他」5.9％（日本ホームセンター研究所『ホームセンター経営統計2018年』）。

イ、日本DIY協会（2016年度）

　　「DIY用具・素材」24.2％、「園芸・エクステリア」23.0％、「電気」7.1％、「インテリア」5.9％、「家庭日用品」19.6％、「カー・アウトドア」5.5％、「カルチャー」5.3％、「サービス業務」3.2％、「その他」6.3％（日本DIY協会『DIY小売業実態調査報告書2016年度』）。

３）LIXILビバはリフォーム関連（商材＋サービス）37.8％、ホームセンター商材36.9％、一般商材24.2％、その他1.1％、島忠はホームセンター用品71.3％、家具・ホームファッション用品28.7％となっており、DIYおよび園芸・エクテリア部門の売上割合を把握できない。また、カインズは未上場のため、また東急ハンズも東急不動産HDの一部門であるため、商品部門別売上割合は非公表である。

４）村山純「寡占化に進むホームセンター業界」『経営論集』第５号、2017年３月、24、27ページ、日本ホームセンター研究所『ホームセンター経営統計2018年』、および各社ホームページを参考に作成。

５）市場規模は日本DIY協会（http://www.diy.or.jp/i-information/association/jigyo/transition.html）、上位10社の売上高は『ダイヤモンド・ホームセンター』第31巻第３号、2011年９月〜同第38巻第３号、2018年９月、より算出した。

６）これら３つの政府統計は、ホームセンターの定義および調査対象が異なっている。それぞれの定義と2014年における売上高は次のとおりである。『商業統計表（業態別統計編）』31,471億円（住関連スーパー（取扱商品のうち70％以上が住関連）のうち「金物」＋「荒物」＋「苗・種子」が０％を超え70％未満、売場面積250㎡以上、売場面積の50％以上がセルフサービスの事業所)。『商業統計表（産業編）』33,520億円（主

として住まいの手入れ改善にかかる商品を中心に、家庭用品、園芸用品、電気機械器具、家具・収納用品、建築材料などの住関連商品を総合的、系統的に品揃えし、セルフサービス方式により小売りする事業所で、店舗規模が大きい事業所）。『商業動態統計年報』33,452億円（日本標準産業分類のホームセンターに属する事業所を有する企業で、ホームセンターを10店舗以上有する企業もしくはホームセンターの年間売上高が200億円以上の企業を対象）となっている。『商業統計表（業態別統計編）』は、『商業統計表（産業編）』および『商業動態統計年報』よりも対象とする範囲が広いため、やや大きな売上高が計上されている。

7）経済産業省『商業統計表（業態別統計編）』によると、ホームセンターの売上高は2002年30,759億円、2007年30,459億円、2014年31,471億円と停滞している。さらに、経済産業省『商業動態統計年報』によると、2014年33,452億円、2015年33,012億円、2016年33,090億円、2017年32,942億円と、最近はやや減少傾向にさえある。他方で、民間統計では「日本DIY協会」2002年38,630億円、2017年39,890億円、「日本ホームセンター研究所」2002年34,033億円、2017年39,317億円、「ダイヤモンド・ホームセンター」2002年度36,542億円、2017年度38,400億円となっている。「日本DIY協会」の推計は、2002年以降ほぼ横ばいとなっている政府統計の動向と最も符合しているといえる（日本ホームセンター研究所『ホームセンター経営統計』(各年版)、日本DIY協会(http://www.diy.or.jp/i-information/association/jigyo/transition.html)、『ダイヤモンド・ホームセンター』第31巻第3号、2011年9月〜第36巻第3号、2018年9月、経済産業省『商業動態統計年報』『商業統計表（業態別統計編）』(各年版))。

8）1982年2月には「通商産業省産業政策局長通達」により、出店表明・事前説明制度、出店抑制地域、出店抑制指導など大型店出店規制が強化された。

9）1990年5月に大店法運用適正化措置が実施され、出店調整処理期間を1年半以内に短縮、すべての届出の受理、閉店時刻・休業日数の届出不要基準の緩和、出店抑制地域の実質的廃止などがなされた。また、1994年5月には大店法の運用基準が緩和、1,000㎡未満の出店が原則自由化され、2000年5月末に大店法は廃止された。なお、大型店出店規制の変遷が小売業の発展に与えた影響については、南方建明『流通政策と小売業の発展』中央経済社、2013年を参照されたい。

10）ホームセンターの都道府県別の市場規模と戸建住宅数との決定係数は0.890、同様に人口との決定係数は0.745、住宅総数との決定係数は0.679（2013年度）となっており、戸建住宅数は将来かなり減少すると予測されている（住田賀猛・久保田直宏「ホームセンター業界の競争環境変化と中期展望」『Mizuho Short Industry Focus』第146号、2016年3月、4-5ページ）。また、（財）ベターリビング サステナブル居住研究センターによると、新設住宅着工戸数は2030年には70.5万戸（2017年96.5万件、国土交通省『建築着工統計調査報告2017年』）まで減少すると予測している（経済産業省『リフォームビジネス拡大に向けた勉強会報告書』2014年5月、4ページ）。同様に、野村総合研究所でも2030年度には53万戸まで減少すると予測している（大道亮・佐尾宏和「需要・供給の両面から見た国内住宅市場——2030年までの見通し——」『知的資産創造』第23巻第8号、2015年8月号、14ページ）。

11）ホームセンターの市場規模は、2015年の3.9兆円から、2025年に3.8兆円（2015年比

　▲4.1％減）、2035年に3.4兆円（同▲12.4％減）になると予測されている（住田賀猛・
　久保田直宏「ホームセンター業界の競争環境変化と中期展望」『Mizuho Short
　Industry Focus』第146号、2016年3月、5ページ）。

12）店舗面積「900〜1,100㎡未満」の出店数に占める「995〜1,000㎡」（998㎡店）の割合
　は、大店立地法施行後の2003年80.6％、2004年88.9％、2005年94.3％、2006年98.5％、
　2007年92.2％、2008年93.5％、2009年98.0％、2010年87.5％、2011年79.1％と非常に高
　い割合となったが、近年は2015年45.7％、2016年28.6％まで減少している（商業界『日
　本スーパー名鑑2018年』より算出）。

13）商業界『日本スーパー名鑑2018年』より算出。コメリでは2005年から2010年にかけ
　ての新規出店のうち9割以上が「999㎡」である（2005年の出店数52店のうち46店、
　2006年同65店のうち60店、2007年同81店のうち80店、2008年同72店のうち67店、2009
　年同46店のうち45店、2010年同37店のうち34店）。ホーマックも2011年以降、「990㎡」
　あるいは「992㎡」で集中的に出店している（2011年の出店数6店のうち4店、2012
　年同12店のうち7店、2013年同16店のうち8店、2014年同12店のうち7店、2015年同
　13店のうち10店、2016年同13店のうち11店）。なお、コメリは次の3つの店舗フォー
　マットで展開している。ハード＆グリーン（売場面積300坪）、ホームセンター（売場
　面積1,200〜1,800坪）、パワー（売場面積2,800〜4,000坪）。このうち、999㎡の店舗は
　「ハード＆グリーン」として出店している。ハード＆グリーンは、金物、工具、建築
　資材や植物、園芸用品、肥料、農薬、農具資材を中心に、家庭日用品やペット用品な
　どおよそ1万8,000点を品揃えしており、ローコストオペレーションにより、人口1
　万人ほどの小商圏に出店が可能（コメリホームページより）という。2017年度におい
　てコメリは1,178店舗と業界最大の店舗数をもっているが、このうち999㎡の店舗が
　950店舗を占めている（日本ホームセンター研究所『ホームセンター経営統計2018
　年』）。コメリは「パワー」や「ホームセンター」の周辺に、数店の「ハード＆グリー
　ン」を配置することを出店の基本としているが、この出店戦略については「コメリ
　（ホームセンター特集）」『激流』第24巻第7号、1999年7月、41-42ページに詳しい。

14）2007年11月に施行された改正都市計画法の影響もあって、店舗面積「10,000㎡以上」
　の出店数は2009年頃から大きく減少し、また同「500㎡超」の出店数も減少している。
　店舗面積「500㎡超」の出店数は2002〜2008年の年間平均145店（2009〜2016年103店）、
　店舗面積「10,000㎡以上」の出店数は2002〜2008年の年間平均12店（2009〜2016年6
　店）となっている（商業界『日本スーパー名鑑2018年』より算出）。

15）富士経済の推計に基づき、「ペットフード＆用品」の小売業態別売上割合をみると、
　2014年において「ホームセンター」45.1％、「ペットショップ」16.4％、「スーパーマー
　ケット」16.1％、「通信販売」7.6％、「ドラッグストア」7.5％、「その他」7.3％となっ
　ている。2002年と比較すると、「ホームセンター」▲11.4ポイント減、逆に「通信販
　売」（2003年から調査対象となったため、2003年と2014年の比較）7.0ポイント増、「ド
　ラッグストア」2.1ポイント増となっており、ホームセンターが競争優位にはあるも
　のの、「通信販売」および「ドラッグストア」に市場を侵食されつつある（富士経済
　『ペット関連市場マーケティング総覧2003年、2004年、2015年』より算出）。

16）コーナン商事は、2001年1月に「コーナンPRO」1号店を開店以来、2018年2月

末の店舗数は64店舗、コーナン商事の売上高3,022億円のうち418億円、13.8%（2018年2月期）を占めている（コーナン商事『事業報告書』）。

17）松村秀一は、今後の建材流通チャネルについて次のように指摘している。「リフォーム市場や中古住宅市場の行く末に大きく左右されるが、それらが新築に代わる市場になってくるとすれば、ホームセンターを核としたプロ向けの展開には大いに可能性がある。専門工事業やそれらをまとめる工務店の後継者問題を前提に考えれば、専門工事業を流通末端とした従来の材工一式型建材流通は変化を余儀なくされると予想され、ホームセンターは材工分離型建材流通の核として少なからぬ役割を果しうる」（松村秀一監修『ホームセンターによる建材流通に関する研究』トステム建材産業振興財団、2008年3月、8ページ）。他方で、「建築プロ需要」は可能性を秘めているものの、リフォーム市場もハウスメーカーの攻勢、家電量販店等の異業種の参入など競争が激化しており、今後はホームセンターを主要調達先としている中小工務店の資材需要の低下も予想され、楽観視はできない（『ダイヤモンド・ホームセンター』第37巻第6号、2018年3月、32ページ）。

18）住宅リフォームの売上高ランキング（2016年度）をみると、「積水ハウスグループ」1,335億円をトップに、上位9社までを、いわゆる"ハウスメーカー"が占め、その合計金額は7,458億円となる。次いで10位に「エディオン」431億円（売上高6,744億円に占める割合6.4%）が続く。ホームセンター企業は、14位「LIXILビバ」157億円（売上高1,762億円に占める割合8.9%）、16位「ジョイフル本田」121億円（売上高1,549億円に占める割合7.8%）、19位「コーナン商事」89億円（売上高2,911億円に占める割合3.0%）、20位「コメリ」87億円（売上高3,243億円に占める割合2.7%）となっている（リフォーム産業新聞社編『住宅リフォーム市場データブック2018』リフォーム産業新聞社、2017年）。

19）佐藤孝一らは、ホームセンターがリフォーム市場の建材流通拠点として展開する方向性として次の2点を指摘している。1つは、建築業者の小口需要に向けた建材販売である。この場合、木質材料等の品揃えの拡充が必要とされるが、品質管理上の問題からこうした建材を通常売場に置くことは困難である。資材館を併設した店舗も出現しているが、建設業者向けの見本展示を工夫するなど、一般消費者向け販売との両立を検討する必要がある。2つは、リフォーム需要に対する責任施工である。ホームセンターでは、各種建材・部品の現物確認が可能であり、店頭ではこれらの販売価格が明示されることから工事価格の透明化にも結びつく。ホームセンターの改修対象は住宅内部と外構が中心であるが、外装改修などを含むホームセンター型リノベーションが普及するためには、地元工務店との提携といった工事体制の整備が必須である（佐藤孝一・松村秀一・遠藤和義・角田誠「建築再生における建材流通拠点に関する研究——ホームセンター型建材流通に関する考察——」『日本建築学会計画系論文集』第74巻第636号、2009年2月、447-454ページ）。

20）高橋直樹「ホームセンター——坪効率の長期低迷が示唆する本業強化の活路——」『激流』第41巻第2号、2016年2月、48-49ページ。なお、コメリの小型店「ハード＆グリーン」の業態開発、出店戦略および物流戦略については、矢作敏行「コメリの独自業態の開発と展開」『経営志林』第47巻第4号、2011年1月に詳しい。

21)「肥料」の流通段階別売上割合は、農協74％、農業資材店など19％、ホームセンター
など7％、「農薬」では、農協約60％、農業資材店約30％、ホームセンターなど約
10％と推計されている（未来投資会議構造改革徹底推進会合・「ローカルアベノミク
スの深化」会合・規制改革推進会議 農業WG合同会合、農林水産省配布資料（2016年
9月20日））。

22）主なホームセンター企業の売上高に占めるPB比率はコメリ42％（『ダイヤモンド・
ホームセンター』第38巻第2号、2018年7月、45ページ）、カインズ40％（同第37巻
第6号、2018年3月、41ページ）、コーナン商事30％、LIXILビバ25％、ナフコ ホー
ム・インプルーブメント部門22％、DCM HD17％（同第38巻第2号、2018年7月、
40-52ページ）となっている。コーナン商事は「2020年までにPB商品開発体制を強化
し売上構成比40％を目指す」としている（コーナン商事「第二次中期経営計画（2018-
2020)」2018年4月）。ホームセンター業界におけるPBの強化の動向については、住
田賀猛・久保田直宏「ホームセンター業界の競争環境変化と中期展望」『Mizuho
Short Industry Focus』第146号、2016年3月、髙橋直樹「ホームセンター――DIYの
本筋を追う新業態の開発が活発化――」『激流』第43巻第2号、2018年2月、52-55ペー
ジを参考にした。

第7章　専門店チェーンの成長過程

はじめに

　バブル崩壊以降、小売業の販売額が停滞する中で、「専門店チェーン」は成長を続けてきた。そこで本章では、わが国の「専門店チェーン」の成長過程について、様々な統計資料を用いて分析することを目的とする。

　まず、大型店出店規制の変遷に着目し、大型店出店規制が百貨店や総合スーパーなどの「総合店」と、「専門店チェーン」間の小売業態間競争に与えた影響、また「専門店チェーン」の成長過程に与えた影響について分析する。さらに、「専門店チェーン」の成長過程について主な業種別に明らかにし、成長過程による業種の類型化を試みる。

　「専門店」は、論者によって様々に定義されているが、それらに共通している点は、1つは衣食住にわたる幅広い商品部門を取り扱う百貨店や総合スーパーなどの「総合店」に対して、限定された商品部門を取り扱い奥行きの深い品揃えをしていること、2つはターゲットの明確化、品揃え、店舗構成、商品知識などの面で専門性を有することである[1]。

　なお、食品全般を取り扱う「食品スーパー」、食品に加えて多様な非食品も取り扱う「コンビニエンスストア」、住関連全般を取り扱う「ホームセンター」、医薬品や化粧品を中心に、家庭用品、食品などを幅広く取り扱う「ドラッグストア」などについては、「総合店」「専門店チェーン」の両方の要素をもつ『部分総合店』であり、本章の考察対象からは除外する[2]。また、「専門店チェーン」は、概ね10店舗以上の店舗数をもつ専門店のチェーン店とする[3]。

1　「総合店」と「専門店チェーン」

（1）百貨店・総合スーパーと専門店チェーン

　表7-1は、小売販売額に占める「百貨店・総合スーパー」（商業統計表産業

編、従業者数50人以上）の割合を商品分類別にみたものである。まず、小売計
（自動車・自転車を除く）でみると、大店法導入期の1974年に15.3％（1972年
比3.1ポイント増）と急増した。大型店出店規制が強化された1982年には14.7％
と一時減少、その後の規制強化期は微増傾向にあったが、規制緩和期には横ば
い、大店立地法期には「百貨店」の販売額の落ち込みのため、2007年に
12.9％、2014年には10.3％まで減少している。

　商品分類別にみると、飲食料品における「百貨店・総合スーパー」の販売割
合は、小売計と同様に大店法導入期に大きく増加したものの、規制強化期には
減少した。その後、規制緩和期になって再び増加傾向、大店立地法期には減少
傾向になったが、その割合はそれほど大きなものではない。飲食料品では、む
しろ「各種食料品」（小売業態としての「食品スーパー」）において、大店法導入
期から規制強化期にかけて販売割合が急増していることに注目すべきであろう。

　衣料品計では、百貨店法期には概ね20％台後半の販売割合で、大店法導入期
にその割合が大きく増加したものの、規制強化期には停滞、規制緩和期になっ
て再び増加している。しかし、大店立地法期になってからは専門店チェーン躍
進の影響もあって、1997年の39.0％から2014年には26.0％と、大きく減少して
いる。「衣料品」の商品分類別にみると、「紳士服・洋品」は規制緩和期になっ
て減少傾向にあり、大店立地法期にはさらに減少、「婦人・子供服・洋品」は、
規制強化期には減少したものの、規制緩和期になって増加傾向にあったが、大
店立地法期になって再び減少傾向にある。

　「身の回り品（靴、かばん・袋物、装身具など）」は、大店法導入期に販売割
合が増加したものの、その後は微増ないしは横ばい傾向にある。

　「家庭用品（広義）」は、大店法導入期の1974年に14.5％（1972年比3.0ポイン
ト増）と急増したものの、その後は横ばい傾向にあり、1997年の13.7％から
2002年には6.5％へと大幅な減少となっている。「家庭用品（広義）」の商品分
類別にみると、「家具」および「家庭用電気機械器具」において規制緩和期に
なって減少傾向にあり、さらに大店立地法期になって減少が加速していること
が注目される。「家庭用品（狭義）」も、大店立地法期になって大きく減少して
いる。

　すなわち、大店法は総合スーパーの出店が急速に展開された時期に導入され
たが、それが大型店出店の抑制、その販売割合増加の抑制に寄与したのは規制

強化期になってからである。総合スーパーは、規制緩和期に入って急速に出店したが、規制緩和は同時に専門店チェーンの出店をも容易にし、さらに大店立地法期には専門店チェーンが大きく躍進した。総合店は、特に「衣料品」や「家庭用品（広義）」において専門店チェーンに大きく売上を奪われている。近年は、総合スーパーの売上高に占める「衣料品」割合の減少、「食料品」割合の増加が進み、"総合スーパーの食品スーパー化"ともいえる現象がすすんでいる[4]。また、「百貨店」においても「衣料品」や「家庭用品」割合が明らかに減少している[5]。

衣料品の売上高は、1990年度には「ジャスコ」4,631億円、「イトーヨーカ堂」4,108億円が上位にあった[6]。しかし、2016年度には「イオンリテール」3,402億

表7−1　小売販売額に占める「百貨店・総合スーパー」の割合の推移

（単位：％）

		小売計（自動車・自転車除く）	衣料品				身の回り品	飲食料品		家庭用品（広義）				その他の商品
			計	紳士服・洋品	婦人・子供服洋品	その他の衣料		百貨店・総合スーパー	（参考）各種食料品	計	家具	家庭用電気機械器具	家庭用品（狭義）	
百貨店法期	1962年	10.6	24.3	—	—	—	21.9	5.0	8.7	10.3	—	—	—	—
	1964年	11.4	25.9	—	—	—	19.7	5.9	10.5	10.6	—	—	—	—
	1966年	11.1	25.0	—	—	—	20.8	6.0	12.1	11.0	—	—	—	—
	1968年	10.6	24.6	—	—	—	24.7	6.0	13.9	10.3	—	—	—	—
	1970年	11.3	27.2	—	—	—	22.5	6.9	17.2	10.4	—	—	—	—
	1972年	12.2	28.6	—	—	—	22.8	7.8	20.4	11.5	—	—	—	—
大店法導入期	1974年	15.3	32.8	—	—	—	27.1	11.4	20.7	14.5	—	—	—	—
	1976年	15.3	33.4	—	—	—	28.5	12.8	23.3	14.3	—	—	—	—
	1979年	16.0	34.6	42.6	44.0	20.4	29.3	14.0	26.5	15.5	17.4	8.0	23.4	6.8
規制強化期	1982年	14.7	34.4	42.9	42.6	19.8	30.2	12.8	30.5	15.0	17.6	8.3	20.9	6.2
	1985年	15.1	35.4	44.3	42.7	20.0	29.6	13.1	33.6	15.8	18.9	8.7	22.2	6.2
	1988年	15.6	35.4	44.1	41.0	19.6	30.7	12.7	33.5	15.5	18.8	9.4	21.3	7.3
規制緩和期	1991年	16.1	35.8	41.6	41.1	20.0	32.4	13.3	32.8	15.2	19.4	9.1	20.2	7.9
	1994年	15.9	36.9	39.2	42.7	21.5	32.1	14.5	32.6	15.1	18.6	8.7	21.6	6.8
	1997年	16.1	39.0	41.4	44.7	22.6	32.2	15.3	31.8	13.7	16.8	8.0	21.6	7.0
大店立地法期	2002年	14.4	37.6	40.8	44.8	16.1	32.8	14.5	30.9	9.9	13.2	4.8	18.3	4.5
	2007年	12.9	34.2	33.7	39.7	17.0	34.5	13.6	35.7	7.5	11.5	4.6	10.7	4.0
	2014年	10.3	26.0	24.4	32.7	16.2	33.9	12.6	36.3	6.5	11.6	2.3	10.2	4.2

（注1）商業統計表（産業編）における「百貨店・総合スーパー」とは、衣・食・住の各販売額がいずれも小売販売総額の10％以上70％未満で、従業者数50人以上のもの。

（注2）自動車は一般的に百貨店やスーパーで販売されることは少ないが、小売販売額計に占める割合は比較的高い（自動車・自転車の販売額は小売販売額計の12.1％、『商業統計表（産業編）2014年』）。そこで、本表では小売販売額計から自動車・自転車を除いた販売額に占める販売割合を算出した。なお、「自転車」はスーパーで販売されることも多いが、商業統計調査における「自転車」は1991年調査まで二輪自動車が含まれていたため、時系列的な分析の必要上、「自動車・自転車」全体を差し引いた。

（出所）経済産業省（通商産業省）『商業統計表（品目編）』（各年版）より作成。

円、「イトーヨーカ堂」1,790億円と大きく減少し、代わりに「ファーストリテイリング（国内ユニクロ事業の売上高）」7,308億円、「しまむら（インテリアを除く売上高）」5,350億円が大きな売上をあげている（各社IR資料より）[7]。住関連では、2016年度において「イオンリテール」4,172億円、「イトーヨーカ堂」1,224億円に対して、「ヤマダ電機」の売上高は1兆3,656億円と際立っている[8]。

（2）大店法、大店立地法と専門店チェーンの店舗面積

　大店法は専門店チェーンの店舗面積にも大きな制約を与えてきた。500㎡超までが調整対象となった改正大店法（1979年改正施行）以降に多くみられた「498㎡店」、1994年の1,000㎡未満の出店原則自由化を受けて急増した「998㎡店」などである。改正大店法（1979年改正施行）以降、1,000㎡未満の出店が原則自由化された1994年以前の期間、すなわち1980～1993年における売場面積「400㎡以上1,500㎡未満」の出店数に占める「495～500㎡」（498㎡店）の割合は23.2％に達する（商業界『日本スーパー名鑑1999年』より算出）。また、「500㎡超1,000㎡未満」の出店数に占める「998～999㎡」（998㎡店）の割合は、1994年までは2.4％に過ぎないが、1995～1999年には19.1％（1995年15.8％、1996年18.2％、1997年17.0％、1998年23.1％、1999年22.8％）と急増し、特に人口3万人未満の都市では31.5％に達している（東洋経済新報社『全国大型小売店総覧2000年』より算出）[9]。

　大店立地法の下でも、店舗面積1,000㎡超の店舗の出店は届出が必要となり、駐車台数や騒音などの基準を満たすことが求められている。そのため、1,000㎡を少し下回る店舗面積での出店が非常に多くなっている。

　図7-2に基づいて、店舗面積「900～1,100㎡未満」の出店数に占める「980～1,000㎡」の店舗の割合の推移をみると、大店立地法施行後の2002～2010年までは、「900～1,100㎡未満」の出店の概ね50％以上が「980～1,000㎡」の出店となっている。さらに、同期間には「995～1,000㎡」という大店立地法の届出が不要なギリギリの店舗面積での出店が30～40％程度を占め、大店立地法が専門店チェーンの店舗面積に大きな影響を与えてきたことは間違いない。ただし、2011年以降は「980～1,000㎡」の割合は、やや減少傾向にある。

図7-2　店舗面積「900～1,100㎡店」に占める「980～1,000㎡店」の割合の推移

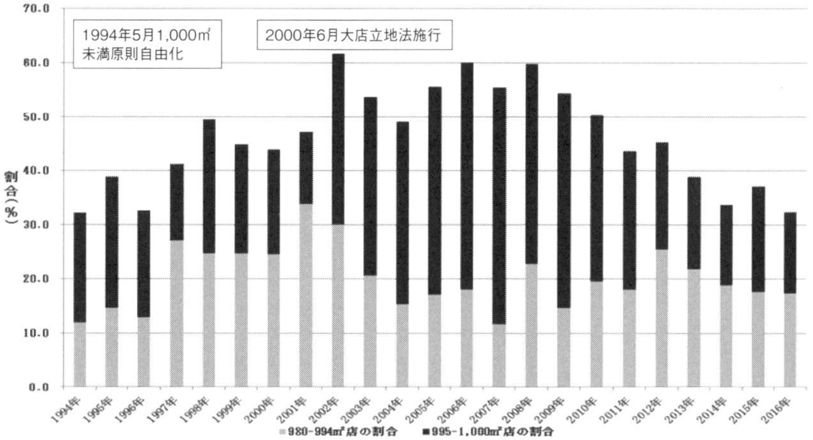

(注)　調査対象は、セルフサービス方式を採用する小売業で、一般にスーパーマーケット（生協・農協の店舗を含む）、GMS、ホームセンター、ディスカウントストア、ドラッグストア、衣料スーパーなどと総称される店舗。
(出所)　商業界『日本スーパー名鑑2018年』より作成。

2　業種分類別「専門店チェーン」の成長過程

　専門店チェーンの成長過程に着目した業種の類型化にあたっては、経済産業省『商業統計表（産業編)』による当該業種の販売額に占める10店舗以上のチェーン店販売割合（表7-3参照）、および売場面積規模別販売割合（表7-4参照）、さらに日経MJ「日本の専門店調査」による前年比売上高増加率に基づく当該業種の成長期が大型店出店規制の変遷による時代区分のどこに位置するか（表7-5参照）に着目して、次に掲げる6つに大別した。なお、文中の当該業種の専門店チェーンが高い成長を遂げた期間は、日経MJ「日本の専門店調査」において、当該業種の前年度比売上高増加率が5％以上で、かつ専門店チェーン全体の売上高増加率よりも高い時期が2年以上連続している期間、成長を牽引した企業のカッコ内の数字は、当該年度売上高増加率が業界1位で、かつ15％以上の増加率が2年以上続いている期間を示す。また、文中の売上高トップ企業のカッコ内の数字は、売上高トップが2年以上連続している期間である（表7-6参照）。

（1）大店法導入期から専門店チェーン店が成長、その後需要の変化により
失速した業種

①呉服

「呉服専門店チェーン」は、1975～1978年度に高い成長を遂げ、「やまと」
（1976～1977年度）がその成長を牽引した。しかし、「呉服専門店チェーン」の
成長率は1981年度から一桁台、1992年度にはマイナスとなり、1996年度から
2018年度まで23年間マイナス成長が続いている。

売上高トップ企業は、「やまと」（1975～1981年度、2011～2018年度）、「鈴乃
屋」（1982～1988年度）、「さが美」（1989～2010年度）となっている。

業界全体がマイナス成長となる中で、産業分類「呉服・服地・寝具（販売額
のうち、呉服・服地が72.2%）」における10店舗以上のチェーン店の販売割合
は、2014年でも36.6%にとどまっている。

②カメラ

「カメラ専門店チェーン」は、カメラや時計など、取扱商品を絞り込んだ
ディスカウントストアとして、「ヨドバシカメラ」（1976～1977年度）が急成長
し、その後「ビックカメラ」（1981～1984年度）の急成長に牽引され、1979～
1982年度に高い成長を遂げた。以降は、1983年度に一桁台の売上高増加率とな
り、その後も高い増加率をあげることはできなかった。しかし、1990年代に
入った頃からは商品構成の幅を家電製品全般までに拡大し、さらにパソコンや
携帯電話などの情報通信機器の成長に牽引される形で、総合家電量販店チェー
ンへと転換していった[10]。「ビックカメラ」の1980年前半に続く成長期である
1986～1987年度、1991～1992年度、1998～2001年度は、このような商品構成の
幅の拡大による成長といえる。

売上高トップ企業は、「ヨドバシカメラ」（1976～2001年度）であったが、同
社は日経MJ「日本の専門店調査」において、2002年度から「家電専門店チェー
ン」のカテゴリーとして分類されるようになったため、その後は「キタムラ」
（2002～2018年度）が売上高トップ企業となっている。

日経MJ「日本の専門店調査」における「写真機・写真材料」のカテゴリー
から、「ビックカメラ」等の総合家電量販店チェーンに転換した企業が抜け、
カメラを中心とした商品構成の企業が分類対象となった2002年度以降、業界の
成長は停滞した。

「写真機・写真材料専門店チェーン」の成長が停滞する中で、産業分類「写真機・写真材料」における10店舗以上のチェーン店の販売割合は、2002年に45.4％、2007年には22.2％まで減少している[11]。

（2）大店法導入期から専門店チェーンが成長し、現在大きな販売割合をもつ業種

①家電製品

「家電専門店チェーン」は、1989〜1992年度および1997年度には一時停滞したが、1978〜1988年度、1994〜1996年度、1998〜2000年度には高い成長率をあげ、1978年度以降2000年度まで、ほぼ一貫して専門店チェーン計の成長率を上回って成長した。これは、映像・音響機器、パソコンに代表されるデジタル商品など、停滞を救う新たな商材の拡大[12] によるものである。

しかし、その中で高い成長を遂げて業界の成長を牽引してきた企業は、「和光電気（2003年倒産）」（1977〜1978年度）、「サンキュウ高島屋（2011年吸収合併）」（1996〜1997年度）、「ヤマダ電機」（1998〜2003年度）と変遷し、業界全体が低成長となった時期においても、「ソフマップ」（1989〜1990年度）は高い売上高増加率をあげた。

売上高トップ企業は、「第一家庭電器（2013年倒産）」（1975〜1978年度）、「ベスト電器」（1979〜1996年度）、「コジマ」（1997〜2000年度）と続き、業界全体の成長が鈍化した2001年度以降は、「ヤマダ電機」（2001〜2018年度）が売上高トップ企業となっている。

産業分類「機械器具小売業」（販売額の内訳は、電気機械器具82.5％、電気事務機械器具9.9％）における10店舗以上のチェーン店の販売割合は、1991年度34.2％、1994年度40.5％、1997年度49.8％、2002年度63.7％、2007年度67.0％、2014年度72.3％を占めるようになっている。

なお、「家庭用機械器具小売業（2002年から産業分類小分類ベースとしては「機械器具小売業」として集計）」の売場面積規模別販売割合の推移をみると、規制強化期に規制対象外の「200〜500㎡未満」の販売割合が増加した。「500㎡以上」は規制強化期から増加傾向にあったが、規制緩和期になって増加傾向が加速、大店立地法期になって急増、2014年には「500㎡以上」が約3分の2、「1,000㎡以上」も約60％を占めている。

②時計・眼鏡

「時計・眼鏡専門店チェーン」は、1977〜1980年度に高い成長率をあげているが、「メガネドラッグ」(1976〜1977年度) の成長に牽引されたものといえる。その後、業界全体が高い成長を示している時期はみられないが、「ツルカメ商事（あずみに商号変更、後にエステールに吸収合併、AS-meエステールに)」(1981〜1982年度)、「メガネトップ」(1998〜2000年度)、「ジェイアイエス（現ジンズ)」(2008〜2013年度) など、それぞれの時代において高い売上高増加率をあげる企業が存在している。

売上高トップ企業も、「和光」(1975〜1976年度)、「三貴（2014年倒産)」(1980〜1988年度、1994〜1996年度)、「三城」(1989〜1993年度、1999〜2009年度)、「メガネトップ」(2010〜2018年度) と変遷している。

産業分類「時計・眼鏡・光学機械」における10店舗以上のチェーン店の販売割合は、1997年度44.3％、2002年度50.1％、2007年度61.7％と、比較的緩やかに増加している。このことは、単独店や小規模なチェーン店も一定の市場を確保してきたことを示している。

③スポーツ用品・がん具・娯楽用品・楽器小売業

産業分類「スポーツ用品・がん具・娯楽用品・楽器小売業」(販売額の内訳は、スポーツ用品63.9％、玩具・娯楽用23.5％、楽器12.6％) における10店舗以上のチェーン店の販売割合は、1994年度27.9％、1997年度35.7％、2002年度47.8％、2007年度55.4％、2014年度65.8％と増加している。

また、売場面積「200〜500㎡未満」の販売割合は、規制強化期から規制緩和期にかけては微増であったが、大店立地法期になって急増、2014年には「500㎡以上」が半数強、「1,000㎡以上」も約3分の1を占めている。

ア、スポーツ

「スポーツ専門店チェーン」は、1975〜1992年度に至る18年間にわたって高い成長を続けた。業界成長期には、「パシフィックスポーツ（2012年倒産)」(1976〜1978年度)、「アルペン」(1984〜1986年度) が業界の成長を牽引し、その後業界全体の成長が低下した時期においても、「ヒマラヤ」(1997〜1998年度)、「メガスポーツ」(2003〜2004年度)、「好日山荘」(2010〜2011年度) が高い売上高増加率を示している。

「スポーツ専門店チェーン」の売上高トップ企業は、「パシフィックスポーツ

（2012年倒産）」(1977～1983年度)、「アルペン」(1984～2018年度) となっている。

イ、楽器・CD

「楽器・CD専門店チェーン」は、業界全体が高い成長を示した時期はみられないが、それぞれの時代で大きく成長した企業がみられる。まず、レコード販売の「帝都無線（現ミュージックライト）」(1977～1978年度)、続いて「石橋楽器（現イシバシ楽器）」(1983～1984年度)、「タワーレコード」(1989～1990年度、1993～1994年度)、「イワキインフォテインメント（2001年吸収合併)」(1995～1996年度)、「カルチュア・コンビニエンス・クラブ」(2002～2005年度)、「池部楽器店（現イケベ楽器）」(2006～2007年度) である。

「楽器・CD専門店チェーン」の売上高トップ企業は、「新星堂」(1976～2005年度)、「タワーレコード」(2006～2009年度)、「ゲオ（ゲオHD)」(2011～2018年度) となっている。

ウ、玩具・ホビー

「玩具・ホビー専門店チェーン」についても、業界全体が高い成長を示した時期はみられない。なお、1991年に初めて日本に出店した「日本トイザらス」は、その後大きく成長した。しかし、「日本トイザらス」が日経MJ「日本の専門店調査」に回答しているのは1999～2008年度の期間であり、2009年度以降は未回答となっている。玩具・ホビー業界においては、「日本トイザらス」の出店により業界全体の成長が牽引されたというよりも、「日本トイザらス」は既存の玩具・ホビー店の売上を奪う形で成長したと理解することができよう。

高い売上高増加率を示した企業は、「日本トイザらス」出店前には「ペリカン（現ビー・ユー、イズミヤグループ)」(1976～1977年度、1979～1982年度)、「ポップゾーン（釣り具の上州屋運営)」(1988～1989年度)、その後「日本トイザらス」(1999～2000年度) があげられる。

売上高トップ企業は、「日本トイザらス」(1999～2008年度、それ以外の期間は未回答) を除くと、「キディランド」(1975～1998年度、2009～2018年度) となっている。

（3）規制強化期から専門店チェーンが成長し、現在大きな販売割合をもつ業種

①婦人服・子供服

　「婦人服・子供服専門店チェーン」は、業界全体が高い成長を示した時期はないが、それぞれの時代で大きく成長した企業がみられる。「鈴丹（2012年吸収合併）」（1976〜1977年度）、「アイドル（現クロス・ビーン）」（1989〜1991年度）、「三喜」（1998〜1991年度）、「西松屋」（2000〜2003年度）、「ハニーズ」（2006〜2007年度）、「クロスカンパニー（現ストライプインターナショナル）」（2010〜2011年度）などである。

　売上高トップ企業は、「鈴屋（1997年倒産）」（1976〜1985年度）、「鈴丹（2012年吸収合併）」（1986〜1989年度、1991〜1992年度）、「レリアン」（1993〜1995年度）、「赤ちゃん本舗」（1996〜1998年度）、「しまむら」（1999〜2018年度）となっている。

　産業分類「婦人服・子供服（販売額の内訳は、婦人服91.7％、子供服8.3％）」における10店舗以上のチェーン店の販売割合は、大店法による出店規制が強化された1982年には43.5％に達しており、その後は40％台程度で推移していたが、2007年度66.6％、2014年度78.8％と、大店立地法期になって急速にその割合を増加させている。

　「婦人服・子供服」の売場面積規模別販売割合の推移をみても、大店立地法期になって「500㎡以上」の販売割合が急増、2014年には「500㎡以上」が半数を占めている。

②紳士服

　「紳士服専門店チェーン」は、1981〜1991年度に高い成長率を示している。「流通卸センター（1993年倒産）」（1976〜1978年度）が業界の成長期に先駆けて高い売上高増加率をあげ、次いで「青山商事」（1980〜1984年度、1990〜1991年度）、「コナカ」（1987〜1988年度）が業界の成長を牽引した。その後、業界の成長率は鈍化したが、その中でも「ユナイテッドアローズ」（1998〜2001年度）は高い売上高増加率をあげている。

　売上高トップ企業は、「三峰」（1975〜1978年度）、「ロベルト（2011年吸収合併）」（1979〜1980年度）、「高久（現タカキュー）」（1981〜1989年度）と代わってきたが、1990年度以降は「青山商事」（1990〜2018年度）がトップを維持している。

　産業分類「紳士服」における10店舗以上のチェーン店の販売割合は、規制強化期である1985年に39.6％、規制緩和期である1997年に60.8％、大店立地法期の2007年には76.9％（2014年77.2％）に達している。

　「紳士服」の売場面積規模別販売割合の推移をみると、規制強化期以降「200〜500㎡未満」の販売割合が増加したが、「500㎡以上」の割合は横ばいであった。しかし、その割合は大店立地法期になって急増、2014年には「500㎡以上」が4割弱を占めている。

③靴

　「靴専門店チェーン」は、1990〜1992年度に高い成長を示しているが、業界全体の成長に先駆けて1983〜1986年度にかけて「マルトミ」が高い売上高増加率をあげている。「マルトミ」は、業界の成長期と重なる1990〜1992年度にも高い売上高増加率となっている。その後、「フィットハウス」(2001〜2002年度)、「ABCマート」(2003〜2006年度) が高い売上高増加率をあげている。

　売上高トップ企業は、「アメリカ屋靴店 (1999年倒産)」(1977〜1979年度)、「チヨダ靴店 (現チヨダ)」(1980〜1985年度、1989〜2009年度)、「ABCマート」(2010〜2018年度) と続いている。

　産業分類「靴」における10店舗以上のチェーン店の販売割合は、規制強化期の1985年には44.8％に達しており、その後は規制緩和期の1994年に59.6％、大店立地法期に入ると2007年68.2％、2014年には82.1％に達し、特に近年においてその割合を大きく増加させている。

（4）規制緩和期後期から専門店チェーンが成長し、現在大きな販売割合をもつ業種

①装飾・服飾雑貨

　「装飾・服飾雑貨専門店チェーン」は、2005〜2006年度に大きな成長期があり、その成長をリードした企業として「サマンサタバサ」(2005〜2006年度) をあげることができる。また、それ以前の時期に高い売上高増加率をあげた企業として、「ソニープラザ (現PLAZA)」(1976〜1977年度)、「西武ピサ (1990年合併後ピサ、2014年整理)」(1987〜1989年度) がある。

　売上高トップ企業は、「和光」(1977〜1984年度、1986〜1998年度)、「西武ピサ (1990年合併後ピサ、2014年整理)」(1989〜1992年度)、「サザビー」(1997〜1998年度)、「東京デリカ (現サックスバーHD)」(1999〜2018年度) と変化している。

　産業分類「その他の織物・衣服・身の回り品 (販売額の内訳は、かばん・袋

物19.8％、下着類15.1％、洋品雑貨・小間物53.5％、他に分類されない織物・衣服・身の回り品11.7％）」における10店舗以上のチェーン店の販売割合は、1997年の33.2％から、2002年には61.0％、2014年には73.9％と、規制緩和期後期から大きくその割合を増加させている。

②カジュアル衣料

「カジュアル衣料専門店チェーン」は、規制緩和期後期の1997〜2001年度、および大店立地法期に入った2004〜2010年度に大きな成長を遂げている。

「ファーストリテイリング」は、1994〜1995年度に高い売上高増加率をあげて、業界の成長に先鞭をつけるとともに、1999〜2001年度には業界の成長期をリードした。その後、「ポイント」（2004〜2007年度）、「クロスカンパニー」（2008〜2009年度）が大きな売上高増加率をあげている。

売上高トップ企業は、日経MJ「日本の専門店調査」においてカジュアル衣料というカテゴリーが設けられた1997年度以降、「ファーストリテイリング」（1997〜2018年度）がトップを占めている。

（5）大店立地法期から専門店チェーンが成長し、現在大きな販売割合をもつ業種

「家具専門店チェーン」は、1977〜1981年度に最初の成長期を迎えたが、その後は停滞傾向にあった。しかし、大店立地法期に入った2005〜2010年度、2013〜2017年度において再び成長期を迎えている。

1970年代は「山新家具チェーン（現山新）」（1977〜1978年度）などが成長を牽引し、その後は「大塚家具」（1995〜1996年度）、「ニトリ（ニトリHD）」（1999〜2001年度）、「安井家具」（2011〜2012年度）などが高い売上高増加率をあげている。

売上高トップ企業は、「速水家具センター（1998年倒産）」（1975〜1976年度）、「ナフコ」（1977〜1988年度）、「島忠」（1989〜2000年度）、「ニトリ（ニトリHD）」（2002〜2018年度）と続いている。

産業分類「家具・建具・畳小売業（販売額のうち、家具が76.7％）」における10店舗以上のチェーン店の販売割合は、規制緩和期である1997年には14.0％に過ぎなかったが、その後大店立地法期に入って2002年32.9％、2007年45.5％、2014年51.1％と、大きくその割合を増加させている。

　「家具・建具・畳」の売場面積規模別販売割合の推移をみると、早くから大規模店化がすすんでおり、百貨店法期から大店法導入期にかけて「500㎡以上」の販売割合が増加、以降もゆるやかに増加傾向にあったが、大店立地法期になってから「500㎡以上」の販売割合の増加が加速し、2014年には「500㎡以上」が7割強、「1,000㎡以上」も6割強を占めている。

（6）現在でも専門店チェーンの販売割合が小さい業種

　「書籍・文房具専門店チェーン」は、業界全体として特別な成長期を見出すことができず、また15％以上の売上高増加率が2年以上続いている企業も存在しない。

　売上高トップ企業は、「丸善」（1975～1986年度、1988～2001年度）、「紀伊国屋書店」（2002～2011年度）、「カルチュア・コンビニエンス・クラブ」（2012～2018年度）と続いている。

　産業分類「書籍・文房具（販売額の内訳は、書籍・雑誌41.6％、古本3.2％、新聞42.5％、紙・文房具12.7％）」における10店舗以上のチェーン店の販売割合は、2014年において38.1％にとどまっている。

　「書籍・文房具」の売場面積規模別販売割合の推移をみると、大店立地法期になって、「500㎡以上」の販売割合が急増、2014年には「500㎡以上」が半数以上を占めている。

表7-3　10店舗以上のチェーン店の販売割合の推移

（単位：%）

	大店法導入期	規制強化期		規制緩和期			大店立地法期			
	1979年	1982年	1985年	1991年	1994年	1997年	2002年	2007年	2014年	2014年 単独店割合
小売業計	17.7	26.2	34.4	34.3	39.8	42.9	48.9 (56.5)	57.3 (65.5)	63.3 (70.4)	18.0
呉服・服地・寝具小売業 （呉服・服地など）	7.6	12.0	13.9	14.4	19.7	17.5	24.0 (26.2)	26.3 (28.2)	36.6 (37.8)	41.2
男子服小売業	18.6	14.8	39.6	39.3	49.5	60.8	58.0 (62.0)	76.9 (81.0)	77.2 (81.5)	13.6
婦人・子供服小売業 （婦人服など）	28.5	43.5	46.6	44.9	50.2	45.0	48.9 (50.3)	66.6 (68.0)	78.8 (79.8)	10.6
靴・履物小売業 （靴など）	24.0	26.2	44.8	45.3	59.6	54.8	63.8 (70.2)	68.2 (72.3)	82.1 (86.1)	8.3
その他の織物・衣服・ 身の回り品小売業 （洋品雑貨・小間物など）	19.0	17.6	37.0	37.2	30.7	33.2	61.0 (64.0)	53.1 (56.3)	73.9 (76.5)	9.6
家具・建具・畳小売業 （家具など）	4.3	9.7	10.0	10.0	18.5	14.0	32.9 (35.2)	45.5 (48.0)	51.1 (53.4)	27.0
機械器具小売業	―	―	34.2	34.4	40.5	49.8	63.7 (67.5)	67.0 (72.4)	72.3 (75.7)	
じゅう器小売業	―	―	―	―	―	48.0	58.2 (61.7)	66.0 (69.5)	―	
農耕用品小売業 （農業用機械器具、 肥料・飼料など）	10.3	6.3	14.6	15.1	21.8	27.0	36.5 (37.0)	44.3 (45.3)	44.1 (44.7)	20.4
燃料小売業 （ガソリンスタンドなど）	10.7	20.7	26.9	27.9	33.7	37.5	40.2 (41.4)	46.1 (48.1)	55.7 (57.4)	20.9
書籍・文房具小売業 （新聞、書籍・雑誌など）	16.4	10.6	16.3	16.0	15.4	20.7	26.6 (33.0)	27.2 (35.2)	38.1 (46.4)	43.1
スポーツ用品・がん具・ 娯楽用品・楽器小売業 （スポーツ用品など）	―	―	7.1	7.1	27.9	35.7	47.8 (54.9)	55.4 (66.0)	65.8 (67.9)	18.6
写真機・写真材料小売業	―	―	36.7	37.3	32.2	26.2	45.4 (47.1)	22.2 (26.2)	―	―
時計・眼鏡・光学機械 小売業	―	―	38.5	39.1	43.0	44.3	50.1 (53.8)	61.7 (66.0)	―	―

（注1）「10店舗以上のチェーン店の販売割合」は、産業分類細分類ベースでは継続して把握することはできないが、
　　　小分類ベースでは1972年調査から時系列的に比較することが可能である。しかし、1972年調査、1974年調査
　　　は秘匿数字が非常に多いこと、1976年調査、1988年調査は公表された統計数字に齟齬があるため割愛した。
（注2）カッコ内は、フランチャイズチェーン加盟店も「10店舗以上のチェーン店」としてみた場合の販売割合。
（注3）「―」は、産業分類の変更等で時系列比較ができないことを示す。
（出所）経済産業省『商業統計表（産業編）』（各年版）より作成。

表7-4　売場面積規模別販売割合の推移

(単位：%)

	百貨店法期			大店法導入期			規制強化期			規制緩和期			大店立地法期		
	1968年	1970年	1972年	1974年	1976年	1979年	1982年	1985年	1988年	1991年	1994年	1997年	2002年	2007年	2014年
小売業	26.8 18.8	34.1 23.5	33.2 24.2	34.5 25.5	36.3 27.8	39.0 29.9	40.8 30.8	43.0 31.7	45.3 32.2	47.7 33.2	50.4 34.9	54.0 37.5	55.0 44.4 34.8	— 49.8 38.4	53.7 40.9
男子服	22.5 15.5	25.5 17.6	28.3 20.6	25.3 15.6	25.9 16.0	26.2 14.4	29.3 15.5	30.9 12.7	36.8 11.4	40.6 7.2	50.4 13.0	62.4 12.9	49.9 23.3 7.2	— 30.5 4.2	38.7 7.6
婦人・子供服	38.9 27.5	45.5 34.5	47.6 36.7	43.3 31.6	47.6 36.7	44.9 28.5	43.0 33.6	37.0 27.1	34.2 24.2	32.4 21.6	34.0 23.0	34.8 24.3	37.4 29.7 20.6	— 38.1 22.6	50.6 25.1
家具・建具・畳	43.2 25.2	49.0 31.6	51.7 34.9	54.5 37.5	57.0 40.0	59.2 42.1	60.8 44.2	66.9 50.3	68.5 50.6	69.3 50.7	71.5 54.3	75.8 52.2	75.0 61.0 49.2	— 64.4 52.8	70.6 62.0
（家具）						58.5 49.8	69.6 51.4	71.8 54.6	72.8 54.2	73.7 55.1	73.3 57.8	75.8 52.2	81.2 69.9 58.0	— 74.2 63.1	79.8 72.5
家庭用機械器具	12.6 6.2	14.5 6.0	18.9 8.7	17.3 7.9	18.2 9.1	20.2 9.7	24.6 12.3	33.2 16.5	42.2 20.6	47.5 21.4	49.4 25.1	61.8 37.8	68.8 59.6 48.8	— 70.4 65.1	66.6 59.3
書籍・雑誌							37.5 15.7	47.6 19.3		52.8 20.3	47.0 15.7	52.5 15.0	57.4 31.7 13.5	— 42.6 21.5	52.6 33.8
スポーツ用品・がん具・娯楽用品・楽器	—	—	—	—	—	22.1 8.5	24.6 8.4	29.3 9.6	35.7 11.2	44.3 16.6	48.0 19.9	53.2 19.4	56.6 34.8 20.6	— 42.7 26.2	52.6 34.8
（スポーツ用品）	—	—	—	—	—	20.9 8.9	25.4 8.9	32.8 11.0	40.6 13.2	54.0 24.2	56.3 22.7	58.9 21.9	56.6 34.3 22.1	— 40.5 27.7	56.9 36.6
（がん具・娯楽用品）	—	—	—	—	—	21.0 6.3	22.8 6.8	26.8 8.2	33.8 8.3	35.9 8.9	46.9 20.7	48.6 17.7	60.9 39.8 25.9	— 48.0 30.2	52.7 41.1
（楽器）	—	—	—	—	—	24.4 9.4	24.5 8.5	24.9 8.0	27.9 9.7	30.7 8.4	32.1 11.0	44.4 14.2	50.3 28.5 9.0	— 38.9 15.8	30.0 13.2

(注1) 上段は売場面積「200㎡以上」の販売割合、中段は同「500㎡以上」の販売割合、下段は同「1,000㎡以上」の販売割合。なお、2007年調査以降は同「200〜500㎡」の区分が「250〜500㎡」の区分となったため、それまでとの比較はできない。

(注2)「家庭用機械器具」の売場面積「500㎡以上」の販売割合（2014年）の内訳は、「電気機械器具」89.4%、「電気事務機械器具」7.6%などとなっている。

(注3) 売場面積不詳の秘匿数字は、直近調査時の販売額と同額とみて算出した。

(出所) 経済産業省『商業統計表（産業編）』(各年版)より作成。

表7-5　専門店チェーンの成長動向と大型店出店規制

日本の専門店調査	大店法導入期					規制強化期										規制緩和期										大店立地法期																		
	75	76	77	78	79	80	81	82	83	84	85	86	87	88	89	90	91	92	93	94	95	96	97	98	99	00	01	02	03	04	05	06	07	08	09	10	11	12	13	14	15	16	17	18
①呉服		■	■	■	■																																							
①カメラ				■	■	■	■	■																																				
②家電製品						■	■	■	■	■	■	■	■	■						■	■	■	■	■																				
②時計・眼鏡			■	■	■	■	■	■	■	■	■	■	■	■																														
②スポーツ	■	■	■	■	■	■	■	■	■	■	■	■	■	■																														
③婦人服・子供服																																												
③紳士服									■	■	■	■	■	■	■	■	■	■																										
③靴																																												
④装飾・服飾雑貨																																												
④カジュアル衣料																							■	■	■	■	■	■	■	■														
⑤家具																														■	■	■	■	■	■	■								
⑥書籍・文房具																																							■	■	■	■	■	■

（注1）業種の頭の数字は、次に示すタイプ分類を示す。①大店法導入期から専門店チェーン店が成長、その後需要の変化により失速した業種、②大店法導入期から専門店チェーンが成長し、現在大きな販売割合をもつ業種、③規制強化期から専門店チェーンが成長し、現在大きな販売割合をもつ業種、④規制緩和期後期から専門店チェーンが成長し、現在大きな販売割合をもつ業種、⑤大店立地法期から専門店チェーンが成長し、現在大きな販売割合をもつ業種、⑥現在でも、専門店チェーンの販売割合が小さい業種。
（注2）アミ掛けは、前年比売上高増加率が5％以上で、かつ専門店全体の売上高増加率よりも高い時期が2年以上連続しているもの。
（出所）日経MJ「日本の専門店調査（各年版）」、経済産業省『商業統計表（産業編）』（各年版）より作成。

表7－6　専門店チェーンの成長動向の集約

「商業統計表」小分類業種	「商業統計表」専門店チェーン販売割合が50%超の年	「商業統計表」（2014年）細分類業種販売割合（%）	「日本の専門店調査」における業種の成長期	「日本の専門店調査」業種別売上高増加率トップ企業（下線は業界成長期と一致するもの）	「日本の専門店調査」業種別売上高トップ企業
呉服・服地・寝具小売業	36.6%（2014年）	呉服・服地72.2%、寝具27.8%	呉服（1975~1978年度）	やまと（1976~1977年度）	やまと（1975~1981年度、2011~2018年度）、鈴乃屋（1982~1988年度）、さが美（1989~2010年度）
男子服小売業	1997年	男子服100.0%	男子服（1981~1991年度）	流通副センター（1976~1978年度）（1993年倒産）、青山商事（1980~1984年度）、ロナカ（1987~1988年度）、ユナイテッドアローズ（1998~2001年度）	三峰（1975~1978年度）、ロバート（1979~1980年度）（2011年吸収合併）、高久（タカキュー）（1981~1989年度）、青山商事（1990~2018年度）
婦人・子供服小売業	1994年	婦人服91.7%、子供服8.3%	婦人・子供服（特別な成長期なし）	鈴丹（1976~1977年度）（2012年吸収合併）、アイドル（現クロス・ビーノ）（1989~1991年度）、三喜（1998~1991年度）、松屋（2000~2003年度）、ハニーズ（2006~2007年度）、クロスカンパニー（現ストライプインターナショナル）（2010~2011年度）	鈴屋（1976~1985年度）（1997年倒産）、鈴丹（1986~1989年度）（1991~1992年度）（2012年吸収合併）、レリアン（1993~1995年度）、赤ちゃん本舗（1996~1998年度）、しまむら（1999~2018年度）
靴・履物小売業	1997年	靴98.4%、履物1.6%	靴（1990~1992年度）	マルトミ（1983~1986年度）（1990~1992年度）、フィットハウス（2001~2002年度）、ABCマート（2003~2006年度）	アメリカ屋履物店（1977~1979年度）（1999年倒産）、チヨダ靴店（現チヨダ）（1980~1985年度、1989~2009年度）、ABCマート（2010~2018年度）
その他の織物・衣服・身の回り品小売業	2002年	かばん・袋物19.8%、下着類15.1%、洋品雑貨・小間物53.5%、他に分類されない織物・衣服・身の回り品11.7%	装飾・服飾雑貨（2005~2006年度）	ソニープラザ（現PLAZA）（1976~1977年度）、西武ロフト1987~1989年度）（1990年合併後ロフト、2014年整理）、サザンビーナ（現マッシュスバーHD）（1999~2006年度）	和光（1977~1984年度、1986~1998年度）、西武ロフト（1989~1992年度）（1990年合併後ロフト、2014年整理）、東京アリカ（現サッツスバーHD）（1999~2018年度）
家具・建具・畳小売業	2014年	家具76.7%、建具5.4%、畳2.5%、宗教用具14.4%	家具（1977~1981年度、2005~2010年度、2013~2016年度）	山新家具チェーン（現山新）（1977~1978年度）、ニトリ（1995~1996年度）（ニトリHD）、安井家具（1999~2001年度）（2011~2012年度）	近畿家具センター（1975~1976年度）（1998年倒産）、ナフコ（1977~1988年度）、島忠（1989~2000年度）、ニトリ（ニトリHD）（2002~2018年度）
機械器具小売業	2002年	電気機械器具82.5%、電気事務機械器具9.9%、中古電気製品0.5%、その他の機械器具7.1%	家電（1978~1988年度、1994~1996年度、1998~2000年度）	和光電気（1977~1978年度）（2003年倒産）、ソフマップ（1996~1997年度）、サンキュウ高島屋（1996~1997年度）（2011年吸収合併）、ヤマダ電機（1998~2003年度）	第一家庭電器（1975~1978年度）（2013年倒産）、ベスト電器（1979~1996年度）、コジマ（1997~2000年度）、ヤマダ電機（2001~2018年度）
農耕用品小売業	44.1%（2014年）	農業用機械器具8.8%、苗・種子3.8%、肥料・飼料47.4%	調査対象外業種	調査対象外業種	
燃料小売業		ガソリンスタンド83.3%、燃料17.7%	調査対象外業種	調査対象外業種	
書籍・文房具小売業	38.1%（2014年）	書籍・雑誌41.6%、古本3.2%、新聞42.5%、紙・文房具12.7%	書籍・文房具（特別な成長期なし）	15%以上の増加率を2年以上続けている企業はない。	丸善（1975~1986年度、1988~2001年度）、紀伊國屋書店（2002~2011年度）、カルチュア・コンビニエンス・クラブ（2012~2018年度）

業種	成長期（年）	構成比等	成長期の業種トップ企業	成長期の業種トップ企業	売上高トップ企業
スポーツ用品・がん具・娯楽用品・楽器小売業	2007年	スポーツ用品63.9%、玩具・娯楽用品23.5%、楽器12.6%	スポーツ（1975～1992年度）	スポーツ　パシフィックスポーツ（1984～1986年度）、ビクラ（1997～1998年度）、メガスポーツ（2003～2004年度）　好日山荘（2010～2011年度）　楽器・CD　帝都無線（1977～1978年度（現ミュージックライト）、石丸電器（現イシバシ楽器）（1983～1984年度）、タワーレコード（1989～1990年度、1993～1996年度）　玩具・ホビー　ペリカン（現ビー・ユー・イズミヤグループ）（1976～1977年度、1979～1982年度）、ポプラーン（釣具の上州屋運営）（1988～1989年度）、日本トイザらス（1999～2000年度）	スポーツ　パシフィックスポーツ（1977～1983年度（2012年倒産）、アルペン（1984～2018年度）　楽器・CD　新星堂（1976～2005年度）、タワーレコード（2006～2009年度）、ゲオ（ゲオHD（2011～2018年度）　玩具・ホビー　キデイランド（1975～1998年度、2009～2018年度）、日本トイザらス（1999～2008年度、2009年度以降は未回答）
写真機・写真材料小売業	22.2%（2007年）	写真機・写真材料15.2%、時計・眼鏡・光学機械84.8%（2007年）、写真機・写真材料95.2%（2014年）。2014年から「写真機・写真材料小売業」と「時計・眼鏡・光学機械小売業」は統合され、「写真機・時計・眼鏡・光学機械小売業」に。	カメラ（1979～1982年度）	ヨドバシカメラ（1976～1977年度）、ビックカメラ（1981～1984年度、1986～1987年度、1991～1992年度、1998～2001年度）	ヨドバシカメラ（1976～2001年度）、キタムラ（2002～2018年度）
時計・眼鏡・光学機械小売業	2002年		時計・眼鏡（1977～1980年度）	メガネドラッグ（1976～1977年度）、ツルカメ商事（1981～1982年度（あずみに商号変更、AS-meエステールに吸収合併、AS-meエステール）、ジェイアイエス（現ジンズ）（1998～2000年度）、ジェイアイエス（現ジンズ）（2008～2013年度）	和光（1975～1976年度、三貴（1980～1988年度、1994～1996年度、1999～2009年度、メガネトップ（2010～2018年度）
カジュアル衣料			カジュアル衣料（1997～2001年度、2004～2010年度）	ファーストリテイリング（1994～1995年度、1999～2001年度）、ポイント（2004～2007年度）、クロ（2008～2009年度）	ファーストリテイリング（1997～2018年度）
生活雑貨			特になし	東急ハンズ（1984～1985年度）、良品計画（1997～1998年度）	良品計画（1996～2018年度）
宝飾			特になし	ココ山岡宝飾店（1978～1979年度（1997年倒産）、エフデール（クロニカル）（1989～1990年度）、三貴（1984～1985年度）、三貴（1987～1988年度）（2014年倒産）、シーマ（現NEW ART）（2003～2006年度）、AS-meエステール（現エステールHD）（2009～2010年度）	ミキモト（1997～1999年度、2001～2006年度）、ツツミ（2009～2011年度）、AS-meエステール（現エステールHD）（2012～2013年度、2018年度）、エフ・ディ・イ・プロダクツ（2014～2017年度）

（注1）「日本の専門店調査」における業種の成長期の年度は、前年比売上高増加率が5%以上で、かつ専門店全体の売上高増加率よりも高い時期が2年以上連続しているもの。うち、下線は
（注2）「日本の専門店調査」業種の売上高増加率レベルの成長期と重なっているもの。当該企業の成長期が業種の成長期と重なっているもの。かつ15%以上の増加率が2年以上連続しているもの。
（注3）「日本の専門店調査」業種別売上高トップ企業の、売上高トップが2年以上連続しているもの。
（注4）企業名のゴシック書けは、倒産あるいは吸収合併された企業を示す。
（出所）日経MJ「日本の専門店調査」（各年版）、経済産業省「商業統計表（産業編）」（各年版）より作成。

むすび

　本章では、わが国の「専門店チェーン」の成長過程について、様々な統計資料を用いて分析してきた。わが国の小売業は、1990年代以降販売額の停滞下での売場面積増加が進む中で、売場効率が低下し、厳しい小売業態間競争、企業間競争が繰り広げられている。小売業態間競争では、「総合スーパー」や「百貨店」などの「総合店」の低迷・衰退傾向、他方で「専門店チェーン」の成長が明確である。「総合スーパー」では、衣料品や住関連商品の販売割合の減少によって"総合スーパーの食品スーパー化"が進み、「百貨店」でも衣料品の販売割合が大きく減少している。他方で、「総合店」が低迷する中で、「専門店チェーン」は小売業態別売上割合を大きく増加させてきた。

　「専門店チェーン」の成長過程を概観すると、1979年の改正大店法（500㎡超が調整対象）、および1994年の1,000㎡未満の出店の原則自由化は、それぞれ498㎡店、998㎡店とよばれる調整対象面積をわずかに下回る売場面積での出店を促し、専門店チェーンの売場面積に一定の制約を与えてきた。大店立地法の下でも、1,000㎡を少し下回る店舗面積での出店が多く、専門店チェーンの店舗面積に大きな影響を与えている。

　しかし一方では、大規模な「総合店」の出店が抑制された規制強化期は、専門店がチェーン展開をすすめ、成長していく好機になったといえる。「総合店」から「専門店チェーン」へのシフトは、規制緩和期から明確となり、その傾向は大店立地法期になって加速した。

　専門店チェーンの成長過程に着目して業種を類型化すると、次の6つに大別することができる。①大店法導入期から専門店チェーン店が成長、その後需要の変化により失速した業種（呉服、カメラ）、②大店法導入期から専門店チェーンが成長し、現在大きな販売割合をもつ業種（家電製品、時計・眼鏡）、③規制強化期から専門店チェーンが成長し、現在大きな販売割合をもつ業種（婦人服・子供服、紳士服、靴）、④規制緩和期後期から専門店チェーンが成長し、現在大きな販売割合をもつ業種（装飾・服飾雑貨、カジュアル衣料）、⑤大店立地法期から専門店チェーンが成長し、現在大きな販売割合をもつ業種（家具）、⑥現在でも専門店チェーンの販売割合が小さい業種（書籍・文房具）。

　なお、売上高トップを2年以上続けた企業、あるいは売上高増加率が業界1位で、かつ15％以上の売上高増加率が2年以上続けた企業においても、その後倒産したり、吸収合併された企業も多く、業界の成長を牽引する企業、業界リーダー的企業が入れ代わっている業種も多い。また、「専門店チェーン」は全体的には成長していることは確かであるが、それぞれの時代において「専門店チェーン」の成長を牽引した業種があり、その業種の成長が停滞すると次の成長業種が出現するという形で、全体として「専門店チェーン」は成長してきたといえる。

注

1）専門店の専門性については、竹内慶司『商店経営学の分析枠組』同友館、2001年、谷口優「『専門店』業態創造により新たなる進化の地平を拓け」『21世紀の商業経営』商業界、1998年7月を参照されたい。

2）「コンビニエンスストア」における非食品の販売割合は31.6％を占める。また、「ホームセンター」における商品分類別販売割合をみると、「DIY用具・素材」21.7％、「園芸・エクステリア」14.6％、「インテリア」7.1％、「電気」6.8％という典型的な住関連商品が約半数、その他は「家庭用品・日用品」21.6％、「ペット・ペット用品」7.6％、「オフィス・カルチャー」5.1％、「カー用品・アウトドア」5.2％、「その他」10.4％と幅広い商品を取り扱っている。同様に、「ドラッグストア」における商品分類別販売割合をみると、調剤医薬品を含む「医薬品」は19.9％にとどまり、健康食品を含む「食品」が31.8％、「家庭用品・日用消耗品・ペット用品」15.2％、「ビューティケア（化粧品・小物）」15.1％、「トイレタリー」9.5％、「ヘルスケア用品（衛生用品）・介護・ベビー」6.7％、「その他」1.8％となっている（経済産業省『商業動態統計年報2018年』）。

3）初期の通商産業省による定義では、チェーン店は「10店舗以上」とされた。その根拠として、当該規模を境に経営方法が質的に異なり、またチェーン化の効果があらわれる場合が多いこと、当時の諸外国でもほぼ10店程度を基準としていること（アメリカ11店以上、イギリス10店以上）という点があげられている（通商産業省企業局編『流通近代化の展望と課題』大蔵省印刷局、1968年）。

4）日本チェーンストア協会『チェーンストア統計』(各年版) よると、売上高に占める「食料品」の割合は、1985年の43.0％、1990年の41.9％から、その後は大きく増加し、2000年51.8％、2010年62.7％、2018年には66.0％と約3分の2を占めるに至っている。他方で、「衣料品」の割合は1985年の26.7％、1990年の26.8％から、2000年17.3％、2010年10.5％、2018年には7.8％へと、大きく減少している。「衣料品」の内訳をみても、「紳士衣料」「婦人衣料」「その他・洋品」のいずれも大きく減少している。「住関連」は1995年以降20％前後で推移し、大きな変化はないが、その内訳をみると、「家電製品」が大きく減少している。これら、「衣料品」や「家電製品」割合の減少傾向

は、専門店チェーンとの競合によるものと考えられる。また、大手総合スーパーの商品分類別販売割合の推移をみると、イトーヨーカ堂では「食料品」（1985年度39%⇒2017年度63%、24ポイント増）、「衣料品」（1985年度37%⇒2017年度18%、▲19ポイント減）、「住関連品」（1985年度24%⇒2017年度19%、▲5ポイント減）となっている。同様に、イオンリテール（旧ジャスコ）では「食料品」（1985年度42%⇒2016年度58%、16ポイント増）、「衣料品」（1985年度34%⇒2016年度19%、▲15ポイント減）、「住関連品（住居余暇）」（1985年度24%⇒2016年度23%、▲1ポイント減）となっている（日本政策投資銀行「売場効率を重視した米国小売の成長モデル──転換期にある総合スーパーへの示唆──」『今月のトピックス（日本政策投資銀行）』第175-1号、2012年2月22日、4ページ、および両社IR資料より算出）。

5）日本百貨店協会『日本百貨店協会統計年報』（各年版）によると、百貨店においても「食料品」割合の増加、「衣料品」および「家庭用品」割合の減少がみられる。「食料品」では1990年の19.4%から少しずつ増加し、2016年には28.1%となったが、その後はやや減少傾向にあり、2018年には27.6%となっている。他方で、「衣料品」は1982年および1983年の49.0%をピークに減少、2000年以降は減少傾向が加速し、2000年の40.2%から2018年には30.1%まで減少している。「家庭用品」も大きく減少しており、1973年の16.1%をピークに、1985年12.0%、2000年7.4%、2018年4.1%まで減少している。「身の回り品」および「雑貨」は増加傾向にある。「身の回り品」では、1985年の7.7%から、1990年代から2000年代前半まで増加傾向にあり、2005年に12.6%、2018年は13.4%となっている。「雑貨」は、1985年12.8%、1990年14.8%と増加し、その後はやや減少傾向にあったが、2010年の13.8%から、再び増加傾向となり、2018年には19.3%となっている。

6）川崎英和「GMS業態の歴史を振り返り、これからの小売業の方向性を考える」『季刊イズミヤ総研』第108号、2016年10月、46ページ。

7）イオングループの持ち株会社であるイオン（株）における2017年度の部門別営業収益（売上高）割合をみると、「SM」36.7%、「GMS」34.9%などとなっている。これに対して、営業利益割合は「総合金融」33.2%、「ディベロッパー」24.5%などが上位を占め、「SM」は14.6%、「GMS」はわずか5.0%に過ぎない。GMSの営業利益割合の推移をみると、2011年度の28.5%以降、毎年度減少し、2014年度8.2%、2017年度5.0%となっている（同社「決算補足資料」より）。同様に、セブン&アイHDにおいては、2017年度における部門別営業収益（売上高）割合は「コンビニ（国内および海外）」43.2%、「スーパーストア」31.5%などとなっているのに対して、営業利益割合は「コンビニ（国内および海外）」が83.2%、次いで「金融関連」の12.7%と続き、「スーパーストア」は5.4%に過ぎない（同社「決算補足資料」より）。

8）食料品の企業別売上高ランキングにおいても、2016年度には「セブン-イレブン」3兆1,474億円、「ローソン」1兆2,396億円、「ファミリーマート（サークルK・サンクスを除く）」1兆2,382億円と、コンビニエンスストア3社が続き、次いで「イオンリテール」1兆752億円、「ユナイテッド・スーパーマーケットHD（マルエツ、カスミ等）」6,388億円、「イトーヨーカ堂」5,855億円などとなっている（『食品商業』第46巻第9号、2017年9月、48ページ）。ちなみに、2003年度においては「セブン-イレブ

ン」1兆7,348億円、「ローソン」1兆671億円、「イオンリテール」8,731億円、「ファミリーマート」7,176億円、「イトーヨーカ堂」6,525億円などとなっており（日経MJ「日本の小売業調査（バイイングパワーランキング）」、セブン‐イレブンをはじめとしたコンビニエンスストアの成長、総合スーパーの停滞が目立っている。

9）南方建明『日本の小売業と流通政策』中央経済社、2005年、71ページ。

10）2002～2007年にかけての10店舗以上のチェーン店の販売割合の減少は、小規模なチェーン店や単独店の躍進と捉えるよりも、写真機・写真材料以外の売上高の増加により、他の産業分類に格付けされる専門店チェーンが増えたためと理解する方が妥当であろう。また、商業統計においては、2014年調査から小分類「写真機・写真材料小売業」と同「時計・眼鏡・光学機械小売業」が統合され、同「写真機・時計・眼鏡小売業」となったため、「写真機・写真材料小売業」に限定した10店舗以上のチェーン店の販売割合は算出できない。

11）注10と同じ理由により、2014年調査から小分類「時計・眼鏡・光学機械小売業」に限定した10店舗以上のチェーン店の販売割合は算出できない。

12）家電量販店業界においては、それぞれ時代に売上をもたらす商材が存在し、市場規模を拡大してきた。比較的長期にわたって商品分類別売上割合の把握が可能なエディオンとケーズデンキを例にとってみたい。「テレビ」は、2011年の地上デジタル放送への完全移行、またグリーン家電の普及を目指すエコポイントの効果もあり、売上高に占める割合は2010年度ケーズデンキ24.8％（エディオン23.1％）となった。しかし、2013年度にはその反動もありケーズデンキ6.1％（エディオン5.7％）まで減少している。「パソコン」は2000年度にケーズデンキ25.7％、エディオン34.3％（ただし2002年度、それ以前は不明）となったが、2017年度にはケーズデンキ11.7％（エディオン12.1％）まで減少している。「洗濯機・クリーナー」は、ケーズデンキ2000年度5.3％、エディオン5.6％（ただし2002年度、それ以前は不明）から漸増傾向にあり、2017年度にはケーズデンキ11.8％（エディオン9.7％）まで増加している。同様に「エアコン」も、ケーズデンキ2003年度4.5％（エディオン5.3％）から漸増傾向にあり、2017年度にはケーズデンキ12.1％（エディオン10.1％）まで増加している（両社IR資料より作成）。

第8章　高島屋均一価格店と現代の均一価格業態

はじめに

　高島屋均一価格店は、昭和初期に誕生し、最盛期には106店まで成長した。この時期は、昭和の恐慌期にあって、百貨店の廉価販売や無料配達、送迎バスなど零細小売商に与える影響が問題となり、百貨店企業の出店を規制する百貨店法の制定が議論され、同法が制定されていく時代である。高島屋均一価格店の取扱商品は食料品だけではなく、化粧品、文房具、玩具、金物、陶磁器、家庭用品など最寄品全般にわたった。当時、パン、酒、薬、呉服、帽子など商品構成を限定した小規模なチェーン店はわが国にも存在したが、「高島屋均一価格店」のように幅広い商品構成をもつチェーン店は皆無であった。

　しかし、戦時体制に突入するに伴い、次第に販売商品の調達も困難になっていった。各店は生活必需品の配給所になり、また空襲による被害などもあって終戦時には17店舗まで縮小している。

　戦後、高島屋は100円均一の催事を開始（1949年4月）、大阪店に100円均一売場を開設（1957年4月）、さらに子会社である（株）新南海ストアが100円均一商品主体の「なんば地下センター店」を開店した（1957年12月）。しかし、スーパーマーケット業態が急成長する中で、高島屋も高島屋ストアの出店に力を入れるようになり、均一価格業態は消滅した。

　そこで本章では、高島屋均一価格店の歴史とそれが誕生する時代背景、そのマーケティング活動について分析し、高島屋均一価格店がチェーンストアとしての地位を確立していく過程について明らかにする。さらに、戦後高島屋が均一価格業態を本格的に復活させることなく消滅させた背景、および現代の均一価格店は高島屋のノウハウを継承することなく全く異なるルーツから生まれたことについて明らかにすることを目的とする。

1　高島屋均一価格店の歴史と時代背景

（1）高島屋均一価格店の歴史

　高島屋均一価格店[1] は、昭和初期に誕生した。まず、1926年4月に長堀店5階マーケットの一隅に「何でも十銭均一」の売場が誕生し、1929年4月には長堀店屋上に本格的な十銭均一売場、さらに1930年12月には新設された南海店の1階に本格的な十銭ストアが開設された[2]。そして、1931年8月からは独立ストアの出店を開始し、わずか1年後の1932年7月には独立のストア51店を開店（第一次店舗展開）、高島屋の支店内の6店を加えると57店の均一価格店チェーンとなった。

　この間、1931年10月には、販売面・仕入面で大規模にチェーン展開できるかの調査を目的として南海、長堀、京都、岸和田、和歌山で開催した「全国特産十銭均一品大会」が成功をおさめ、自信を深めたようである。1932年1月には二十銭商品が追加され、同年5月には「高島屋十銭二十銭ストア」に改称されている。

　高島屋均一価格店の創成期は、1927年3月の東京渡辺銀行の破綻を発端とする金融恐慌、さらに1929年10月のニューヨーク株式市場暴落、世界大恐慌の時期であり、国民総生産や個人消費支出が停滞し、消費者物価指数が下落した時期である。同時に、百貨店の廉価販売や無料配達、送迎バスなど零細小売商に与える影響が問題となっていた。1932年7月には、商工省が百貨店企業の出店や営業活動を規制する「百貨店法」の制定を決定し、同年8月には日本百貨店協会が支店・分店新設の自粛などを内容とする「自制声明」を発表、均一価格店の出店も自粛されることとなった。その後、百貨店法案は何回かの審議未了を経て、1937年9月に公布、同年10月に施行され、百貨店企業である高島屋による均一価格店の出店も規制の対象とされた。なお、高島屋均一価格店は1937年10月に五十銭商品も加えて、「高島屋十銭二十銭五十銭ストア」に改称されている。

　百貨店企業による出店が厳しく規制される中で、1938年2月には高島屋は百貨店本体と均一価格店を切り離して子会社である（株）丸高均一店を設立、均一価格店51店舗を継承した。その後、1939年6月には、名古屋でも店舗展開を

開始し、1940年12月には105店舗、1941年8月に開店した明石店も加えると106店舗のチェーン店を形成した（第二次店舗展開）。

　この時期は、1938年5月に国家総動員法が施行され、鉄製製品の製造が禁止[3]、同年9月には第二次世界大戦が開戦、10月には価格等統制令[4] が施行されるなど戦時体制に突入し、次第に販売商品の調達も困難になっていった。そして、1942年2月には衣料品にも配給制[5] が実施されるようになる。そのため、1942年4月には社名も（株）丸高均一店から（株）丸高に改称され、各店は生活必需品の配給所になり、また空襲による被害などもあって、終戦時には17店舗まで縮小している[6]。

（2）時代背景——百貨店出店規制

　高島屋均一価格店が第一次店舗展開をおこなった1931～1932年は、個人消費支出が停滞し、消費者物価が下落した時期である[7]。なお、当時の10銭の価値は概ね現在の180円程度であった[8]。この時期は、百貨店の零細小売商に与える影響が問題となり、百貨店法の制定に至る時代である[9]。

①商工省百貨店法制定を決定　1932年7月

　商工省は1932年7月25日の商工省議において、臨時議会への百貨店法提出を決定した。百貨店法の骨子は、次のとおりである。1）百貨店の新設、拡張、支店、出張所、営業所の新設は商工大臣の認可とする、2）百貨店の地方出張販売も同じ、3）百貨店の商品券を対象に課税制度を設ける、4）百貨店の不当廉売、不正競争の監督取締を励行する[10]。

②日本百貨店協会「自制声明」　1932年8月

　1）出張売出しは行わない、2）商品券は供託等の適当なる措置を講ずる、3）支店、分店の新設は当分行わない、4）いわゆる囮政策のような廉価販売方法は採らない、5）過当なサービスによる顧客誘致の方法を採らない、6）無料配達区域[11] は縮小、7）毎月一斉に3日の休業を行う、ただし中元歳暮や売出し期間中は除く、8）商業組合法制定時は百貨店商業組合を設立し、法規による統制を行う。この自制協定に基づいて、三越は10月から顧客の無料送迎バス[12] の運転をとりやめ、また定休日を大阪店は月曜日、東京、京都両店は8の日と定めた。

③日本百貨店商業組合「営業統制規定」　1933年8月

152

1932年10月に施行された商業組合法に基づいて設立された「百貨店商業組合」の加盟有資格者とされた百貨店（6大都市で延べ1,000坪以上、その他の都市では500坪以上）のうち約3分の1が非加盟であり、いわゆる「アウトサイダー」に対しては、組合員に対する営業統制規定は適用されなかった。さらに、違反者に対する厳重な罰則もなかったことから、実際にはあまり拘束力をもたなかった。そのため、依然として中小小売商の不満は解消されず、百貨店間の過当競争の抑制には機能したものの、中小小売商問題を解決するだけの効果はもち得なかった。そのため、中小小売商からの批判が高まり、百貨店法の制定が強く要望されるに至った[13]。

④百貨店法[14]　　1937年10月施行

ア、百貨店の定義

百貨店は、同一の店舗において衣食住に関する多種類の商品販売を行う大規模小売業（百貨店法第1条）で、6大都市では3,000㎡以上、その他の地域では1,500㎡以上の売場面積（店舗の床面積の100分の95、百貨店法施行規則第1条）を有するもの。百貨店業者とは、「同一の店舗において命令の定める売場面積を有し命令の定める所により衣食住に関する多種類の商品の小売業を営む者」(百貨店法1条)。同一建物で複数の業者が売場面積300㎡以上をもって営業し、合算して基準面積を超える場合も規制対象とされた（百貨店法施行規則第3条）。

イ、許可制

百貨店を営業するものは商工大臣の許可を受ける（百貨店法第3条）。百貨店の支店・出張所等の設置あるいは売場面積の拡張による営業の拡大、出張販売についても許可が必要とされた（百貨店法第4条）。そのスキームは、特定の条件、たとえば人口や小売商の数、交通機関およびその他の経済的諸事情を考慮のうえ許可されるというものであった。

許可の具体的基準については明文化されていないが、第70回帝国議会における村瀬商工次官の答弁からすると、その地域における人口、小売業者数、交通、その他の経済的事情を考慮し、（中略）具体的には百貨店委員会によって審議され、結論を得ることとされた[15]。この百貨店委員会は、商工大臣を会長とし、関係官庁の高等官および学識経験者から内閣が任命した委員によって構成されるもので、営業の許可、新・増設の許可などに関する基準、具体的事例

の判断などについて審議する百貨店法運用上の諮問機関であり、百貨店法に基づく調整政策において重要な位置を占めていた。ただし同委員会には、当事者である百貨店および中小小売業者の代表はもちろん、先の小売業改善調査委員会の決議中に提言されていたにもかかわらず消費者代表は含まれてはいなかった[16]。しかし、現実には戦時体制に突入する時期でもあり、準備中のものは別にして百貨店の新設・拡張は認められなかった[17]。

ウ、閉店時刻・休業日数

閉店時刻は、4月1日から10月末日までは午後7時、11月1日から3月末日までは午後6時が原則とされ、特別の事情がある場合にのみ、商工大臣の許可をうけて延長が可能であった（百貨店法施行規則第9条）。そして、百貨店委員会では、売出し期間は年間50日に限り午後9時まで、ターミナル百貨店の食堂、および六大都市以外で従来から夜間営業を行っていたもののみ午後9時まで営業を認めるとした[18]。休業日は、商工大臣の指定する区域（六大都市）においては毎月3日以上、その他の地区においては1日以上とされた（百貨店法施行規則10条）。

⑤百貨店営業統制規定

ア、日本百貨店組合設立　1938年2月

1937年12月、「百貨店法」が施行されたのに伴い、百貨店業界は同法に定められた百貨店組合の設立準備に着手し、創立総会を開催した。1938年2月、商工大臣の認可を得て「日本百貨店組合」が正式に発足することとなる。同組合には、百貨店法に規定された「6大都市では売場面積3,000㎡以上、その他の地域では1,500㎡以上の衣食住に関する多種類商品の小売業」のすべてが加入を義務づけられた。1937年末現在で、組合員数87、店舗数151であった[19]。

イ、日本百貨店組合「百貨店営業統制規定」　1939年1月

商工省は百貨店組合と協議のうえ「百貨店営業統制規定」を制定・実施した。主な内容は次のとおりである。1）休日は同一都市で一斉に、2）新たに支店・出張所を設置しない、3）出張販売の自粛、4）無料配達地域の限定、5）商品券最小限度額を2円に、6）誇大広告、極端な廉売広告、福引・景品付販売はしない[20]。

（3）高島屋以外の均一価格店の取り組み

①ウールワース

ウールワースは、5セント・10セント店を1879年6月にペンシルバニア州ランカスターで開業した。その後、1881年には「マックローリー・ストアーズ」、1896年には「S.H.クレス」、1899年には「S.S.クレスギ」と、同様の5セント・10セント店が参入した[21]。ウールワースの店舗数（海外店舗含む）は、1886年7店、1895年25店、1899年59店、1911年596店、1915年805店、1920年1,111店、1925年1,423店、1930年1,881店、1935年1,980店、1940年2,027店、1945年1,971店、1950年1,936店、1955年2,064店、1960年2,430店と、推移している[22]。

②高島屋以外の均一価格売場

高島屋以外の百貨店も、1931年秋に相次いで均一価格売場を設置した[23]ものの、商品仕入れ面で問題を抱えていた[24]。百貨店以外でも、チェーン展開を志向した「金星チェーン」[25]、その他独立の均一価格店[26]の新設が相次ぎ、また均一価格商品を専門に取り扱う均一価格品問屋[27]も出現したが、安定的に商品を供給することは困難であったようで、高島屋以外の均一価格店は次第に消滅していった。

2　高島屋均一価格店のマーケティング

（1）先行研究

①須藤一（1973年）[28]

高島屋均一店は、もともとは大阪・東京・京都の百貨店の各支店の販売部門の一つとして出店した。その後、大阪本部、京都本部（のちに大阪本部に統合）、東京本部という地域本部が設立され、それを統括する均一店総本部が設けられたが、全店舗を一定の方針に基づき管理・統制するまでには至らず、仕入れも各地域本部主導で行われていた。百貨店から分離独立して（株）丸高均一店となってからも、仕入れは大阪地域本部と東京地域本部で行われ、中央本部で行われることはなかった。仕入れは中央本部が行うというチェーン店の経営組織論からすると、百貨店の伝統的な組織原理から脱却できなかった。仕入れから販売に至るすべての業務は支店が行うという、百貨店の支店経営的な思考が働いていた。すなわち、「中央本部への仕入れの集中という点で不十分で

はあるものの、本格的なチェーンストアの先駆けであった」という認識である。

②平野隆（2008年）[29]

　商品の仕入れは、開設当初は百貨店の納入業者の中から選択していたが、店舗の増加にともなって均一店専門の納入業者を用いるようになった。さらにそれと併行して生産者（メーカーあるいは産地）との直接取引を導入した。その際、同社は生産者に対する指導・援助などを行い、均一店向けの商品標準化および新商品の開発にも積極的に関与した。仕入れ業務は東京、大阪の2か所に分割され、中央本部による仕入れの集中化は不十分であった。その点で、同社のチェーンオペレーションは不完全なものであった。すなわち、「中央本部による仕入れの集中化は不十分であり、チェーンオペレーションは不完全なものであった」という認識である。

③武居奈緒子（2010年）[30]

　高島屋が百貨店（高価格業態）、十銭ストア（低価格業態）という2つの業態をなぜ並存できたのかという問題意識から考察している。百貨店（比較的広い商圏に対して買回品・専門品について品質の高い商品を取り扱う業態）と、十銭ストア（小規模店舗で比較的狭い商圏に対して主として均一価格で最寄品を中心に取り扱う業態）という形で、百貨店とは異なる新しい業態というイメージを消費者に形成している。立地面でも、百貨店と商圏が重複しないよう都心を避け、住宅街に近接する形で比較的狭い商圏を対象とする。とくに百貨店への近接出店は百貨店のイメージが強すぎるので十銭ストアの出店は見送っている。他方で、シナジー創出という点では、百貨店が取扱商品を呉服から各種商品に拡大したときに蓄積した仕入れ経路開拓能力を活用して、生産者・卸売業者との共同革新を実現した。同論文は、業態論の立場から均一価格店について考察するものであり、それがチェーンストアの論理に基づいて経営されていたかどうかは問題意識の外にある。

（2）顧客ターゲット

　田村正紀は、「百貨店が富裕層をターゲットとして買回品・専門品を中心に品質の良い商品を取り扱うという業態コンセプトであったのに対して、十銭ストアは大衆層をターゲットとして均一価格で最寄品を中心に取り扱うという異なる業態コンセプトを打ち出していき、これにあわせて、小売ミックスの諸要

素を編成していった」としている[31]。

　武居奈緒子は、小売業態としての「百貨店」と「十銭ストア」を比較し、「百貨店」は都市部に立地し、富裕顧客を対象に手作りの買回品および専門品を定価で提供、他方で「十銭ストア」は住宅街に立地し、大衆顧客を対象に標準化された大量生産の最寄品を均一価格で提供する業態であったと指摘している[32]。

（3）Product
①商品構成

　均一店の取扱商品は「日常家庭生活に必要なものは殆んど全部」に及んだが、廉価の均一商品を売るチェーンストアという性格上、「個性のある趣味的な特殊品」よりも「大量生産の出来る標準的な商品」「回転率の高い商品」が中心になった。このことからも、同店の顧客ターゲットが大衆層であったことがわかる。具体的には、日用衣類、化粧品から缶詰などの食品にまでわたり、商品は用途、製造原料、納入先によって第1部から第8部に分類され管理された[33]。

②仕入れ

　均一店の仕入れについては、当初は百貨店の納入業者にゆだねていたが、次第に専門業者に閑散期に大量に発注するなど均一店専用商品を製造するようになる[34]。均一店商品は、全国の物産陳列所等の協力を得て募集[35]、さらに製造工程の改良や科学的管理法の教授、金融面の支援などを行っていた[36]。また、製造業者や産地との直接取引、中間商人の排除[37] という、現代のPB商品の生産、調達に匹敵する活動が行われていた。

③物流

　各店への配送については、次のようにかなり多頻度に行われていた。「本部に持ち込みたる商品は、仕入れ検査係により引き合わせをなしたる後、各倉庫へ商品分類別に設置す。本部には配給部ありて、日に3回ないし10回自動車またはオートバイを持って各ストアに配給す。（中略）各ストアは毎日不足となりたる商品を調べ、所定のストア配給請求表に所要点数を記入し、配給自動車あるいはオートバイの立ち寄りたる都度本部に通知し、不足商品の配給をあおぐ」[38]。

④販売

　高島屋均一価格店の販売は、かなり好調であったようである。高島屋が1930年９月に作成した「ストア限界経営標準」では、店をAクラスからCクラスの３つに分けている。Cクラスは１つもなく、大部分の店はAクラス以上であったという。Aクラス店の場合、１か月の平均売上高7,500円、商品利益1,500円（約２割）、商品原価6,000円とされた」[39]。「（売上高は）、１店１ヵ月８千円位（筆者注、現在の価値に換算すると1,400万円程度）であったが、12月など50余店の時代には100万円（筆者注、現在の価値換算で18億円程度）近くまで成績をあげた。（中略）会社になった1938年から1941年頃まではよかったが、1941年も終わりになると損失が出てきた。事変の拡大により思うように売上げが伸びない、人件費がかかる、輸送費がかかる。遂には人がとられ、商品がなくなり、東京方面では最後まで残ったのは大宮店だけであった」[40]。

　なお、均一価格店の建物坪数は、第一次店舗展開51店の中では、「50坪未満」８店、「50坪以上60坪未満」14店、「60坪以上70坪未満」７店、「70坪以上80坪未満」８店、「80坪以上90坪未満」４店、「90坪以上100坪未満」３店、「100坪以上」７店となっている[41]。

（４）Price

　高島屋均一価格店の価格ラインの推移をみると、1932年１月に二十銭商品、1937年３月に五十銭商品を追加している。

（５）Promotion

　店舗のファサードを共通化し、チラシも各店共通として、チェーンストアのメリットを活かした販売促進が行われていた。「こうした店舗規模の大小による業態イメージの拡散を補完するため、店舗の正面に赤字で高島屋の商標を金文字で表して高島屋十銭ストアであることを顧客に知らしめ、ショーウインドーも店舗間で共通性をもたせ、チラシも各店共通とした」[42]。

（６）Place（立地）

　均一価格店の立地は、百貨店業態と直接競合する都心から離れた繁華街や鉄道の終発地点などが中心であった[43]。

3　チェーンストアとしての高島屋均一価格店

（1）チェーンストアの要件

　山田忍三は、1930年に発行された著書において、チェーンストアを次のように定義している[44]。「1）暖簾を1つにして居ること、2）分散する消費者に自から直面せんが為に各地に販売分子を前進せしもの、3）其結果生じるところの大量一手配給により利益を生むもの、4）中央幹部をもって全組織の支配を行う故人件諸費の節約となるもの、5）経営販売に関し販売分子は、中央本部の命令或いは暗示によって動くのみのもの、6）各販売分子は在庫品統計、販売日報及び売上代金等を本部に送付し一切の会計、計算事務の自由を有せぬもの」。

　また、商工省は1935年に発行した報告書において、チェーンストアを「純正チェーンストア」と呼び、次のように定義している[45]。「純正チェーンストアは、仕入れ、販売、広告、商品の陳列、営業方針等全部本部の指導統制に基づき、各店の支配人は単に本部の使用人として一定の給料を支給され本部の指図に従うに過ぎず」。

（2）チェーンストア経営の3S

　渥美俊一は、チェーンストアの経営原則を次の3Sとして示している[46]。すなわち、1）標準化（Standardization）、2）単純化（Simplification）、3）専門化（Specialization）である。これに基づいて、高島屋均一価格店のチェーンストアとしての運営状況を評価すると、次のようになる。

①専門化（Specialization）

　商品部は8部門に分かれ、それぞれの専任の担当者がおかれ、仕入れ業務の専門化が図られていた。他方で、各地域本部の活動を統括するために均一店総本部が設置され、各地域本部間の情報交換や人事面の配慮もなされていた。「高島屋は、1936年に3つの地域本部を統括する均一店総本部を設立。総本部長には高島屋理事を加えて指揮命令系統の一元化を図った。商品部を8部門に分離してそれぞれに専門担当者を置き、百貨店とは別に独自の仕入れ活動を行うようにした」[47]。「大阪・東京の両本部にある商品部門の組織を、取扱商品

別に8部門に分類し、それぞれに専任担当者をおき、更にスタッフとして商品調査係を設けた。地域本部ごとの商品部という組織は、新会社設立後も、また（株）丸高均一店のもとで名古屋本部を設置し、名古屋・東海地域に進出した第二次店舗展開に際しても基本的には変化しなかった」[48]。「この変則的な仕入れ機構から生じるマイナス面をカバーするために、実際の運営面では次のような対策を講じた。第一は、商品内容に応じて、大阪に課長を配した部門は東京に係長をおき、東京が課長の部門には大阪に係長といった人事面で配慮した。第二は、毎月1回、大阪と東京交互に仕入れ会議を開催して、情報交換や商品調達に関する連絡上の緊密化をはかった。第三には、総本部内に大阪・東京・名古屋の各地域担当の3課から成る業務部を設置し、3地域共通の地方物産仕入れに関する調査・計画・調整を行った」[49]。

②標準化（Standardization）

ア、帳票類の標準化

帳票類は、東京、大阪、京都の各店で作成され、それが集約されて均一価格店全体のものが作成されていた。1）仕入れ・売上・営業費予算では5種類、2）仕入れ・売上・営業費実績では16種類、3）各店別予算と実績では30種類の帳票[50]が作成されており、これらは現在のチェーンストアの管理において必要とされる帳票と比較しても何ら遜色のないものである。

　注文票については、全商品が8つの部門に大別され、それぞれ色が異なる。商品部門と納入業者番号を組み合わせて、たとえばA1（A部門の1という業者）と表記された。4枚複写で、それぞれ納入業者の控え、仕入計算係、商品係、本部で用いられる。この他、「在庫品注文票」があり、地方産地や製造家からの大量契約で倉庫にストックされている商品の注文に用い、保管されている倉庫によって色が異なる[51]。

イ、店舗の標準化

店内レイアウト並びに陳列兼売台についても標準化を追求し、消費者間に認識・共有される店舗イメージに統一性をもたせていったと推量される。そうすることで、各店舗において同質的な店舗イメージを形成していったのである。レジスターがあり、集中支払いが行われていることも確認できる[52]。

③単純化（Simplification）

経費の主要分たる人件費の節約という点より見るも、呉服類の売場には比較

的高給の経験者を必要とするに反し、これら（筆者注、均一価格店）の売場に配する店員は比較的経験浅き薄給店員をもっても十分間に合い、かつ顧客は店員の少なきため自由選択の余地を十分に与えられ、自由選択品を持ちまわりてさらに次の買物をなしうる等、少数の店員をもって相当販売能率をあげつつあり[53]。

4　戦後の高島屋——均一価格店からスーパーマーケットへ

（1）戦後における高島屋の均一価格販売への取り組み

　戦後、高島屋は1949年4月に100円均一売出しを開始、同年9月には新聞広告を出して本格的な100円均一売出しを開催した。その後も各売場で100円均一売出しを随時開催していたという。1950年2月には大阪店において「第1回高島屋名物 雑貨100円均一大会」、1958年12月には東京店にて「第100回記念100円200円均一大会」、1966年11月には大阪店にて「第200回記念 100円200円均一大会」[54] を開催している。これらは、いずれも催事であり、均一価格商品の常設売場を開設したものではない。常設売場としては、1957年4月に大阪店において100円均一売場を開設、1957年12月には子会社である（株）新南海ストアが100円均一商品[55] を主体とする独立店舗「ナンバ地下センター店」[56] を開店した。しかし、戦前のように百貨店の仕入れルートとは別に均一価格商品の開発を本格化したわけではなく、均一価格売出し用の商品を主として品揃えする独立店舗であったといえる。

　ナンバ地下センターが開業した当時の資料[57] によると、（株）新南海ストアは、高島屋百貨店北側に接し、高島屋への出入口を挟んで店舗配置図に100円均一と記載されている2区画約580㎡（約320㎡と約260㎡の2区画）、および衣料・雑貨（約70㎡）、食料品（約60㎡）と記載されている区画に出店していた。後者は、広告欄では「雑貨食料品百貨100円均一」と記載されているため、これらの区画も100円均一店であったと考えられる。100円均一商品を取り扱う店舗面積の合計は約710㎡となり、かなり大型の均一価格店であったようである[58]。

（2）高島屋ストアの出店

　1950年代後半以降、スーパーマーケット業態が急成長した[59]。独立中小小売

表8-1　大店法公布時（1973年10月）の高島屋ストアの店舗

店名	開店年月	店名	開店年月	店名	開店年月
高崎店	1931年12月	錦糸町店	1957年 6月	厚木店	1967年 5月
横浜店	1931年12月	川崎店	1958年12月	所沢店	1970年 5月
桐生店	1932年 4月	藤沢店	1959年11月	大山店	1970年10月
前橋店	1932年 4月	豊田店	1959年12月	土浦店	1971年 7月
足利店	1932年 7月	伊勢崎店	1962年 4月	経堂店	1972年 5月
		成増店	1966年11月	水戸店	1972年 6月

(注1) 1957年3月に開店した高島屋ストア吉祥寺店は、同年6月に吉祥寺ユートップストアに改称、同大井店は1962年3月開店、1966年10月閉店、同沼津店は1963年11月開店、1965年12月閉店のため、ここには記載されていない。

(注2) 高島屋ストア横浜（西口）店は、1956年4月に横浜駅名店街、相鉄映画劇場、相鉄地下劇場、相鉄食堂とともに開店、同年10月には増築されている。その後、1957年4月に高島屋と相鉄が合弁で（株）横浜高島屋を設立、1958年4月に横浜高島屋の仮設店舗が完成し高島屋ストアは移転した（『相鉄不動産7年史』1962年、9-25ページ）。

(注3)「高島屋十銭ストア」として1931年12月から1932年7月にかけて開店した5店舗は1945年11月に高島屋東京店に移管され、接収されていた横浜店を除く4店は1952年10月に（株）丸高のストア部門として再出発した。（株）丸高は、1956年3月に（株）高島屋ストアに改称され、高島屋のスーパー部門子会社となった。その後、4店は1962年9月にセルフサービス化したと記録されている（『日本スーパーマーケット名鑑1966年』）。

(注4) 1956年6月の第二百貨店法施行以降の新設店については、「ユートップストア」や「栄光ストア」の店名で営業したこともあった。

(出所) 商業界『日本スーパーマーケット名鑑1962年、1964年、1966年、1968年、1973年』より作成。

商だけではなく、「東急ストア」や「高島屋ストア」など、大資本による出店も行われた。高島屋も1956年6月に施行された第二次百貨店法の施行、それに至る百貨店規制の動きの中で、1952年10月に設立された（株）丸高のストア部門として旧高島屋均一価格店の北関東地区に残っていた5店舗の運営を開始した。1955年12月には接収解除となった横浜伊勢佐木町店を（株）丸高のもとで再開、1956年3月には社名を（株）高島屋ストアに変更している（表8-1参照）。

　なお、初期の（株）高島屋ストアは、一般的なスーパーマーケットの品揃えとは異なり、生鮮食品の取扱いは少なく[60]、均一商品を取り扱っていたようである[61]。なお、均一商品の取扱いに関連して、1959年9月には子会社である高島屋商事（株）において100円均一商品の開発を開始という記録が残っている[62]。

　その後、（株）新南海ストア（1957年7月設立、同年12月出店開始）、（株）丸高ストア（1956年6月設立、主として飲食店経営の（株）丸高ストアの店舗部門、1961年1月出店開始）[63]、（株）南海電鉄スーパーストア（1963年7月設立、1964年4月出店開始）[64] など、高島屋の子会社がスーパーマーケットを展開した。

5　均一価格業態の困難

（1）先行研究

　均一価格業態が均一価格を維持しつつ、成長することの困難について、次のような先行研究がある。

①山田忍三 (1930年) [65]

　均一店は、価格の一定している関係からその品種に少なからざる制限を受けるのである。殊に物価の投機する場合には、この制限が甚だしいので、ある均一店では二十五銭、五十銭あるいは一円までにその値段の広がりを大きくした店もある。ウォースは中部アメリカを除いてはいまなお十銭均一を格守しているが、クレスギは五十銭まで販売商品の値段を引き上げた。

　しかしかういう品種の増加、すなわち価格の範囲を拡張して品種を増加することは、均一店の一大特長を殺す結果となる。従来はお客が一目見て品物の判断をなし、勝手に購買するような商品を取り扱ったので、特別に熟練した高給の店員を使う必要がなかった。しかるに商品の値段の幅が大きくなり、従前よりも品種が増加し、高級な商品も販売せらるようになると、従前のような機械的な下級店員では間に合はなくなる。相当な説明も、また商品についての知識も必要になる。従って高い給与を支払わなければならぬ。これがまた管理もまた従前よりも難しくなるのである。かういうわけで、あらゆる方面に影響して均一店の特長が次第に薄らぐのである。

②佐々木保幸 (2003年) [66]

　100円均一ショップが、無店舗で均一価格販売をつづけてきた中小業者によって創業された事実は、今日の均一価格店の生成が既成の資本制小売業以外のいわばアウトサイダーよって担われたことを意味する。このことは、戦前期のわが国均一価格店が百貨店という大規模商業資本によって展開されたことと対照的である。アメリカでは、バラエティ・ストアは1930年代以降、急速に成長したスーパーマーケットに市場を奪われ衰退していった。

　わが国では十銭ストアの成長は戦争のために中断された。戦後日本の小売業は、このスーパーマーケットというあたらしい形態を取り入れることを基軸に発展していく。スーパーマーケットの創業も、その大半が中小小売業者によっ

て担当されたが、百貨店のような既存大規模小売業も多角化と市場競争の両方に対応するために、スーパーマーケット部門を設けていった。その過程においては、もはや均一価格店というコンセプトおよび業態は消滅するのみであった。

③木綿良行（2005年）[67]

　ほぼ同時期に成長していたグロサリー・チェーン（食品分野のチェーン）と並んで、ダイム・ストアは雑貨類（非食品分野）でのチェーン展開に先鞭をつけたという点で、アメリカにおけるチェーンストアの黎明期をリードする車の両輪の一つとして広く小売業界の注目を集める結果となった。ダイム・ストアは、ほどなく"バラエティ・ストア"、すなわち、"多様品店――多様な商品を取り揃える店"という意味合いの名称が用いられるようになったが、それは、"廉価性"もさることながら"多様な商品の取り揃え"という特質が評価されていたという証しでもある。

　アメリカではほとんどの消費財の需給関係が急速にタイトとなり、バラエティ・ストアの仕入交渉力が大幅に低下するとともに、物資全般にわたって価格が騰貴するなど、均一価格制の基盤を揺るがす経済環境の変化が次々と生じてきた。戦争によって商品調達先が制約され物価騰貴が進むといった状況のもとで、バラエティ・ストアは、それぞれ差別性のある商品構成と品揃えを堅持してゆこうとすれば、均一価格制を維持することがますます難しくなっていったわけである。

　バラエティ・ストア化への道程を時間的経過とともに描くとすれば、均一価格制から離脱していくというよりはプライス–ラインの曖昧化が進展していくと言った方が的を得ているかもしれない。要するに、当初単一またはごく限られたプライス–ラインに統一されていた均一価格店が、次第に幾つかのプライス–ラインが混在する段階を経て徐々にプライス–ラインの存在が不明瞭になり、やがては低い価格水準の商品を多様に取り揃える"多様品店"に移行していくといった推移が想定される。その場合、そのような低価格水準の商品の取り揃えが、新しい小売業態として消費市場に強くアピールできる魅力的な特徴を打ち出せるか否かが課題となる。

（2）均一価格業態の成長と均一価格の維持

　均一価格を維持することが困難となる理由として、次の2点を指摘できる。

1つは、物価の上昇により均一価格の維持が困難になるためである。アメリカの均一価格業態の成長期に、第一次世界大戦による物価投機が原因で均一価格の維持が困難となって、より高い価格の商品を取り扱わざるを得なくなり[68]、小売業態としての性格が曖昧になった結果、ドラッグストアやディスカウントストアとの競争の中で成長が止まった経験があげられる。

　もう1つは、物価が上昇していなくても、より充実した品揃えを実現するために複数の価格帯を設けるためである。現代の均一価格店企業は、「100円以上の価格帯商品の取扱い」という点で、好対照の戦略を取っている。業界最大手の大創産業は、150円、200円、300円、500円など100円以外の商品も取り扱うようになった。キャンドゥは、2006年4月から300円および500円商品を導入したが、2013年12月には販売を中止、100円商品のみの取扱いに戻している[69]。ワッツは、一部の店において300円や500円など100円以上の商品をコーナーで実験的に販売している[70]。他方で、セリアは一貫して100円商品のみを取り扱っている。「100円以上の価格帯商品の取扱い」は、品揃えを豊富にする一方で、均一価格業態の特性を曖昧にしていく危険性をもっているといえる[71]。

6　現代の均一価格店の誕生と成長

（1）現代の均一価格店企業の誕生

　佐々木保幸は、現代の均一価格店企業の誕生について次のように指摘している[72]。「大創産業をはじめワッツ等、現在100円均一ショップを運営する経営主体は、その多くが「催事屋」と呼ばれる無店舗販売業者をルーツとしている。彼らは、既存商業施設内のみならず、各地の学校や自治体の体育館、公民館、神社の境内等で雑貨を中心とした各種商品の移動販売をおこなっていた。そのさい、商品はおおむね均一価格で販売されていたという。しかし、店舗内で販売しない場合、食品の取扱い等の面で法的な規制を受ける。無店舗で移動販売をつづける限り、量的拡大政策をとることは困難である。彼ら移動販売業者が業容拡大を企図するならば、雑貨や日用品等に制約された販売の限界性を打破し、必然的に有店舗小売業への転換を図らなければならなかったのである。1980年代末から1990年代半ばにかけて、このような「催事屋」業者が軒並み経営の転換期にさしかかり、均一価格販売のノウハウを有店舗小売業に持ち込ん

だのである」。

　ここで、主な均一価格店企業の誕生の歴史を整理すると、次のとおりである。

①大創産業

　1972年に家庭用品の販売を目的として創業。1977年に（株）大創産業として法人化、スーパーマーケットなどの駐車場に移動販売方式で出店。1987年からスーパーマーケットのテナントとして出店、1991年に初めての直営店を開店[73]。

②セリア

　1987年に（株）三洋エージェンシー設立。100円均一商品の販売員への委託方式による移動販売を開始。その後、スーパーマーケットなどと契約を結び、移動式の店頭催事販売を開始。1994年に初めての常設店を開店[74]。

③キャンドゥ

　1970年代、スーパーマーケットにおいて100円均一商品の催事販売を営む。その後、1993年に直営店およびフランチャイズ店の展開を目的として（株）キャンドゥを設立[75]。

④ワッツ

　創業者は、無店舗・移動形態での100円均一商品の販売やディスカウント販売に従事。その後、1995年に（株）ワッツを設立、チェーン展開を開始[76]。

（2）均一価格業態の成長

　表8-2は、均一価格店大手企業4社の売上高および店舗数の割合をみたものである。2018年度の売上割合は、大創産業が6割を超えて圧倒的であり、2位セリア、3位キャンドゥ、4位ワッツと続いている。

　次に表8-3は、均一価格店大手4社の売上高合計、および均一価格店業界において圧倒的な売上割合をもつ大創産業の売上高の推移をみたものである。

表8-2　均一価格店企業（大手4社）の売上高・店舗数（2018年度）

	決算期	売上高	店舗数
大創産業	3月	4,757億円（62.2%）	3,367店（47.3%）
セリア	3月	1,705億円（22.2%）	1,592店（22.3%）
キャンドゥ	11月	707億円（9.2%）	1,008店（14.1%）
ワッツ	8月	494億円（6.4%）	1,161店（16.3%）
		7,663億円（100.0%）	7,128店（100.0%）

（出所）日経MJ「日本の専門店調査2018年」より作成。

表 8-3　均一価格店業界および大創産業の売上高推移

年度	均一価格店大手4社 売上高（億円） （前年度比増加率（%））	大創産業売上高 （億円） （前年度比増加率（%））	年度	均一価格店大手4社 売上高（億円） （前年度比増加率（%））	大創産業売上高 （億円） （前年比増加率（%））
1995年度		233 （ー）	2007年度	ー（ー）	3,380 （ 1.3）
1996年度		322 （38.2）	2008年度	5,036 （ー）	3,412 （ 0.9）
1997年度		485 （50.6）	2009年度	5,130 （ 1.9）	3,414 （ 0.1）
1998年度		818 （68.7）	2010年度	5,215 （ 1.6）	3,411 （▲0.1）
1999年度		1,434 （75.3）	2011年度	5,363 （ 2.8）	3,415 （ 0.1）
2000年度		2,020 （40.9）	2012年度	5,267 （▲1.8）	3,250 （▲4.8）
2001年度		2,420 （19.8）	2013年度	5,630 （ 6.9）	3,491 （ 7.4）
2002年度	3,841 （ー）	2,812 （16.2）	2014年度	6,136 （ 9.0）	3,882 （ 11.2）
2003年度	ー	3,000 （ 6.7）	2015年度	6,365 （ 3.7）	3,958 （ 2.0）
2004年度	4,605 （ー）	3,200 （ 6.7）	2016年度	6,795 （ 6.8）	4,200 （ 6.1）
2005年度	4,819 （ 4.6）	3,300 （ 3.1）	2017年度	7,294 （ 7.3）	4,540 （ 8.1）
2006年度	4,942 （ 2.2）	3,350 （ 1.1）	2018年度	7,663 （ 5.1）	4,757 （ 4.8）

(注1)「均一価格店大手4社」は、日経MJ「日本の専門店調査」による大手4社（大創産業、セリア、キャンドゥ、ワッツ）の売上高合計。ただし、ワッツは連結売上高で、一部海外事業やファッション雑貨事業を含む。2006年度以前は、2007年3月にワッツに買収されたオースリーの売上高も含む。
(注2)　大創産業の2012年度の売上高は、前後の年度の売上高からみると少ないように思われるが、同社による日経MJ「日本の専門店調査」への回答をそのまま用いた。
(出所)　日経MJ「日本の専門店調査」(各年版)より作成。

1990年代後半から2000年代前半頃までは非常に高い成長率であった。しかし、その後売上高増加率は低下、2007年度から2012年度においては停滞傾向にあったが、2013年度からは再び高い成長率を示している。

むすび

　昭和初期、均一価格店の設立は多々あったようであるが、独自の仕入れルートを開拓し、またメーカーや産地問屋などと共同で均一価格店用商品を本格的に開発したのは高島屋のみである。これをなしえたのは、百貨店としての高島屋の信用力と、百貨店業態において培ってきた商品開発能力によるものといえよう。

　高島屋均一価格店は、その最盛期においても、仕入れが東京本部と大阪本部という2本部によって行われ、全国本部による集中仕入れではなかったとはいえ、専門化、標準化、単純化などチェーンストアの経営原則を取り入れた本格的な本部集権的チェーン組織であったことは間違いない[77]。

　高島屋均一価格店は、百貨店法施行後も百貨店とは別会社である（株）丸高均一店のもとで第二次の店舗展開を図る。しかし、次第に戦時体制となり、新規開店は見送られ、既存店も販売商品の調達が難しくなってきたことや、空襲による被害により、高島屋均一価格店チェーンは壊滅状態となった。

　戦後は、1950年代になってスーパーマーケットや総合スーパーを中心にチェーン展開がはじまる。しかし、高島屋自身も1950年2月に大阪店で100円均一の催事を開始（1967年11月までに200回開催）、1957年4月に大阪店に100円均一売場開設[78]、同年12月に子会社である（株）新南海ストアが100円均一商品主体の「なんば地下センター店」を開店[79] などの記録はあるが、その当時はスーパーマーケット業態が急成長する中で、高島屋も「高島屋ストア」の出店に力を入れていた。他方で、1960年代に入ってからは消費者物価も上昇をはじめ、均一価格の維持は困難となり、高島屋による均一価格業態は消滅した。

　1990年代になって成長した大創産業などの均一価格店は、催事屋と呼ばれる無店舗販売業者をルーツして誕生し、高島屋均一価格店が確立したノウハウを継承することなく成長した。すなわち、高島屋均一価格店のチェーンストアとしての経験やノウハウは活かされることなく、消滅したと考えられる。

注

1）高島屋均一価格店の歴史については、『高島屋100年史』1941年、『高島屋135年史』1968年、『高島屋150年史』1982年、『おかげにて180（高島屋）』2013年、川勝堅一『「高島屋十銭二十銭ストア」に就いて』商工省商務局、1936年7月、東徹「日本における大規模小売店舗規制の源流」『北見大学論集』第29号、1993年2月、出島甫信「百貨店法（旧）の成立過程と社会背景」『流通』第15号、2002年、平野隆「戦前期日本におけるチェーンストアの初期的発展と限界」『三田商学研究』第50巻第6号、2008年2月による。飯田新三郎は、1920年4〜11月に商業事情視察のために渡米し、帰国後提案した当初の高島屋均一価格店の構想は次のように壮大なものであった。「十銭二十銭の低額百貨のチェーンストアを開設すること、ストアは食堂と映画館を兼営すること、その数を全国に600店のチェーンストアとすること」（飯田新三郎談『高島屋135年史』1968年、259ページ）。

2）南海店は、1930年12月に一部開店した時には店舗面積8,250㎡（『おかげにて180（高島屋）』20ページ）、地下1階、地上7階までが店舗、うち1階部分を十銭ストアが専有していた（『高島屋100年史』318ページの開店チラシ広告より）。

3）1938年4月には、商工省令により文鎮、灰皿、鋏など47品目の製造が禁止、さらに同年7月には食器類など133品目の製造が禁止された。また、同年6月には綿製品の

製造・販売が制限される。このような状況の中で、商品調達が徐々に困難になり、「代用品」時代が訪れる（講談社編『昭和 2 万日の記録（第 5 巻）』講談社、1989年、86-87ページ）。

4）価格等統制令は、1939年 9 月18日現在における価格を最高価格として、この基準以内に価格を据え置くことを指示したもので、生鮮食品などは対象外とされた。当初は有効期間 1 年間であったが、その後延長され1945年 8 月まで続いた（法政大学大原社会問題研究所編『日本労働年鑑 特集版 太平洋戦争下の労働者状態』（第 5 編「物価・配給統制と労働者の生活」第 1 章「物価と生計費」）労働旬報社、1965年）。そのため、闇取引が横行することになる。

5）東京市を例にとると、配給制度は1940年 6 月の砂糖、マッチに始まり、1941年 4 月には米穀、小麦粉、酒類、同 5 月木炭、同 6 月食用油、同11月魚類、1942年 1 月塩、同年 2 月にはみそ・しょう油、衣料品が対象となった。その後、同年 5 月パン、同年11月青果物、1943年 6 月には氷、洋傘が対象となる（講談社編『昭和 2 万日の記録（第 6 巻）』講談社、1990年、54-55ページ）。

6）戦局の激化に従い、販売商品の不足と従業員の応召、徴用などによって次々と店舗を閉鎖。さらに空襲や強制疎開などで多くの店舗を失う。戦争による統制が厳しくなって、均一商品がそろわなくなり、配給所として存続していたが、終戦時には17店舗まで縮小した（高島屋『おかげにて180』23ページ）。

7）「個人消費支出」は、1928年11,030百万円、1929年10,956百万円、1930年11,005百万円、1931年11,247百万円、1932年11,085百万円、1933年11,842百万円と横ばいで推移したが、それ以降は増加し1940年には13,389百万円となっている（大川一司・高松信清・山本有造『長期経済統計 1 国民所得』東洋経済新報社、1974年、216ページ、1941年以降の統計は存在しない）。他方で、「消費者物価指数」は、1928年119.0、1929年116.2、1930年104.4、1931年92.4、1932年93.4、1933年96.3、1934年97.6と下落傾向にあったが、それ以降は急速に上昇し、1938年には120.9となっている（大川一司・篠原三代平・梅村又次編『長期経済統計 8 物価』東洋経済新報社、1967年、134ページ。1934～1936年基準（ 5 大費目指数、東京都区部）を用いて実質化したもの、1939年以降の統計は存在しない）。

8）総務省統計局『消費者物価指数年報』による1934～1936年基準（ 5 大費目指数、東京都区部）の消費者物価指数をみると、2010年の総合指数は1,764.7となっている。

9）旧東京市における小売業計販売額に占める百貨店の割合（1931年11月調査）は、全体で32.3％、「織物被服類」69.8％、「小間物洋品」59.5％、「建具家具指物類」58.9％、「玩具運動用具遊戯品」55.3％、「履物雨具類」52.4％、「度量衡科学的機械、楽器時計貴金属類」41.2％、「畳畳表筵荒物類」40.7％など高い割合を占めている（東京市『東京市商業調査書』1933年より算出）。なお、「旧東京市」は、1932年10月に東京市が周辺町村を合併して「大東京市」を構成する以前の、いわゆる旧市域に含まれる15区。同様に、名古屋市における小売業計販売額に占める百貨店の割合（1933年 6 月調査）は、全体で15.5％、「洋品雑貨」51.2％、「呉服類」49.2％などの割合が高い（名古屋市『名古屋市商業調査書』1935年より算出）。

10）『国民新聞』1932年 7 月27日。

11）三越編『三越100年の記録』2005年、32-33ページ。なお、自制声明後に、現在は近鉄百貨店となる大軌百貨店上本町店（1936年開店）および大軌百貨店阿倍野橋店（1937年開店）が開店した。大軌百貨店配送部による「無料配達区域表（1939年1月）」（大阪市立中央図書館所蔵）によると、無料配達区域は大阪府大阪市、布施市、中河内郡、南河内郡、堺市、豊中市、岸和田市、三島郡、豊能郡、泉北郡、北河内郡、泉南郡、兵庫県神戸市、尼崎市、西宮市、武庫郡、川邊郡、京都府京都市、奈良県奈良市、生駒郡、磯城郡、山邊郡、高市郡、北葛城郡、南葛城郡、吉野郡、和歌山県和歌山市において、自制声明後においても非常に広範囲であった。

12）1931年7月における5大百貨店の送迎バスの1日平均乗客数は次のとおりで、非常に多くの利用がなされていた。「三越本店」東京駅13,023人、「白木屋」東京駅8,198人、「銀座松坂屋」計8,809人、有楽町駅1,593人、新橋駅4,476人、東京駅2,740人、「上野松坂屋」計8,154人、万世橋駅5,241人、上野駅2,913人、「高島屋」東京駅八重洲橋363人、「銀座松屋」計11,251人、新橋駅4,358人、東京駅6,893人（野坂相如「大東京市交通機関の統制に就て」『都市問題』第15巻第4号、1932年10月、476ページ（松田愼三『改訂デパートメントストア』日本評論社、1933年、230-231ページ））。

13）東徹「日本における大規模小売店舗規制の源流」『北見大学論集』第29号、1993年2月、59-61ページ。

14）1937年8月13日公布、9月25日百貨店法施行規則（商工省令）、百貨店組合令および百貨店委員会官則（いずれも勅令）公布、10月1日施行。

15）日本百貨店商業組合『第70・71帝国議会政府当局答弁集 百貨店法逐条義解』1937年、32ページ。

16）東徹、前掲論文、63ページ。なお、百貨店委員会において定められた許可の基準は、村本福松「百貨店法施行規則の研究」中西寅雄『百貨店法に関する研究』1938年、146-155ページに詳しい。

17）第一次百貨店法の運用状況（新規営業に関する許可）は、次のとおりである。「百貨店施行前に工事に着手し、施工後完成のため許可」3店、「既存店が合併または組織変更したため改めて新企業者として許可」4店、「一般小売商が売場を拡張した結果、百貨店法の基準に達したため許可」2店（通商産業省編『通商産業政策史 第3巻——第1期 戦後復興期（2）』通商産業調査会、1992年、716ページ）。

18）商工省の調査に基づいて、百貨店法の施行以前の百貨店の閉店状況をみると、午後9時以降の閉店は「六大都市」では54店のうち32店、「地方都市」でも52店のうち35店を数える（村本福松、前掲論文、156ページ）。

19）三越編『三越100年の記録 1904-2004』2005年、144ページ。

20）前掲書、144ページ。

21）木綿良行「均一価格店の現状と展望」『成城大學經濟研究』第167号、2005年2月、263-265ページ。

22）倉本初夫『チェーンストア』商業界、1964年、41-48ページ（Godfrey M. Lebher, *Chain Store in America*）。

23）須藤一『高島屋均一店チェーンについて」『RIRI流通産業』第5巻第2号、1973年3月、10-11ページ。なお、百貨店各社の社史では、それ以前にも均一価格売場を開

設したという記録が残っている。「松坂屋」は、「1927年3月10日に十銭マーケット開設（栄町営業部）」（松坂屋編『松坂屋百年史』1971年、68-69ページ）。「白木屋」は、「山田専務が1918年1月、米国百貨店の視察旅行から帰朝すると、米国の均一店の長所を探り、均一売場を創設して十銭、二十銭、三十銭、四十銭、五十銭の五種均一販売をはじめた。（中略）東都百貨店に於ける均一売場として最初の試みであるので、世間の好評と共に、各方面の注意の的となった」（白木屋編『白木屋二百年史』1957年、409-410ページ）。「松屋」は、「1908年4月に五十銭均一販売部を3階に新設、（中略）日用品を五十銭均一で販売している（松屋編『松屋百年史』1969年、121ページ）。

24）「東京における百貨店は、価格の低下せる結果、一品十銭までになりたれども、京都丸物においてはさらに低下し、一品九銭均一の商品を販売する等、経営単位の低下し来りたるに注目すべきなり。百貨店均一商品の仕入れ方法は他の商品と同様、問屋より仕入れたるうちより均一品に回すもの、および問屋に無理な犠牲を払わせたる商品を特価をもって均一品として販売する模様なり。問屋の弱点として百貨店の得意を失することを憂え、百貨店の強要に対し、他の問屋を打倒する意味にて採算を度外視する値段をもって取引に応ずる者もままある模様にし、（下略）」（商工省商務局編『連鎖店及均一店二関スル調査』商工省商務局、1935年、74-75ページ）。

25）「金星チェーン」は、「履物、雑貨の生産ならびに卸売商なるが、見本の陳列販売を為す目的をもって東京市内に大塚及び銀座に販売店を設け、履物、雑貨を主として均一価格をもって販売しこれをチェーン組織の均一店とせり」（商工省商務局編、前掲報告書、30ページ）。

26）「十銭均一に対抗し九銭均一店を経営する者、漸次増加しきたれどもまだ販売品の種類少なきため世の人に注目されおらず、（下略）」（商工省商務局編、前掲報告書、73ページ）。「1933年頃における均一店の開業は、相当多数にして隆盛を伝えられたれどもその多くは失業による均一店の経営および従前の営業不振による開業なりし、（中略）単独経営は「いわゆる」過渡期において生ずる一時的現象と見るべきものにして、何ら営業上永続性を有せざるものなり」（前掲報告書、78ページ）。

27）「最近のごとくの均一店の増加は、均一店商品を専門に取り扱う問屋の必要に迫られ、均一品問屋の出現を見るにいたれり。大阪においては船場百貨均一品問屋および大阪連合均一卸会等ありて、地方均一店のために均一店商品を取り扱う」（商工省商務局編、前掲報告書、69ページ）。「東京市に事務所をおき、各種業者の問屋卸商32社によりて百貨卸問屋連合会を組織し、主として十銭均一品を取り扱い、関東一円の均一店と取引をなす」（前掲報告書、70-72ページ）。

28）須藤一、前掲論文、10-21ページ。

29）平野隆「戦前期日本におけるチェーンストアの初期的発展と限界」『三田商学研究』第50巻第6号、2008年2月、173-189ページ。

30）武居奈緒子「大規模小売商による新業態開発の歴史的展開」高島克義・西村順二編『小売業革新』千倉書房、2010年、75-92ページ。

31）田村正紀『業態の盛衰──現代流通の激流──』千倉書房、2008年、20-24ページ。

32）武居奈緒子、前掲論文、81ページ。

33) 川勝堅一『「高島屋十銭二十銭ストア」に就いて』商工省商務局、1936年7月、18
ページ。8つの部門は次のとおりである。1部（小物、綿布、足袋）、2部（肌着、
靴下、洋品雑貨）、3部（化粧品、石鹸、小間物）、4部（玩具、文房具）、5部（家
庭用品、傘・履物、衛生用品）、6部（金物、陶磁器、硝子）、7部（菓子）、8部
（食料品、煙草（京都、大阪店のみ））（川勝堅一、前掲報告書、20-21ページ）。なお、
均一価格店の商品種類別品目数をみると、東京では十銭2,233種類、二十銭446種類、
計2,679種類、大阪では十銭986種類、二十銭195種類、計1,181種類となっている（商
工省商務局編、前掲報告書、17ページ）。

34)「開設当初の頃は、百貨店の方の多数の納入者のうちから選択しておりましたが、
（中略）やはりそれ専門の本腰を入れた納入者も必要になってまいります。（中略）製
造会社と直接に相談し、大体年額このくらいの数量ということで予め契約し、特別な
型、色、包装体裁は勿論のこと、いわゆる高島屋十銭二十銭ストアの特製品として恥
じない値打のあるものを十銭あるいは二十銭で売れるように別製してもらう。（中略）
次に地方の商品特産地と直接取引を始めようとする場合は、（中略）需要期以前に、
夏物ならば冬の閑散期などに、おおよそその期間の販売予定数の見込みをつけて、大
量注文を発する（川勝堅一、前掲報告書、21-23ページ）。

35)「1931年4月、当時の国産奨励の機運を反映して長堀の店を国産品百貨店として全商
品を国産品にして了った事がありますが、その際国産十銭均一品の全国大会を同時に
開催しました。これは非常に大がかりなもので全国の各府県の当局に正式にお願いし
まして物産陳列所をはじめ各方面のご支援を得て十銭販売好適商品を募集したのであ
りますが、審査に入ったものだけで約3,000種50万点にのぼりました」(川勝堅一、前
掲報告書、5ページ)。

36)「場合によっては幼稚な製造工程の改良も図ってあげるし、科学的工場管理の方法も
教えてあげるといったふうに、おおよそ万能にわたって好意的に後援的にあるいは指
導的に製造家と私ども利害を一にして共存共栄を図ってやっている。（中略）手工業
的製造家で今日ではまるで見違えるように近代的な工場設備を整えて盛んに私ども専
売商品の製造を続けている者も多数ある（後略）」(川勝堅一、前掲報告書、23-24ペー
ジ)。

37)「大量仕入れという根本的な強みの上に、さらに一歩進んで製造家あるいは産地との
直接取引を行い、できるだけ中間商人の介在を排除するという点にも仕入れの合理化
を図っていることは勿論であります」(川勝堅一、前掲報告書、21-23ページ)。

38) 商工省商務局編、前掲報告書、19ページ。

39) Aクラス店の営業費の内訳は、人件費560円、37.0%（男4人、女11名）、家賃・統
制本部費200円、13.3%、配送車費120円、8.0%、電燈費100円、6.7%、商品包装費
100円、6.7%、その他諸雑費90円、6.0%、広告費、暖房水道費、町内費、商品保険費
合計1,500円とされていた（川勝堅一、前掲報告書、6-8ページ）。なお、『高島屋営
業報告』にみる均一価格店の業況は、『高島屋135年史』に記載されている。

40) 前川梅吉談『高島屋135年史』1968年、344-345ページ。第二次店舗展開前の1937年
度（1937年2月～1938年1月）における均一部の売上高は8,803千円、当期における
高島屋全店の売上高は65,332千円であり、均一部の売上高は全店の13.5%を占めてい

る（『高島屋150年史』416ページより算出）。

41）商工省商務局編、前掲報告書、13-16ページ。

42）前掲報告書、20ページ、川勝堅一、前掲報告書、36-37ページ。

43）「いわゆる目抜きの繁華街は申すまでもありませんが、盛り場、すずらん灯の並んだ小売商店街、あるいは市外、市内接続地、鉄道、電車の終発地点というようなところとか、郊外の省線などに沿った新住宅街とか、簡易生活階級の中心地ともいうべき工場地帯など、要は人通りの多い、十銭均一品のよく売れそうな場所ということに重点をおいて、（下略）」（川勝堅一、前掲報告書、8‐9ページ）。

44）山田忍三『百貨店経営と小売業』千倉書房、1930年、293ページ。

45）商工省商務局編、前掲報告書、2ページ。同報告書では、1935年2月現在のチェーンストアとして、次の企業をあげている。マルキ號（株）（パン）支店数37店、その他出張所11店、高島屋十銭ストア51店、日本屋（食料品）営業所11店、藤屋モスリン店（呉服）11店、虎屋チェーン（帽子）11店、澤ノ鶴チェーン（酒その他の日用品）16店、帝国薬局（調剤）9店、金星チェーンストア（均一価格店）1店（前掲報告書、3-31ページ）。

46）渥美俊一『チェーンストア経営の原則と展望』実務教育出版社、1986年、64-65ページ。

47）須藤一、前掲論文、12-13ページ。

48）須藤一、前掲論文、15ページ。

49）須藤一、前掲論文、15-16ページ。なお、均一価格店にかかわる東京本部と大阪本部の意思疎通のために実施されていた様々な会議については、川勝堅一、前掲報告書、13-14ページを参照されたい。

50）川勝堅一、前掲報告書、15-17ページ。

51）川勝堅一、前掲報告書、29-34ページ。

52）山田正治『十銭均一店の経営法』仕入案内社、1932年、24-25ページ（武居奈緒子、前掲論文、87-88ページ）。

53）商工省商務局編、前掲報告書、74-75ページ。

54）高島屋135年史編集委員会編『高島屋135年史』1968年、282ページにおいては、「1967年11月に大阪店で（100円・200円均一の）（筆者注）200回記念大会が開催された」という記述がある。しかし、同530ページにおける詳細な年表には、200回記念は1966年11月に開催と記述されているため、これを用いた。

55）総務省統計局「2010年基準長期物価指数」（持家の帰属家賃を除く総合指数）によると、2010年を100とした指数で、1955年17.7、1956年17.8、1957年18.3、1958年18.2、1959年18.4、1960年19.1、1961年20.1、1962年21.5、1963年23.1、1964年24.0、1965年25.6と推移している。消費者物価は1950年代後半までは比較的安定していたが、1959年頃から上昇傾向にある。ちなみに、（株）新南海ストアが100円均一商品を扱う「ナンバ地下センター店」を開店した1957年当時の100円は、現在の550円程度である。

56）ナンバ地下センターは、1956年6月の第二次百貨店法施行後にその計画がすすめられたことから、高島屋は必ずしも積極的に100円均一店を出店したわけではないようである。第二次百貨店法は、東京都特別区・政令指定都市においては店舗面積3,000

㎡以上の店舗をもつ「百貨店企業」の出店を規制するものであり、子会社による出店までも規制したわけではない。そのため、第一次百貨店法のもとで、高島屋が子会社である（株）丸高均一店を設立して均一価格店をチェーン展開したのと同様に、子会社による出店も可能であった。ナンバ地下センター（現なんなんタウン）は、大阪市などが出資する大阪地下街（株）によって運営されている。同社は、1957年12月の同センターの開業に先立つ前年8月にテナントの募集広告を出した。しかし、当時は地下街の将来に対する確たる見通しもなく、とりわけ高島屋、大丸、そごうの大百貨店と周辺の大規模商店街をひかえる難波地下街の先行きに不安があり、契約の段階になると辞退するケースが多かった。そのため、1957年9月に入居者再募集の新聞広告を行う一方、他都市からの出店も働きかけた。しかし、その効果はなく、最終的には高島屋の協力を得ることとなった。大阪地下街（株）社長は（株）高島屋社長と面会し、次のような会話がなされたという。「（ナンバ地下センター）の残っている約3分の2の空き店舗を高島屋の地下の売場の延長として借りてくれないか、と頼んだところ高島屋社長は大資本が近所の小売店を圧迫したように思われては困るので、一部分だけは借りましょう。それも南海電鉄と共同で、新南海ストアという会社を設立して同社名で残余の半分近くの面積を借りましょう」。それでも、1957年12月の開業時に、2区画約80坪の借手がみつからず空き店舗のままスタートした（大阪地下街（株）編『大阪地下街30年史』1986年、50ページ）。

57）大阪地下街（株）「ナンバ地下センター店舗配置図」（大阪市立中央図書館所蔵、1957年12月）。

58）（株）新南海ストアは、「ナンバ地下センター」の開業からわずか3カ月足らずの1958年2月期には早くも株主配当を実施している（高島屋編『高島屋150年史』1982年、462ページ）。1957年12月の「ナンバ地下センター」の開店に約2カ月間先立つ同年10月に、同店向かいに入口をもつ高島屋大阪店が約30,000㎡から47,000㎡へと増床開店（同168-171ページ）、集客力を高めたことも良い影響を与えたと考えられる。（株）新南海ストアは、難波での実績が認められて、1963年11月には梅田、1966年7月には堂島の両地下街にも出店、営業内容も100円均一中心から、雑貨、身回品、軽衣料などバラエティ豊かな商品展開を開始した（同462ページ）。

59）セルフサービス店の店舗数の推移をみると、1953年1店、1954年3店、1955年40店、1956年139店、1957年283店、1958年595店、1959年1,036店、1960年1,263店と推移しており、1950年代後半以降に急成長したことを示している（日本セルフサービス協会調べ、公開経営指導協会編『日本小売業運動史 戦後編』公開経営指導協会、1981年、267ページ）。

60）（株）高島屋ストアは、1968年秋に主要店の生鮮食料品販売を全販連（全国販売農業協同組合連合会）に委託している。このことについて、（株）高島屋ストアの二宮専務（当時）は次のように述べている。「高島屋ストアと全販連の提携第一号店、豊田店は日野市の住宅公団多摩平団地内にあり、売り場面積900㎡のうち約100㎡を全販連の出店に切り替え、精肉、畜肉加工品、卵、野菜果実の販売を一任した。提携の内容は売り場設備を高島屋ストアが提供し、全販連は扱い商品の仕入れ販売、店員派遣を分担する。現在、全販連から仕入れ担当者、商品管理者を送り込んでいる。豊田店は

年商4億円だが、全販連委託の売り上げは20%を見込んでいる。高島屋ストアが全販連と組んだのは、まず、同ストアが従来の衛星小型百貨店的性格から、衣料、日用雑貨、食品を主体にしたスーパーにはっきりと戦略転換したためで、全店を対面販売や純セルフ販売から完全セルフ販売に改めつつあり、食品部門もその一環として強化する。同ストアは15店舗のうち食品部門のあるのは5店だけだが、全販連との提携によって、近い将来、半分の店で食品を扱う計画をしている。また、衣料など一般商品は高島屋との共同仕入れ、共同開発の比重を高めており、紳士用品のようにオリジナル量販商品（サンサークル）を全チェーン店で統一して売っているが、食品の場合は店ごとに出店業者が異なり、品質、価値もまちまちだった。高島屋ストアは、全販連と結ぶことで品質、価格が統一されるとみている」(実業界編集部「健全な成長を遂げる高島屋ストア」『実業界』第323号、1968年10月、94ページ）。

61）1963年2月現在の調査では、（株）高島屋ストアの取扱商品について次のように記載されている。「Hストア（筆者注、高島屋ストア）の取扱商品は食料品3分の1、均一品3分の1、その他の商品3分の1の割合である。これを将来スーパーの方向に持っていくべきか否かを研究中であるが、スーパー・マーケットにするためには、少なくとも取扱商品の6割を食料品にする必要が起ころう」(一橋大学産業経営研究所編『百貨店経営ケース・スタディ』ダイヤモンド社、1963年、237ページ）。

62）高島屋商事（株）は1959年に設立され、当初は100円均一商品や各種オリジナル商品・粗品の開発を行っていた。1982年には明治時代に創業した丸高染織（株）を祖とし、婚礼衣装、緞帳、相撲の化粧回しの製造などを得意としていた（株）宝屋と合併した。さらに、2003年3月には和食器・工芸品の開発販売会社である（株）日本クラフト（1961年に日本産業工芸（株）として設立)、および1989年3月に設立された食品卸売会社の（株）グルメールと統合し、（株）グッドリブとなった（高島屋編『おかげにて180』2013年、35ページ）。

63）（株）丸高ストアは、1961年1月に大阪府堺市の向ヶ丘団地に約1,000㎡のスーパーストアを開店したのをはじめ、1962年に助松店、1964年に曾根店と、小型店舗を相次いで開店した。この間、1962年8月には食堂部門を新設の（株）ローズに譲渡し、ストア専業となった。その後は、百貨店法による規制があったため、（株）丸高ストアは「サンストア」の名で出店することになった。サンストアは軽衣料やおしゃれ雑貨、加工食品などのバラエティ・ストアを1965年10月に大阪中之島に開店したのをはじめ、1967年11月に神戸三ノ宮、1969年10月に大阪淀屋橋に相次いで開店した（高島屋編『高島屋150年史』1982年、461-462ページ）。

64）（株）丸高ストアおよび（株）南海電鉄スーパーストアは、現存しない。『日本スーパーマーケット名鑑1964年』によると、1964年6月現在で（株）丸高ストアは2店舗（向ヶ丘店-大阪府堺市、1951年1月開店、助松店-大阪府泉大津市、1962年2月開店)、（株）南海電鉄スーパーストアは1店舗（白鷺店-大阪府堺市、1964年4月開店）となっている。なお、同名鑑でスーパーマーケットとして取り上げている店は、売場面積70坪（230㎡）以上で、セルフサービスを原則的に採用し、生鮮食品のうちいずれか1つ以上をもち、総合食品の売上が全売上の50%以上を占める店舗である（商業界『日本スーパーマーケット名鑑1964年』)。

65）山田忍三、前掲書、258-259ページ。

66）佐々木保幸「『100円均一ショップ』ワッツの小売マーケティング」『地域と社会』第
　　6号、2003年8月、78-79ページ。

67）木綿良行、前掲論文、263-285ページ。

68）高島屋均一価格店のプライスラインの拡大をみると、1930年12月に十銭ストア開
　　店、1932年1月に二十銭商品を追加、1937年3月に五十銭商品を追加した。この間の
　　消費者物価指数（1934〜1936年基準、東京都区部）は、1930年104.4、1932年93.4、
　　1937年110.4と比較的安定していた（大川一司・篠原三代平・梅村又次編『長期経済
　　統計8 物価』東洋経済新報社、1967年）。

69）『日本経済新聞』2013年10月15日。キャンドゥ『有価証券報告書』。

70）ワッツ「IRアナリストレポート」2018年5月3日。

71）均一価格業態の特性が不明確になるという点では、「100円以上の価格帯商品の取扱
　　い」の他に、「POSシステムの導入」があげられる。100円均一価格店は、100円とい
　　う均一価格のみを取り扱っていたこと、初期の頃は販売された商品を補充発注するの
　　ではなく、店舗に陳列されている商品を売り切り、そのスペースに新たな商品を陳列
　　するという考え方であった。そのため、必ずしも単品管理が求められなかったことも
　　あってPOSシステムは導入されず、それが店舗運営コストの削減にもつながっていた
　　といえる。しかし、セリアが他社に先駆けて2005年3月末までにすべての直営店に導
　　入を完了、その後同業他社も導入するに至っている。

72）佐々木保幸、前掲論文、78-79ページ。

73）大創産業のホームページ。

74）酒巻貞夫「100円ショップの経営革新」『浜松大学研究論集』第18巻第1号、2005年
　　6月、16-18ページ、およびセリアのホームページ。

75）酒巻貞夫、前掲論文、6-7ページ、およびキャンドゥのホームページ。

76）佐々木保幸、前掲論文、80-81ページ、およびワッツのホームページ。

77）高島屋に先駆けて、三越がチェーン展開を志向している1922年8月に、三越本店5
　　階に"犠牲的廉価をもって実用品を販売する"「三越マーケット」を開設している（三
　　越編「三越マーケットの開設」『三越』1922年8月、3ページ）。その後、1923年9月
　　の関東大震災により本店が罹災したため、東京市内8か所（同年10月小石川、青山、
　　新宿、11月本郷、銀座、牛込、12月浅草、上野）に「三越マーケット」を出店した
　　（三越伊勢丹HD ホームページ「三越のあゆみ」）。当時専務取締役であった倉知誠夫
　　によると、「三越本館を鎖（チェーン）の中心とし、ここにおいて大規模に商品を仕
　　入れ、安く仕入れた商品をマーケットで販売する方法で、いわゆるチェーンストアと
　　称されるものと同一のやり方である」（倉知誠夫「大阪支店と呼応して復興」『実業の日
　　本』第26巻第19号、1923年11月、52ページ）と、チェーン展開を志向していた。しか
　　し、「三越は、高島屋よりも早く、連鎖店という形態を志向したが、商品調達面での
　　条件が成熟していなかった。そして、倉知の後を継いで1926年9月から専務となった
　　小田久太郎の時代には、連鎖店展開とは異なる戦略である支店設置を積極的に進めて
　　いく」（吉川容「三越の大衆化——倉知誠夫時代の連鎖店展開戦略——」『三井文庫論
　　叢』第42号、2008年12月、125ページ）。

78)『高島屋135年史』1968年、『高島屋150年史』1982年。

79)『高島屋135年史』1968年、『高島屋150年史』1982年、および大阪地下鉄（株）編『大阪地下街30年史』1986年、50ページ。

第9章　小規模小売業の存立可能性

はじめに

　わが国の小売業商店数は、1982年の172万店をピークに減少を続け、2014年には102万店と、70万店も減少している。従業者規模別にみると、「１～４人」規模において1982年の145万店から、時系列比較が可能な2007年[1]の76万店まで、69万店の減少となっている。同様に、売場面積規模別にみると、売場面積「50㎡未満」規模において1982年の119万店から、2007年の50万店まで、69万店の減少となっている。

　小売業販売額に占める従業者数「１～４人」規模の割合をみても、1974年に34.2％、1982年に32.9％であったものが、時系列比較が可能な2007年においては14.2％まで減少している。同様に、小売業販売額に占める売場面積「50㎡未満」規模の割合は、1974年に39.1％、1982年に28.1％であったものが、2007年においては13.2％まで減少している。

　そこで本章では、従業者数「１～４人」規模、および売場面積「50㎡未満」規模の「小規模小売業」[2]の商店数および販売割合の推移をもとに、小規模小売業の衰退傾向について確認する。その上で、小規模小売業の存立基盤ともなっている商店街の集積効果の低下について分析する。

　次に、小規模小売業による大規模小売業との差別化可能性という点から小売業種をタイプ分類する。さらに、経済産業省『商業統計表』を用いて、従業者数「１～４人」規模、売場面積「30～50㎡」規模の小規模小売業の生産性について分析する。従業者数「１～４人」規模の小規模小売業は労働生産性（従業者１人あたり（８時間換算）年間販売額）を指標として、売場面積「30～50㎡」規模の小規模小売業は売場効率（売場面積１㎡あたり年間販売額）を指標として、生産性からみる小規模小売業の存立可能性について考察する。

　そして、従業者数「１～４人」規模の労働生産性、売場面積「30～50㎡」規模の売場効率、および業種別販売額計に占める小規模小売業の割合が一定水準

以上の業種を小規模小売業存立可能業種と捉え、具体的な業種を抽出する。最後に、小規模小売業存立可能業種の特性を小売業タイプ分類別、および産業分類別に明らかにする。

1　小規模小売業の業況と集積効果の低下

（1）小規模小売業の業況

　中小企業庁『小規模企業白書2016年』に基づいて、直近3年間の売上高の増加傾向、および売上総利益（粗利）の増加傾向をみると、小売業において「売上高が増加傾向にある」とする回答は17.3％（全業種では27.5％）、「売上総利益（粗利）が増加傾向にある」とする回答は15.9％（全業種では22.4％）に過ぎず、全業種の中で最も低い割合にとどまっている[3]。

　また、日本政策金融公庫『小企業の経営指標2015年度、2016年度』[4] に基づいて、「健全企業（黒字かつ自己資本プラス企業）」の割合をみても、「小売業」では32.7％となっており、全業種の中で「一般飲食店」29.8％に次いで低い[5]。

（2）集積効果の低下

　小規模小売店は単独での集客力に乏しいことから、商店街等の集積効果に依存して集客する面が強いといえるが、商店街の衰退に伴い、その集積効果も大きく低下している。

　2014年において、小売業販売額に占める商店街形成地区（駅周辺型商業集積地区、市街地型商業集積地区、住宅地背景型商業集積地区）の販売割合は36.7％、商店街形成地区に立地する売場面積100㎡未満の販売割合は、2014年において8.2％にまで減少している。

　商店街形成地区に立地する「専門店・中心店」[6] の売場効率（売場面積1㎡あたり年間販売額）も大幅に低下している。2014年において商店街形成地区に立地する優位性は、駅周辺街商業集積でわずかに残っている（専門店・中心店売場効率平均63万円、駅周辺型商業集積立地専門店・中心店売場効率88万円）ものの、市街地型商業集積（専門店・中心店売場効率平均63万円、市街地型商業集積立地専門店・中心店売場効率66万円）、住宅地背景型商業集積（専門店・中心店売場効率平均63万円、住宅地背景型商業集積立地専門店・中心店売

表9-1　商店街形成地区「専門店・中心店」売場効率・販売割合の変化

（単位：万円／㎡、%）

	売場効率（万円／㎡）			販売割合（%）		
	1997年	2014年	1997-2014年	1997年	2014年	1997-2014年
専門店・中心店計	80	63	▲17	100.0	100.0	
駅周辺型商業集積	103	88	▲15	21.3	19.4	▲1.9
市街地型商業集積	83	66	▲17	14.1	10.1	▲4.0
住宅地背景型商業集積	70	54	▲16	11.8	8.1	▲3.7
衣料品専門店・中心店計	67	58	▲9	100.0	100.0	
駅周辺型商業集積	91	69	▲22	36.1	33.0	▲3.1
市街地型商業集積	72	48	▲24	23.7	17.0	▲6.7
住宅地背景型商業集積	52	33	▲19	10.3	7.1	▲3.2
食料品専門店・中心店計	93	65	▲28	100.0	100.0	
駅周辺型商業集積	123	112	▲11	17.4	17.2	▲0.2
市街地型商業集積	107	85	▲22	10.5	7.5	▲3.0
住宅地背景型商業集積	92	68	▲24	14.6	8.7	▲5.9
住関連専門店・中心店計	79	66	▲13	100.0	100.0	
駅周辺型商業集積	104	95	▲9	18.4	16.1	▲2.3
市街地型商業集積	84	74	▲10	12.7	8.8	▲3.9
住宅地背景型商業集積	68	58	▲10	11.2	7.8	▲3.4

（注1）「商業集積地区」とは、主に都市計画法8条に定める「用途地域」のうち商業地域及び近隣商業地域であっ
　　　て、商店街を形成している地区をいう。小売店、飲食店及びサービス業を営む事業所が近接して30店舗以上
　　　ある概ね一つの商店街を一つの商業集積地区とする。ショッピングセンターや多事業所ビル（駅ビル、寄合
　　　百貨店等）も、原則として一つの商業集積地区とする。
（注2）「専門店」は、非セルフサービス方式（売場面積の50％以上において、セルフサービス方式を採用してい
　　　ない）、かつ商品分類番号（5桁）の上位3桁あるいは4桁のいずれかの販売額が90％以上の事業所をいう。「中
　　　心店」は、非セルフサービス方式、かつ衣・食・住のいずれかが50％以上の事業所をいう。
（注3）売場効率、販売割合ともに、売場面積をもつ事業所について集計。
（出所）経済産業省（通商産業省）『商業統計表（立地環境特性別統計編）』（各年版）より作成。

場効率54万円）においては、必ずしも売場効率は高いとはいえず、集積効果を
ほとんど享受できていないといえる（表9-1参照）。

2　業種特性からみた大規模小売業との差別化可能性

　小売業には様々な業種があるが、その特性によっては、大規模小売業との差
別化可能性が大きい業種と、小さい業種があることも確かである[7]。図9-2
は、大規模小売業との差別化可能性からみた小売業タイプ分類である。
　大規模小売業との差別化可能性が大きい業種とは、商品そのものによる差別
化をなしうる可能性が大きい業種である。「製造小売店」はその典型的なもの
であり、生産機能をもっているがゆえに、他店と差別化できる可能性が最も大

図9-2　大規模小売業との差別化可能性からみた小売業タイプ分類

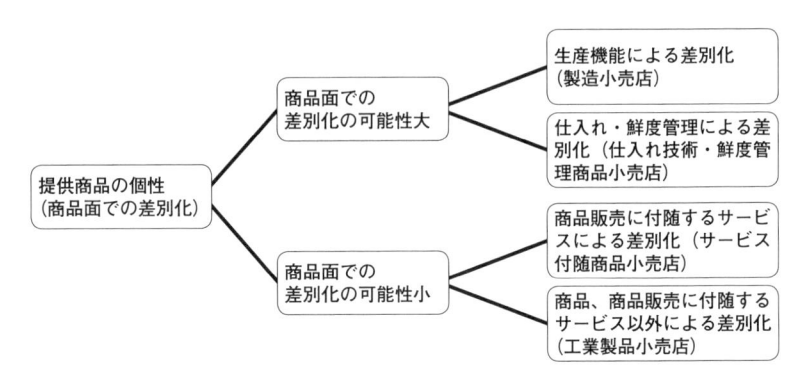

（出所）南方建明『小売業の戦略診断』中央経済社、1995年、90-95ページ、および南方建明『日本の小売業と流通政策』中央経済社、2005年、94-95ページをもとに作成。

きいといってもよい。

　また、生鮮食品など仕入れ技術や鮮度管理技術が求められる「仕入れ技術・鮮度管理商品小売店」では、新鮮さや品質をみる目いかんによっては、商品面での差別化が可能である。これに対して、工業製品では差別化が困難といえる。しかし、工業製品であっても、既製服の裾上げや直し、また眼鏡店におけるレンズの加工やフレームの調整等、商品に何らかの加工サービスを施すもの、あるいは取り付けサービス等、商品提供に関して何らかのサービスの付加が必要とされる「サービス付随商品小売店」については、その技術や迅速性などの面で他店と差別化しうる余地が大きい。

　一方、このような加工サービス、取り付けサービスなどが不要な「工業製品小売店」については、商品による差別化は困難といえる。とくに、メーカーのブランド力が強く、消費者の商品選択においても、メーカーブランドが大きな意味をもつ「工業製品小売店」では、商品による差別化余地は小さいといわざるをえない。

　しかし、メーカーブランドの消費者への影響力が比較的弱く、消費者の商品選択において、小売業による品揃えやアドバイスが強く求められる「工業製品小売店」では、ターゲット顧客にマッチした商品構成、品揃えいかんにより他店と差別化しうる余地もあるといえよう。

　表9-3は、「商品および品揃え」「商品提供に付随するサービス」「商品提供価

表9-3 小売業の差別化要素

商品および品揃え	商品のオリジナル性	生産機能
		仕入れ機能
	品揃えの幅および深さ	品揃えの幅
		品揃えの深さ
	品揃えの特徴	品質
		売れ筋商品
	顧客にマッチした品揃え	ターゲット顧客
		地域住民特性
商品提供に付随するサービス	加工サービス	
	アフターサービス	
	買物利便性	配達サービス
		年中無休・長時間営業
		駐車場
商品提供価格	低価格	
	選択しやすい価格ライン	
顧客とのコミュニケーション	物的手段によるコミュニケーション	店舗によって表現（店舗外装、清潔感、入りやすさ、雰囲気等）
		陳列によって表現（店内レイアウト、商品演出、POP等）
	人的手段によるコミュニケーション	サービスマインド
		商品情報の提供（機能面の情報、売れ筋商品情報等）
	顧客に適合したコミュニケーション	顧客情報の蓄積
		接客技術

（出所）南方建明『小売業の戦略診断』中央経済社、1995年、85-90ページをもとに作成。

格」「顧客とのコミュニケーション」について、大規模小売業との差別化要素を示したものである。

　このうち、「商品のオリジナル性」による差別化は、「製造小売店」では生産機能による差別化、「仕入れ技術・鮮度管理商品小売店」では仕入れ機能による差別化の可能性が強く、「サービス付随商品小売店」およびメーカーブランドの弱い「工業製品小売店」では、仕入れ機能いかんによっては差別化の可能性があるといえる。一方、メーカーブランドの強い「工業製品小売店」では、小売業独自での商品のオリジナル性による差別化は困難である。

　「商品提供に付随するサービス」による差別化は、商品への加工サービスの付加という点では、メーカーから製品を仕入れ、これをそのまま販売する形態である「工業製品小売店」では難しい。また、品質保証・アフターサービスに

182

関しては、メーカーブランドの強い「工業製品小売店」は、メーカーが品質保証・アフターサービスを担っている部分が大きいため、小売業独自でサービスを付加しうる部分は小さいといえる。

「顧客とのコミュニケーション」による差別化は、「製造小売店」や「仕入れ技術・鮮度管理商品小売店」においては、顧客1人ひとりのニーズに応じたきめ細かな品揃えによる差別化はやや難しい面もある。一方、「サービス付随商品小売店」や、メーカー製品の仕入れ・販売が中心とならざるをえない「工業製品小売店」では、商品による差別化や商品提供に付随するサービスによる差別化が困難なだけに、顧客ターゲットを明確にして、ターゲットにマッチした品揃えや、顧客情報を蓄積し顧客に適合したコミュニケーションをいかに図るかが重要といえる。

3　統計からみる小規模小売業の存立可能性

（1）売場効率からみる小規模小売業の存立可能業種

図9-4は、売場面積「30〜50㎡」規模の売場効率（売場面積1㎡あたり年間販売額）が70万円／㎡以上（平均98.3万円／㎡）の業種、かつ「50㎡未満」規模の販売割合（規模計を100とした割合）が10.0％以上（平均7.5％以上）の細分類業種を示したものである。

小規模小売店の売場効率または販売割合、あるいは両者ともに高水準にあって、存立可能性が高いとみられる業種は、次のとおりである。小規模小売店の売場効率および販売割合の両者ともにかなり高水準にあり、明らかに大規模店の方が有利とはいえない「調剤薬局」の他に、農業関連など業務用に用いられる商品を販売する「農業用機械器具」「その他の機械器具（ガス器具等）」「肥料・飼料」、および製造小売あるいは商品の鮮度が重視される「菓子製造小売」「パン製造小売」「料理品」「食肉」、さらに小売業全体に占める販売割合は小さいが「卵・鳥肉」があげられる。

（2）労働生産性からみる小規模小売業の存立可能業種

図9-5は、従業者数「1〜4人」規模の労働生産性（従業者1人あたり（8時間換算）年間販売額）600万円以上（平均1,269万円）の業種の中で、「1

～ 4 人」規模の労働生産性指数（規模計を100とした指数）が60以上（平均53.2）、かつ「 1 ～ 4 人」規模の販売割合（規模計を100とした割合）25％以上（平均12.2％）の細分類業種を示したものである。

　従業者数「 1 ～ 4 人」規模の労働生産性指数または販売割合、あるいは両者とも高水準にあって存立可能性が高いとみられる業種は、次のような特性をもっている。すなわち、標準的な品揃えやサービスの提供ではなく、ターゲットとする顧客に向けて特化した品揃えやサービスの提供が求められ、必ずしも大規模小売店の方が有利とはいえない業種である。

　労働生産性からみて小規模小売業の存立可能性が高い業種をあげると、小売業全体に占める販売割合が比較的大きな業種として「花・植木」「米穀類」「他に分類されない織物・衣服・身の回り品」「ジュエリー製品」、および小売業全体に占める販売割合は小さいが「骨とう品」「靴」があげられる。

図 9 - 4　売場面積「30～50㎡」規模の売場効率と販売割合（2014年）

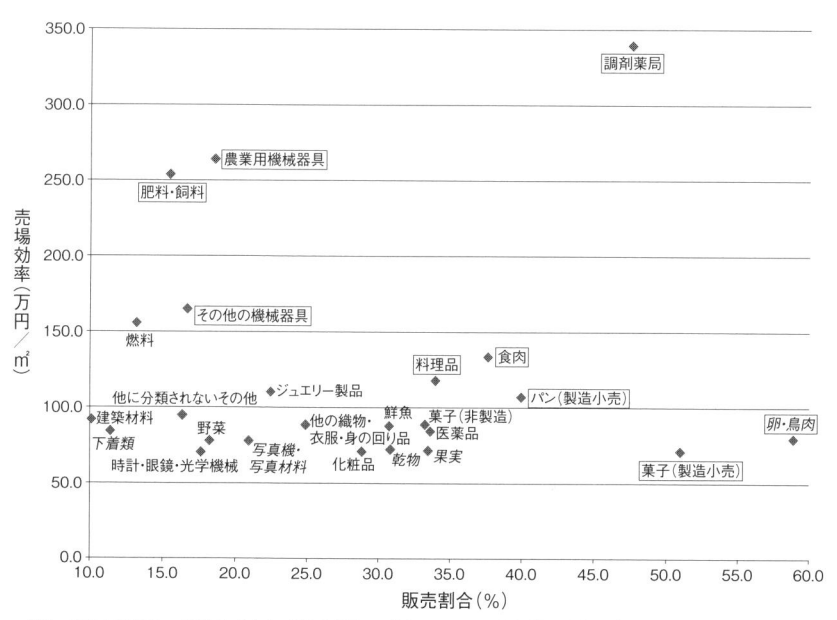

（注）枠内の業種は、売場効率および販売割合の両面において、小規模小売業の存立可能性がかなり高い業種、　　　業種名の斜体は、小売業全販売額に占める当該業種の売場面積「30～50㎡」規模の販売割合が0.1％未満の業　　　種を示す。（出所）経済産業省『商業統計表（産業編）2014年』より作成。

図9-5 従業者数「1～4人」規模の労働生産性指数と販売割合（2014年）

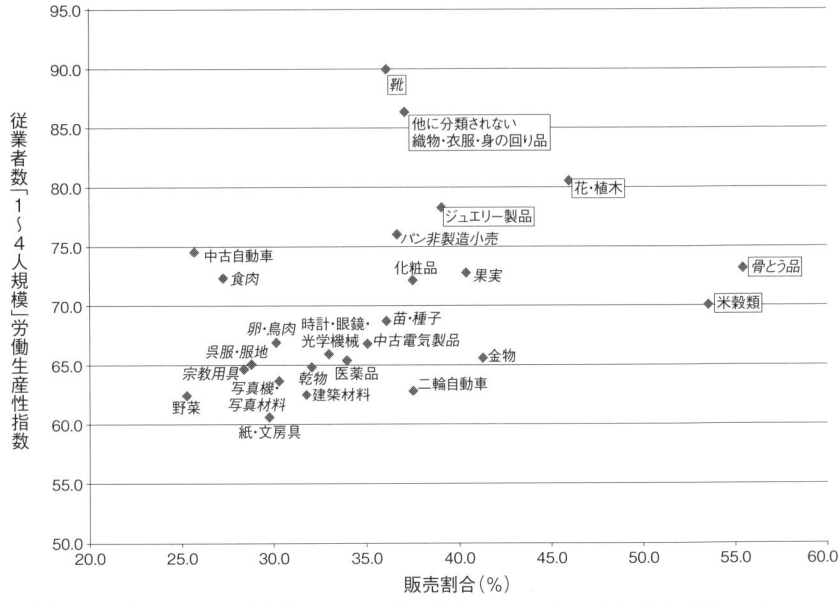

（注）枠内の業種は、労働生産性指数および販売割合の両面において小規模小売業の存立可能性がかなり高い業種、業種名の斜体は、小売業全販売額に占める当該業種の従業者数「1～4人」規模の販売割合が0.1％未満の業種を示す。

（出所）経済産業省『商業統計表（産業編）2014年』より作成。

4　小規模小売業の存立可能領域

　ここでは、「売場効率（売場面積1㎡あたり年間販売額)」と「労働生産性（従業者1人あたり（8時間換算）販売額)」の両面から、小規模小売業の存立可能性について考察したい。

　「売場効率」面からは、売場面積「30～50㎡」規模の売場効率70万円／㎡以上（小売業平均98.3万円／㎡)、かつ「50㎡未満」規模の販売割合（小売業計を100とした割合）10.0％以上（小売業平均7.5％以上）の細分類業種を抽出した。

　そのうち、小規模小売店の売場効率または販売割合、あるいは両者ともに比較的高水準にあって、存立可能性が高いとみられる業種は、次のとおりである。売場効率および販売割合の両者ともにかなり高水準にあり、明らかに大規模店の方が有利とはいえない「調剤薬局」、業務用品を販売する「農業用機械

器具」「その他の機械器具（ガス器具、水道器具、石油ストーブ、家庭用浄水器等）」「肥料・飼料」、および製造小売あるいは商品の鮮度が重視される「菓子製造小売」「パン製造小売」「料理品」「食肉」、さらに小売業全体に占める販売割合は小さいが「卵・鳥肉」があげられる。

　また、労働生産性面からは、従業者数「１〜４人」規模の労働生産性600万円以上（小売業平均1,269万円）の業種の中で、「１〜４人」規模の労働生産性指数（当該業種計を100とした指数）が60以上（小売業平均53.2）、かつ「１〜４人」規模の販売割合（小売業計を100とした割合）25％以上（小売業平均12.2％）の細分類業種を抽出した。

　そのうち、労働生産性からみて小規模小売業の存立可能性が高い業種をあげると、小売業全体に占める販売割合が比較的大きな業種として「花・植木」「米穀類」「他に分類されない織物・衣服・身の回り品（ベビー服を除くベビー用品、かつら、ヘアピース、水着等）」「ジュエリー製品」、および小売業全体に占める販売割合は小さいが「骨とう品」「靴」があげられる。これらの業種は、標準的な品揃えやサービスの提供ではなく、ターゲットとする顧客に向けて特化した品揃えやサービスの提供が求められ、必ずしも大規模小売店の方が有利とはいえない業種といえる。

（１）小規模小売業の存立可能領域（小売業タイプ分類別）

　表９−６は、「売場効率」からみた存立可能業種と、「労働生産性」からみた存立可能業種を併記し、「売場効率」および「労働生産性」の両面からみた存立可能業種を抽出、それを大規模小売業との差別化可能性からみた小売業タイプ分類別に示したものである。

①製造小売店

　生産機能をもっているために、商品面での差別化をなしうる業種であり、生産性を考慮にいれなければ、大型店と差別化できる可能性が大きい業種である。しかし、製造小売店においても、売場効率面では「菓子（製造小売）」「パン（製造小売）」「料理品」において必ずしも大規模店が有利とはいえないが、労働生産性では大規模店よりも低い水準にある[8]。

②仕入れ技術・鮮度管理商品小売店

　農水産物や中古品など仕入れ技術や鮮度管理技術が求められる商品を取り扱

表9-6　小規模小売業の存立可能性（小売業タイプ分類別）

		売場効率面のみ	売場効率・労働生産性の両面	労働生産性面のみ
①製造小売店	販売割合大	菓子（製造小売）、パン（製造小売）、料理品		
	販売割合小			
②仕入れ技術・鮮度管理商品小売店	販売割合大	鮮魚、菓子（非製造小売）	野菜、食肉、ジュエリー製品	米穀類、花・植木、中古自動車
	販売割合小		果実、卵・鳥肉、乾物	パン（非製造小売）、苗・種子、中古電気製品、骨とう品
③サービス付随商品小売店	販売割合大	調剤薬局、燃料（ガソリンスタンドを除く）、その他の機械器具、農業用機械、肥料・飼料	時計・眼鏡・光学機械、建築材料	二輪自動車
	販売割合小			
④工業製品小売店	販売割合大		医薬品（除く調剤薬局）、化粧品、他に分類されない織物・衣服・身の回り品	金物、紙・文房具
	販売割合小	下着類	写真機・写真材料	呉服・服地、靴、宗教用具

（注1）掲載した業種は、売場効率では売場面積「30～50㎡」規模の売場効率70万円／㎡以上（小売業平均98.3万円／㎡）、かつ「50㎡未満」規模の販売割合（小売業計を100とした割合）10.0%以上（小売業平均7.5%以上）の細分類業種、労働生産性では従業者数「1～4人」規模の労働生産性600万円以上（小売業平均1,269万円）の業種の中で、「1～4人」規模の労働生産性指数（当該業種計を100とした指数）が60以上（小売業平均53.2）、かつ「1～4人」規模の販売割合（小売業計を100とした割合）25%以上（小売業平均12.2%）の細分類業種。

（注2）「販売割合大」の業種は、当該業種販売額計に占める売場面積「50㎡未満」規模の販売割合が7.5%（小売業平均）以上、かつ従業者数「1～4人」規模の販売割合が12.2%（小売業平均）以上の業種であり、さらに小売業全販売額に占める売場面積「50㎡未満」規模の販売割合、または小売業計販売額に占める従業者数「1～4人」規模の販売割合のいずれかが0.1%以上の小売業細分類業種。「販売割合小」の業種は、「販売割合」大に該当しない業種。

（出所）経済産業省『商業統計表（産業編）2014年』より作成。

う小売店である。メーカーによって品質保証がなされている工業製品小売店と比べると、品質を見極める仕入れ技術や鮮度管理技術いかんによっては商品面での差別化が可能である。小規模小売業の存立可能性が高い業種として「野菜」「食肉」「ジュエリー製品」があげられる。また、販売割合は小さいが「果実」「卵・鳥肉」「乾物」も存立可能性が高いといえる。

③サービス付随商品小売店

商品への加工サービスあるいは取付け・配達サービスなど、商品販売に直接付随するサービスの付加が必要とされる商品を販売する小売店であり、その技術や迅速性の面で差別化しうる。小規模小売業の存立可能性が高い業種として

「時計・眼鏡・光学機械」「建築材料（木材、板ガラス、ブロック、物置、プラスチック建材等）」があげられる。

④工業製品小売店

工業製品小売店の中でもサービス付随商品を除く小売店であり、利便性の提供、顧客ターゲットや取扱商品の絞り込みによる専門化、個別的な消費者ニーズに適合する情報提供やコンサルティングなど、商品および商品販売に直接付随するサービス以外の面で差別化することが必要となる。小規模小売業の存立可能性が高い業種として「医薬品（除く調剤薬局）」「化粧品」「他に分類されない織物・衣服・身の回り品」があげられる。また、販売割合は小さいが「写真機・写真材料」も存立可能性が高いといえる。

（2）小規模小売業の存立可能領域（産業分類別）

表9-7は、「売場効率」からみた存立可能業種と、「労働生産性」からみた存立可能業種を併記し、「売場効率」および「労働生産性」の両面からみた存立可能業種を抽出、それを産業分類別に示したものである。

①飲食料品小売業

「野菜」「食肉」において小規模小売業の存立可能性が高い。また、販売割合は小さいが「果実」「卵・鳥肉」「乾物」においても存立可能性が高いといえる。「乾物」を除けば生鮮食品業種であり、仕入れ技術や鮮度管理技術によっては存立可能な業種といえる[9]。

②織物・衣服・身の回り品小売業

「他に分類されない織物・衣服・身の回り品」のみが、売場効率および労働生産性の両面から存立可能性が高い業種としてあげられる。また、労働生産性面からは、「呉服・服地」「靴」において存立可能性がある。大規模小売店や専門店チェーンでは品揃えされていないような商品を取り扱うことにより、存立可能性があるといえる。

③機械器具小売業

売場効率および労働生産性の両面から、存立可能性が高いといえる業種は存在しない。メーカーのブランド力やアフターサービスが重視される業種であり、小規模小売業が大規模小売業と差別化して存立することは容易ではない。ただし、売場効率面からは「その他の機械器具」、労働生産性面からは「中古

表 9-7　小規模小売業の存立可能性（産業分類別）

		売場効率面のみ	売場効率・労働生産性の両面	労働生産性面のみ
①飲食料品小売業	販売割合大	鮮魚、菓子（製造小売）、菓子（非製造小売）、パン（製造小売）、料理品	野菜、食肉	米穀類
	販売割合小		果実、卵・鳥肉、乾物	パン（非製造小売）
②織物・衣服・身の回り品小売業	販売割合大		他に分類されない織物・衣服・身の回り品	呉服・服地、靴
	販売割合小	下着類		
③機械器具小売業	販売割合大	その他の機械器具		中古自動車、二輪自動車
	販売割合小			中古電気製品
④その他の小売業	販売割合大	農業用機械器具、肥料・飼料、調剤薬局、燃料（ガソリンスタンドを除く）	医薬品（除く調剤薬局）、化粧品、建築材料、ジュエリー製品、時計・眼鏡・光学機械	金物、苗・種子、花・植木、紙・文房具、骨とう品
	販売割合小	下着類	写真機・写真材料	宗教用具

（注）掲載した業種、および「販売割合大」「販売割合小」の区分については、表9-6と同じ。
（出所）経済産業省『商業統計表（産業編）2014年』より作成。

自動車」「二輪自動車」において存立可能性がある。

④その他の小売業

　「医薬品（除く調剤薬局）」「化粧品」「時計・眼鏡・光学機械」「建築材料」「ジュエリー製品」、および販売割合は低いが「写真機・写真材料」において小規模小売業の存立可能性が高い。これらの業種の共通点は、コンサルティングセールスが求められていることであり、小規模小売業が大規模小売業と差別化して存立しうる可能性が高いといえる。

むすび

　小規模小売業が存立するためには、商店街がもつ集積効果に依存することなく、自らの経営努力で大型店と差別化された個性を発揮するとともに、生産性においても大規模小売業とそれほど遜色のない成果をあげなければ、コスト面で難しいと言わざるを得ない。そこで本章では、従業者数「1〜4人」規模の

労働生産性、売場面積「30～50㎡」の売場効率に着目し、生産性からみた小規模小売業の存立可能性について分析してきた。

　小売業タイプ分類からみると、商品面でオリジナル性を創出することが可能な『製造小売店』においても、労働生産性面では存立が難しい状況となっている。『仕入れ技術・鮮度管理商品小売店』においては、品質を見極める仕入れ技術や鮮度管理によっては商品面での差別化が可能であり、具体的な業種として「野菜」「食肉」「ジュエリー製品」があげられる。『サービス付随商品小売店』は、商品への加工サービスなど商品販売に直接付随するサービスの付加が必要とされる商品であり、小規模小売業の存立可能性が高い業種として「時計・眼鏡・光学機械」「建築材料」があげられる。『工業製品小売店』は、個々の顧客ニーズに適合する情報提供やコンサルティングなどの面で差別化することが可能な業種であり、小規模小売業の存立可能性が高い業種として「医薬品」「化粧品」「他に分類されない織物・衣服・身の回り品」があげられる。

　産業分類からみると、『飲食料品小売業』では、「野菜」「食肉」などの生鮮食品業種では仕入れ技術や鮮度管理技術によっては存立可能である。『織物・衣服・身の回り品小売業』では、大規模小売店や専門店チェーンにはない商品を取り扱っている「他に分類されない織物・衣服・身の回り品小売業」において存立可能性がある。『機械器具小売業』においては、売場効率および労働生産性の両面において、存立可能性が高い業種を見出すことができない。『その他の小売業』では、コンサルティングセールスが求められている「医薬品」「化粧品」「時計・眼鏡・光学機械」「建築材料」「ジュエリー製品」において存立可能性があるといえる。

注

1）2014年の商業統計調査は未回答事業所も多いため、厳密な時系列比較はできない。なお、商店数は未回答事業所数も含む商業統計調査の調査対象事業所数である。

2）「小規模小売業」とは、中小小売商が運営する規模の小さな小売店を指す。ただし、統計上の制約から、一部は大規模小売業が運営するチェーン店も含まれるが、その割合はわずかである。経済産業省『商業統計表（産業編）2014年』によると、従業者数「1～4人」規模の事業所のうち95.9％は単独事業所である。また、売場面積「50㎡未満」規模の事業所のうち個人経営が64.3％を占めている。参考までに、法人企業のうち資本金5,000万円未満の中小企業においては、単独事業所が94.8％を占めている。

3）中小企業庁委託調査（日本アプライドリサーチ研究所）「小規模事業者の事業活動の

　実態把握調査」2016年1月。なお、小規模事業者とは常時使用する従業員が5人以下の事業者。

4）調査対象は、従業者数（パート・アルバイトを除く）50人未満の企業で、日本政策金融公庫が融資を行った企業。

5）帝国データバンクによると、業種細分類別休廃業・解散率の高い上位20業種のうち、8業種が小売業となっており、小売業経営の厳しさを物語っている。休廃業・解散率の高い小売業細分類業種は次のとおりである（全業種の休廃業・解散率は1.7％）。「米穀類小売」（休廃業・解散率3.8％）、「呉服・服地小売」（同3.6％）、「コンビニ店」（同3.1％）、「菓子小売」（同3.0％）、「家電機械器具小売」（同2.9％）、「新聞小売」（同2.9％）、「洋品雑貨小間物小売」（同2.8％）、「酒小売」（同2.8％）（帝国データバンク「全国休廃業・解散動向調査2016年）」2017年1月、帝国データバンク産業分類細分類業種のうち、COSMOS2収録企業数が500以上の業種を対象とした休廃業・解散率（休廃業・解散企業数（2016年）／2015年12月時点のCOSMOS2収録企業数）。

6）「専門店・中心店」として分類されている事業所のうち、従業者数「1～4人」規模の割合は70.4％、売場面積「50㎡未満」規模の割合は54.6％、同「100㎡未満」規模の割合は78.5％となっている（経済産業省『商業統計表（業態別統計編）』2014年）。

7）大規模小売業との差別化の可能性についての主な先行研究として、次のものがある。

　ア、国民金融公庫

　　差別化方策に着目して、「製造小売店」「農産物等小売店」「大ロット生産品小売店」「小ロット生産品小売店」の4つに分類している（国民金融公庫総合研究所「差別化に活路を見いだす中小小売業」『調査月報』第443号、1998年3月）。

　イ、石井淳蔵

　　自己雇用者の増減に着目して小売業の業種分類を行い、その特徴を明らかにしている。自己雇用者が減少した業種として「生鮮食品業種」をあげ、逆に自己雇用者が増大した業種の特徴として、1つは業種自体が急成長していること、2つは製造過程を含んでいること、3つは流通規制があることを指摘し、家族従業の生存根拠たる技能が「生鮮食品を扱うこと」から「製造過程を内に含むこと」に変わってきたことが推察されるとしている（石井淳蔵「わが国小売業における家族従業の過去と未来」『調査季報（国民金融公庫総合研究所）』第40号、1997年2月）。さらに、石井淳蔵は小売業が大規模化する条件とチェーン化する条件として次の2点を指摘している。第一に、「最寄品」か「買回品」かで、買回品であれば広い範囲で集客することができるため、それだけ大規模化する可能性がある。第二に、「商品の標準化」や「業務の標準化」がどこまで可能かで、商品が標準化されていればチェーン化が容易であるが、労働集約的な流通加工あるいは小規模な製造工程を含んでいる場合には業務の標準化が難しく、チェーン化が困難である（石井淳蔵『商人家族と市場社会』有斐閣、1996年、119-120ページ）。

　ウ、中小企業白書

　　経済産業省『企業活動基本調査2015年』に基づいて、「中小企業」と「大企業」の労働生産性を比較し、日本標準産業分類小分類別に大企業以上の生産性をあげている中小企業の割合をみている。その割合は、高い順に「自動車小売業」75.9％、「機械

器具小売業（自動車除く）」47.0％、「じゅう器小売業（金物、荒物、陶磁器等）」35.0％、「医薬品・化粧品小売業」34.4％、「燃料小売業」31.1％などとなっている。なお、「中小企業」は、常時使用する従業員数50人以下または資本金・出資金5,000万円以下、ただし同従業員数50人以上かつ資本金・出資金3,000万円以下の会社に限る。すなわち、同従業員数50人未満または資本金・出資金3,001万円未満の会社を除く。「大企業」は、常時使用する従業員数が50人以下または資本金・出資金5,000万円以下の中小企業以外の会社。「労働生産性」は、次式によって算出されている。付加価値額（営業利益＋人件費＋租税公課＋動産・不動産賃借料）／総従業員数（役員数＋総従業員数）（中小企業庁『中小企業白書2015年度』2016年、567ページ）。

8）大型店との差別化の可能性が最も高い製造小売店においては、商品面でオリジナル性を出すこと可能な反面、機械化や原材料の大量仕入れ等による規模の経済性を享受することが難しい。そのため、その労働生産性（従業者1人あたり（8時間換算）年間販売額）は、従業者数「3～4人」規模においても業種平均を下回り、かつその絶対的水準においても存立が難しい水準にあるといえる。たとえば、従業者数「3～4人」規模の労働生産性は「パン製造小売業」の414万円（業種平均588万円）、同様に「菓子製造小売業」は508万円（業種平均641万円）、「料理品小売業」は772万円（業種平均1,120万円）にとどまっている。『TKC経営指標』の黒字企業平均値（2016年決算期）をもとに、従業者数「3～4人」規模の「パン製造小売業」における従業者1人あたり（8時間換算）人件費を推計すると160万円（限界利益率63.8％、労働分配率60.7％、販売額に対する人件費の割合38.7％）に過ぎない。同様に、従業者数「3～4人」規模における「菓子製造小売業」の従業者1人あたり（8時間換算）人件費は164万円（限界利益率60.2％、労働分配率53.5％、販売額に対する人件費の割合32.2％）、「料理品小売業」における従業者1人あたり（8時間換算）人件費は249万円（限界利益率55.4％、労働分配率58.2％、販売額に対する人件費の割合32.2％）と推計される。

9）小売業による飲食料品販売額の小売業態別販売割合（2014年）は、「百貨店・総合スーパー」12.6％、「コンビニエンスストア」11.8％、「各種食料品小売業（食品スーパー）」36.3％（うち資本金1億円以上企業24.2％）、「無店舗小売業（飲食料品）」5.5％、「百貨店・総合スーパーおよび飲食料品小売業以外の業種に格付けされた業種、および卸売業による飲食料品販売」8.8％（「ドラッグストア」1.9％、「ホームセンター」0.5％、「卸売業による飲食料品小売」1.6％など）となっている（経済産業省『商業統計表（品目編）2014年』より算出）。それ以外の専門飲食料品小売業の割合は25.0％であり、その内訳は次のようになっている。「野菜」1.9％、「果実」0.3％、「食肉（卵、鳥肉を除く）」1.4％、「卵・鳥肉」0.1％、「鮮魚」1.5％、「酒」3.3％、「菓子（製造小売）」1.7％、「菓子（製造小売でないもの）」1.8％、「パン（製造小売）」1.1％、「パン（製造小売でないもの）」0.1％、「牛乳」0.4％、「飲料（清涼飲料、乳酸菌飲料など）」0.7％、「茶類」0.3％、「料理品」2.5％、「米穀類」0.6％、「豆腐・かまぼこ等加工食品」0.6％、「乾物」0.3％、「他に分類されない飲食料品（夕食材料宅配、乳製品など）」7.9％（経済産業省『商業統計表（品目編）2014年』より算出）。

第10章　商店街の現状と課題

はじめに

　現代の日本のまちは、どこの駅に降り立っても似たような光景がみられる。駅周辺の商店街はほとんどがシャッター通りと化し、また中心市街地は一様に疲弊している。そして、周辺のロードサイドにはナショナルチェーン店や郊外型大型店・ショッピングセンターが林立し、今どこのまちにいるのかわからないほど同質的なまちが広がっている。まちには、それぞれ地域の文化・歴史を反映した個性があったはずである。しかし、商店街や中心市街地の個性が失われていくにつれて、まちの個性も色あせたものになってきている。

　そこで本章では、まず中小企業庁『商店街実態調査』に基づいて商店街の現状について確認する。次いで、地域商業がその「社会的有効性」という視点から政策的に支援されてきたことについて振り返る。そして、『商業統計表（立地環境特性別統計統計編）』に基づいて、地域商業がいかに地盤沈下しているか、および地域商業の集積効果の低下について売場効率をもとにした地域商業立地優位性という視点から分析し、最後に地域商業の集積効果について考察を行う。

1　商店街の現状

（1）商店街の景況の推移

　中小企業庁『商店街実態調査』によると、商店街の景況（「繁栄」「停滞」「衰退」の3段階評価のうち、「停滞」および「衰退」と回答している割合、「無回答」を除いて算出）は、1970年度60.5％、1975年度67.8％、1981年度87.1％、1985年度88.9％、1990年度91.5％、1993年度96.0％、1995年度97.2％、2000年度97.6％、2003年度97.7％と調査を重ねるごとに増加してきた。2006年度からは5段階の評価となったため、時系列的にみることはできなくなったが、肯定的

194

に評価する割合は、2006年度「繁栄」および「停滞しているが上向きの兆し」6.4％、2009年度「繁栄」および「繁栄の兆し」3.0％、2012年度同3.3％、2015年度同5.4％、2018年度同6.0％に過ぎず、商店街の景況は極めて厳しい状況にある。

　2018年度調査において、「繁栄」および「繁栄の兆し」ありとする商店街をタイプ別にみると、「近隣型商店街」3.3％、「地域型商店街」7.0％、「広域型商店街」17.9％、「超広域型商店街」29.5％となっており、商圏の狭い商店街ほど「繁栄」とする割合が小さくなっている。これを商店街が所在する都市の人口規模別にみると、「政令指定都市・特別区」9.3％、「人口30万人以上」7.6％、「人口10〜30万人」4.7％、「人口10万人未満」2.4％となっており、人口規模が小さい商店街ほど「繁栄」とする割合が小さくなっている。

（2）大型店との競合よりも内部の問題を抱える商店街

　商店街の問題点として「大型店との競合」をあげる割合は、1990年度38.5％、2006年度23.9％、2009年度17.8％、2012年度20.1％、2015年度17.0％、2018年度16.8％と減少傾向にあり、他方で、「後継者問題」をあげる割合は、1990年度18.3％、2006年度31.4％、2009年度51.3％、2012年度63.0％、2015年度64.6％、2018年度64.5％と大きく増加している（中小企業庁『商店街実態調査』）。1990年度当時と比較して近年は、ほとんどの商店街において近隣に大型店が出店し、大型店の影響が強まっているとみられるものの、「後継者難」という商店街内部の問題点の方が強く意識されている。

　2018年度調査における商店街の問題点をみても、「経営者の高齢化等による後継者問題」64.5％、「店舗等の老朽化」38.6％、「集客力が高い・話題性のある店舗・業種が少ないまたはない」36.9％など商店街内部の問題点が上位を占め、「商圏人口の減少」35.5％、「大型店との競合」16.8％という商店街外部の問題点よりも強く意識されている。

2　地域商業振興政策

（1）「社会的有効性」からの支援

「社会的有効性」を評価する視点が地域商業振興政策に導入されたのは、『80

年代の流通産業ビジョン』（1984年）であった[1]。「社会的有効性」という視点は、『90年代の流通ビジョン』(1989年) では後退したものの、『21世紀に向けた流通ビジョン』(1995年) では再び確認されることになる。

　ここで、「地域商業」とは、主として地域に拠点を置く小売業・飲食業・対個人サービス業を営む中小商業者、それらが集積した商店街、さらに複数の商店街からなる商業集積である[2]。わが国においては、地域商業は単なる買物の場としての機能（経済的機能）にとどまらず、地域のコミュニティ形成の場、地域文化の継承・創造の場としての機能（社会・文化的機能）も果たす存在として、いわば「経済的効率性」に対する「社会的有効性」という視点から、地域商業振興政策[3] による支援がなされてきた。地域商店街活性化法（2009年8月施行）に基づいて定められた中小企業庁「商店街活性化事業の促進に関する基本方針」においても、商店街の公共性や社会・文化的機能が強調されている[4]。

　また、「経済的機能」面でも、地域商業が大型店や大型SCとは差別化された「経済的機能」を担うことによって、地域住民に多様な買物の選択肢を提供し、地域住民の生活利便に資するという点、地域商業の「経済的機能」を維持・強化することは、間接的に「社会・文化的機能」の維持・強化にもつながるという視点から支援がなされてきた。

　商店街の社会・文化的機能については、筆者もその機能を高く評価するものではあるが、それは商店街の買物の場としての機能、すなわち経済的機能を基盤とするものであり、経済的機能が脆弱化した場合には社会・文化的機能も劣化することは避けられない。

（2）地域商店街活性化事業

「地域商店街活性化事業」は、全国商店街振興組合連合会が国からの補助金を受けて153億円の基金を造成し、当該基金を活用して商店街振興組合等による継続的な集客促進及び需要喚起に効果のある取り組みに要する経費を助成する事業である。2012〜2013年度の2年間に2,994商店街、4,296件（2012年度1,533件、2013年度2,763件）の事業が採択され、さらに2014年度にも1,505件の事業が採択されている。

　同事業の募集要項によると、「地域商店街活性化事業」は、商店街組織が地域コミュニティの担い手として行う恒常的な集客力向上や販売力向上が見込ま

れるイベント等の事業を支援する」として、次の事業が例示されている。1）商店街組織の地域コミュニティ機能の強化（地域住民のニーズ調査、地域住民や協力組織との交流事業、子育て・介護等のサービス実施等）、2）女性や若者のチャレンジ支援（研修事業等）、3）商店街組織の情報発信（情報発信マップ作成、機関誌発刊、WEB掲載等）、4）マーケティング調査・分析。助成額の上限は、多くの商店街組織が参加する場合は高く設定されており、単独〜4商店街組織400万円、5〜9商店街組織800万円、10商店街組織以上1,200万円となっている[5]。

　「地域商店街活性化事業」の成果について、同事業に取り組んだ商店街に対する調査（2012年度および2013年度採択商店街を対象）において、自由意見として記述された内容をいくつかの項目にカテゴリー分けし、それらの項目全体を100％とした割合をみると、「イベントの実施で商店街の認知度が向上した」31.4％、「イベントの実施で来街者や来店客が増加した」23.1％、「街の活性化につながった」16.7％、「商店街活動及び商店街組織の強化につながった」16.1％、「地域との連携・コミュニティの強化が図られた」12.4％などとなっている。しかし、販売促進活動面では「商店街会員店舗の売り上げ増加につながった」5.7％、「会員店舗の販売活動・販売力の強化につながった」3.0％があげられているに過ぎない[6]。

　「地域商店街活性化事業」以外のソフト事業に対する補助制度として、2008〜2012年度までは「中小商業活力向上事業」（採択件数104件）、2013年度は「地域中小商業支援事業（中小商業活力向上事業と地域商業再生事業（コミュニティ施設整備）を統合）」（中小商業活力向上事業採択件数70件）、2014〜2015年度には自治体による支援計画の提出を義務づけた「地域商業自立促進事業」が開始された（2015年度採択件数72件）[7]。「地域商業自立促進事業」は、2016〜2018年度から「地域・まちなか商業活性化支援事業」に改称された（採択件数2016年度16件、2017年度51件、2018年度33件）。同事業の募集要項によると、商業者の集積として地域経済において重要な役割を担うとともに、地域の暮らしを支える生活基盤として多様なコミュニティ機能も担う存在として商店街を位置づけ、支援する対象分野として次の6つが掲げられている。1）少子・高齢化、2）地域交流、3）新陳代謝、4）構造改善、5）外国人対応、6）地域資源活用。補助額の上限は、「自立促進調査分析事業」500万円、「自立促進

支援事業」2億円、補助率はそれぞれ2／3以内となっている[8]。

3　地域商業の集積効果の統計的分析

（1）小規模店の集客と集積効果

　小規模小売業は、売場面積が限られているだけに品揃えの幅は狭く、単独では消費者のワンストップ・ショッピングの要請に応えることはできない。そのため、品揃えやサービス面で非常に特徴がある場合を除いて、地域商業の集客力、すなわち集積効果に依存して集客している面が強いといえる。

　表10-1において、「大規模小売店舗（店舗面積500㎡以上）内立地の売場効率を100とした大規模小売店舗外立地の売場効率」（売場効率格差）を売場面積規模別にみると、「30㎡未満」約50、「30㎡以上50㎡未満」約60、「50㎡以上100㎡未満」約80となっており、大規模小売店舗内立地の優位性は強い。他方で、「100㎡以上」では概ね100と、大規模小売店舗内立地と同店舗外立地の売場効率は同程度であり、大規模小売店舗内立地の優位性はみられない。

　すなわち、100㎡未満において売場効率格差が大きく、また売場面積規模が小さいほど大規模小売店舗内立地の優位性が強いことを示している。

表10-1　大規模小売店舗内・外立地の売場面積規模別売場効率比較（1999年）

売場面積	大規模小売店舗内立地売場効率（万円／㎡）	大規模小売店舗外立地売場効率（万円／㎡）	売場効率格差（大店内=100）
10㎡未満	451.1	244.1	54.1
10㎡以上 20㎡未満	243.5	120.3	49.4
20㎡以上 30㎡未満	169.6	90.2	53.2
30㎡以上 50㎡未満	137.6	83.4	60.6
50㎡以上100㎡未満	106.1	85.2	80.3
100㎡以上250㎡未満	83.8	85.0	101.4
250㎡以上500㎡未満	75.1	73.1	97.3
500㎡未満計	101.8	83.8	82.3

（注）商業統計表（大規模小売店舗統計編）は、1999年が最終である。
（出所）通商産業省『商業統計表（大規模小売店舗統計編）1999年』より作成。

（2）地域商業の地盤低下

①商店街形成地区販売割合

『商業統計表（立地環境特性別統計編）』においては、1997年から商業集積地区をその立地環境特性によって、さらに「駅周辺型」「市街地型」「住宅地背景型」「ロードサイド型」「その他」の5つに細分化している。表10-2は、小売業計に占める立地環境特性別販売割合の推移をみたものである。なお、販売額は売場面積をもつ商店のみの販売額であり、自動車小売業やガソリンスタンドなど売場面積調査対象外業種、および通信販売など売場面積をもたない事業所による販売額を除いたものである。同表によると、販売割合が明らかに減少傾向にあるのは「駅周辺型商業集積」「市街地型商業集積」「住宅地背景型商業集積」である。これらは中小小売業者が集積した商店街形成地区であり、かつ何らかの商店街活動が行われていることが多いという共通性があり、これらを「商店街形成地区」と呼ぶこととする。

表10-2　立地環境特性別販売割合の推移

（単位：％）

立地環境特性	1997年	2002年	2007年	2014年
小売業計	100.0	100.0	100.0	100.0
商店街形成地区	49.9	42.5	39.8	29.7
駅周辺型商業集積	23.9	21.0	20.4	14.6
市街地型商業集積	14.2	11.8	10.7	7.3
住宅地背景型商業集積	11.8	9.8	8.7	7.8
商店街形成地区以外	50.1	57.5	60.2	70.3
ロードサイド型商業集積	4.7	5.9	7.2	6.4
その他の商業集積	1.1	1.0	0.9	0.7
オフィス街地区	4.9	7.0	7.6	12.1
住宅地区	24.4	26.4	26.0	22.2
工業地区	4.7	6.1	7.9	14.7
その他地区	10.3	11.1	10.7	14.3

（注1）販売額は売場面積をもつ事業所の販売額。
（注2）「商業集積地区」は、主に都市計画法8条に定める「用途地域」のうち商業地域および近隣商業地域であって、商店街を形成している地区をいう。小売店、飲食店およびサービス業を営む事業所が近接して30店舗以上ある概ね一つの商店街を一つの商業集積地区とする。ショッピングセンターや多事業所ビル（駅ビル、寄合百貨店等）も、原則として一つの商業集積地区とする。
（注3）「商店街形成地区」は、次の3つの商業集積地区ととらえている。「駅周辺型商業集積」JRや私鉄などの駅周辺に立地する商業集積（原則として地下鉄や路面電車の駅周辺に立地する地域は除く）。「市街地型商業集積」都市の中心部（駅周辺を除く）にある繁華街やオフィス街に立地する商業集積。「住宅地背景型商業集積」住宅地または住宅団地を後背地として、主にそれらに居住する人々が消費者である商業集積。
（出所）経済産業省（通商産業省）『商業統計表（立地環境特性別統計編）』（各年版）より作成。

　小売業計に占める商店街形成地区販売割合は、1997年49.9％、2002年42.5％、2007年39.8％、2014年29.7％と大幅に減少し、地域商業の地盤沈下が急速にすすんでいる。

②商店街形成地区大店外立地商店（商店街内単独立地店）販売割合

　表10- 3 は、小売業計に占める「商店街形成地区立地商店」のうち、「大店外立地商店」(店舗面積1,000㎡を超える大規模小売店舗内に立地する商店以外の商店）の販売割合をみたものである。比較可能な2002年から2014年にかけての推移をみると、区部、市部、郡部という都市区分別のいずれにおいても、小売業に占める商店街形成地区大店外立地商店の販売割合は減少している。2014年における「商店街形成地区大店外立地商店」の販売割合をみると、全国で13.7％、都市区分別にみると都市部ほどその割合が高いが、区部18.7％（東京都特別区は27.6％）、市部11.3％、郡部9.5％にとどまっている。

表10- 3　　商店街形成地区大店外立地商店販売割合の推移

（単位：％）

	2002年	2007年	2014年
全国	17.5（37.5）	14.6（33.7）	13.7（29.7）
区部	22.4（54.4）	18.8（49.2）	18.7（43.7）
(東京都特別区)	31.6（65.0）	30.0（62.6）	27.6（57.1）
市部	16.8（37.1）	13.5（30.5）	11.3（23.3）
郡部	14.8（20.9）	11.8（18.2）	9.5（15.3）

（注1）販売額はすべての事業所の販売額。
（注2）数字は小売業計に占める商店街形成地区大店外立地商店販売割合、カッコ内の数字は小売業計に占める商店街形成地区販売割合。
（注3）「商店街形成地区」の定義は、表10-2に同じ。
（注4）「大店内立地商店」は大規模小売店舗（店舗面積1,000㎡を超える店舗）内、「大店外立地商店」は大規模小売店舗外に立地する商店。
（出所）経済産業省『商業統計表（立地環境特性別統計編)』(各年版）より作成。

③商店街形成地区小規模店の割合

　表10- 4 は、商店街形成地区小規模店（売場面積100㎡未満）販売割合の推移をみたものである。小規模店を売場面積100㎡未満とした理由は、先に表10- 1 でみたように100㎡未満の事業所は集積効果に依存する度合いが強く、商店街形成地区に立地する優位性が大きいと考えたからである。

　商店街形成地区小規模店は、“商店街に立地する小規模店”であり、『商業統計表（業態別統計編)』における「専門店」および「中心店」のうち、売場面

表10- 4　商店街形成地区小規模店販売割合の推移

	1997年	2002年	2007年	2014年
小売業販売額計（売場面積をもつ事業所のみ）(十億円)	110,994	102,115	99,035	84,908
小規模店（売場面積100㎡未満）販売額計（十億円）	29,654	24,721	21,334	17,734
商店街形成地区小規模店（売場面積100㎡未満）販売額（十億円）	14,819	10,710	8,911	6,922
小売業販売額計に占める商店街形成地区小規模店販売割合（％）	13.4	10.5	9.0	8.2
小規模店販売額計に占める商店街形成地区小規模店販売割合（％）	50.0	43.3	41.8	39.0

(注1)　販売額は売場面積をもつ事業所の販売額。
(注2)「商店街形成地区」の定義は、表10-2に同じ。
(出所)　経済産業省（通商産業省）『商業統計表（立地環境特性別統計編）』（各年版）より作成。

積100㎡未満の店をとった。「小売業販売額計に占める商店街形成地区小規模店販売割合」は、1997年13.4％、2002年10.5％、2007年9.0％、2014年8.2％と減少を続けており、商店街に立地する小規模店が消費生活に果たす役割は非常に小さなものとなってきている。

　また、「小規模店販売額計に占める商店街形成地区小規模店販売割合」をみても、1997年50.0％、2002年43.3％、2007年41.8％、2014年39.0％と減少を続けている。これは、小規模店の立地としても商店街形成地区がカバーしている割合が縮小していることを意味している。

（3）地域商業立地優位性の低下

　表10-5は、都市区分別に商店街形成地区の売場効率（売場面積1㎡あたりの年間販売額）および販売割合を比較したものである。都市区分別にみて、区部、市部、郡部の順に売場効率が低くなることは当然として、区部計と比較して売場効率が高いといえる立地環境特性は「駅周辺型商業集積」プラス35万円／㎡、「市街地型商業集積」プラス47万円／㎡であり、この両者の販売割合は48.2％と、半数近くを占めている。

　市部計と比較して売場効率が高い立地環境特性は、「駅周辺型商業集積」においてプラス12万円／㎡とやや高いが、その販売割合は12.8％に過ぎない。郡部においては特に売場効率が高い立地環境特性は見当たらない。

　すなわち、売場効率において優位性を保ち、かつ一定の販売割合をもっている立地は、区部の中心部（駅周辺、市街地）のみといえる。

表10-5　都市区分別商店街形成地区売場効率・販売割合（2014年）

（単位：万円／㎡、%）

立地環境特性	全国		区部		市部		郡部	
	売場効率	販売割合	売場効率	販売割合	売場効率	販売割合	売場効率	販売割合
計	71	100.0	101	100.0	63	100.0	55	100.0
駅周辺型商業集積	97 (26)	18.4	136 (35)	32.5	75 (12)	12.8	47 (8)	3.5
市街地型商業集積	77 (6)	8.6	148 (47)	14.7	54 (▲9)	6.4	52 (▲3)	5.0
住宅地背景型商業集積	65 (▲6)	8.5	82 (▲19)	9.5	59 (▲4)	8.0	48 (▲7)	7.9

（注1）売場効率、販売割合ともに、売場面積をもつ事業所について集計。
（注2）売場効率のカッコ内の数字は、計と比較した差異。
（出所）経済産業省『商業統計表（立地環境特性別統計編）2014年』より作成。

4　地域商業の集積効果に関する考察

（1）地域商業の集積効果が生まれる条件

　地域商業の集積効果が生まれる条件として、石原武政は商業集積内部において「依存と競争のメカニズム」が有効に機能することが必要である[9]と指摘している。

　筆者は、地域商業において「依存と競争のメカニズム」が有効に機能するためには、次の2つの条件が充足される必要があると考えている。第一は、地域商業それぞれの店舗の責任者（経営者や店長）が、消費者のニーズと地域商業内店舗の品揃え情報を収集し、自らの意思決定で品揃えを調整することができるという「個店の自律性」である。第二は、競争に敗れた店舗が過渡的に存在するのではなく、速やかに退出し、そのあとに新たな競争者が参入してくるという「新陳代謝」である[10]。

　前者の「個店の自律性」という点では、地域商業は2つの問題を抱えている。1つは、小規模小売業経営では以前から指摘されてきた問題ではあるが、「高いリスクをとってまでは成長しようとは考えない経営者意識」、すなわち生業志向の店舗の存在である[11]。もう1つは、資本家的志向に基づいて店舗を運営している場合でも、レギュラーチェーンやフランチャイズチェーンなど、当該店舗の責任者である店長やオーナーが自律的に品揃えを決定できない店舗が増加しているという問題である。

　後者の「新陳代謝」という問題では、自己所有の土地・建物で営業し、かつ家族労働力に依存しているために存続できているが、賃借料や人件費を支払っては採算がとれない店舗も多く存在している。さらに、廃業した後も賃貸することには積極的ではなく、空き店舗のまま放置されているという問題がある[12]。

　このような問題を抱えながらも、これまで地域商業では不完全とはいえ「依存と競争のメカニズム」が機能し、消費者の支持を得てきた。しかし、近年になって大型店やショッピングセンターとの集積間競争が激化し、地域商業構成店の廃業が増加、そのあとに新規出店がなされないため空き店舗が増加している。そして、「依存と競争のメカニズム」が有効に機能しなくなって、地域商業は衰退傾向を強め、その集積効果は低下している。

（2）「地域商業」と「総合店」

　限定された商品部門のみを取り扱う「業種店」の集積である「地域商業」と、総合スーパーや食品スーパーなど総合的な商品部門を取り扱う「総合店」を対比させる形で、地域商業における「依存と競争のメカニズム」について考察する。

　地域商業において「依存と競争のメカニズム」が有効に機能する場合には、総合店よりも奥行きの深い品揃えが形成される可能性がある。「総合店」は、一般的に市場の中心的部分が求める基本的商品（商品回転率が高い商品）に特化した品揃えを志向しており、少数の消費者のみが求める補完的商品（商品回転率の低い商品）も含めた奥行きの深い品揃えは、その売場効率を低下させるため難しい面がある[13]。さらに、総合店における仕入れの基本原則は本部集中仕入れであり、地域の競争状況や消費者ニーズの変化など外部環境に迅速に対応して品揃えを変更することは、最近でこそ部分的に取り組まれるようになってきたが、容易ではない。外部環境情報の収集とこれに対応した品揃えの変更は、当該総合店が収集し得た情報の範囲内で、かつ当該店舗の意思決定者が意思決定できる範囲のものとならざるを得ない[14]。

　他方で、「地域商業」において、同業種間で活発な競争が行われている場合には、基本的商品の品揃えだけでは差別化が困難であり、価格競争になるおそれが強い。同業種間の競争だけではなく、地域商業内に総合店が立地し、基本的商品を提供している場合も同様である。この場合、同質的競争を避け、品揃

え面で差別化するために補完的商品を取り扱うことになる[15]。地域商業を構成する業種店は、それぞれが独立した経営体であり、各店が収集した外部環境情報に基づいて、各店が意思決定し、品揃えが変更されていく。このような個店の行動の総和として、地域商業では基本的商品に補完的商品も加えた奥行きの深い品揃えが形成されてきた。

　しかしながら、近年になって地域商業における「依存と競争のメカニズム」は有効に機能しなくなってきている。「依存のメカニズム」が有効に機能しない[16]という点は、地域商業内に立地し基本的商品の品揃えを担っていた総合店の撤退、あるいは地域商業内の業種店の廃業により、特定の購買目的（たとえば、近隣型商店街であれば食事の準備）に対応する基本的商品の品揃えが欠落する商店街が多くなってきたことをみれば明らかである。

　「競争のメカニズム」が有効に機能しないという点は、閉店店舗のあとに新規競争者が参入せず、空き店舗が増加していることにあらわれている。地域商業内に立地している総合店の撤退や業種店の廃業は、地域商業内の競争を低下させるため、競争のメカニズムによる品揃えの充実がなされなくなる。しかし、そこに需要が存在すれば新しい競争者が参入するはずであるが、地域商業の集積効果が低下しているため、賃借料との兼ね合いで参入するメリットは小さい。地域商業振興政策として各地で行われてきた空き店舗対策も、ほとんどは地域商業内での競争を極力回避し、既存業者との品揃え面のバッティングを避ける業種を導入するものであり、競争のメカニズムを有効に機能させる効果はない。

　地域商業において「依存と競争のメカニズム」が有効に機能しさえすれば、消費者は総合店よりも奥行きの深い品揃えを享受することが可能である。しかし、「依存と競争のメカニズム」が有効に機能しなくなってきた今日、総合店と比較した地域商業の優位性が低下し、そのため基本的商品が確実に品揃えされている総合店での購買が増加しているといえる。

むすび

　地域商業において集積効果を生み出しきた「依存と競争のメカニズム」は、有効に機能しなくなってきている。今や、大型店やショッピングセンターとの

競争激化により地域商業が疲弊したというよりも、地域商業は内部から崩壊しつつあるように思われる。

　商店街形成地区の販売割合、さらには商店街形成地区の大店外立地商店や小規模店の販売割合は減少の一途をたどり、地域商業の地盤沈下が明確になってきている。売場効率（売場面積１㎡あたりの年間販売額）からみても、商店街形成地区に立地する優位性が失われつつある。地域商業がもつ「経済的機能」は著しく低下しているといわざるを得ない。

　地域商業振興政策においては、これまで地域商業がもつ「社会的有効性」という視点から支援がなされてきた。しかし、「社会的有効性」は地域商業が一定の経済的機能が果たしていることが前提であり、経済的機能が低下した地域商業においては、その「社会的有効性」も疑問視せざるを得ない状況が生まれている。

　地域商業の活性化にあたっては、そこにいかに「競争を埋め込む」[17]ことができるか、具体的には集客力のある店舗の誘致や店舗の新陳代謝の促進などが課題となる。意欲ある地域商業においては、改めて原点に立ち返り、その「経済的機能」の強化をすすめていく必要がある。地域商業が一定の「経済的機能」を果たせるかどうかは、地域商業を構成する個々の店がいかに個性をもつことができるかにつきるといえよう。

注

1 ）「流通システムは、経済システムとしてばかりでなく社会システムとしても大きな役割を果たしている。したがって、流通産業を考える場合、『経済的効率性』ばかりでなく『社会的有効性』、すなわち全体として一体感のある安定的な社会システムの維持、形成という点についても十分配慮する必要がある」（通商産業省商政課編『80年代の流通産業ビジョン』通商産業調査会、1984年、19ページ）。さらに、商業政策と都市政策の連携の強化を謳い、「小売業は、地域住民の日常生活に直結し、地域に根ざした産業であり、地域社会全体との調和をとりながら発展が図られる必要がある」（同、16ページ）と指摘し、コミュニティ機能をもった公共空間として、また地域文化の担い手としての社会的な機能にも着目して地域商業をとらえている。なお、『80年代の流通産業ビジョン』では、「地域密着型小売業の役割」として、次のように指摘している。「消費者に生活必需品を供給する小売業、とりわけ消費者の近隣周辺に立地する地域密着型小売業は、広域型商店街等における買回り性の強い小売業とはおのずから役割が異なっており、地域住民の基礎的なニーズを効率的かつ的確に充たしていかなければならない。地域住民にとって生活環境の良否は、これらの機能を有し、便利

で親しみがもて、社会的コミュニケーションの場でもある地域密着型小売業が近くにあるかどうかに大きく左右される」(同、9ページ)。

2）商店主が居住している店舗の割合（無回答を除く）が50％以上の商店街を商店街類型別にみると、近隣型商店街51.8％、地域型商店街39.4％、広域型・超広域商店街9.9％となっている。近隣型商店街においても、その割合は半数程度であり、「商住一致」という点での地域密着性は弱いものとなってきている（中小企業庁『商店街実態調査報告書2015年度』2016年、127ページ）。

3）地域商業振興政策については、南方建明『流通政策と小売業の発展』中央経済社、2013年、第4章「地域商業振興政策変遷の歴史」(107-129ページ)、および第5章「地域商業振興政策変遷と政策の効果」(131-166ページ) を参照されたい。

4）「商店街は、元来、中小小売商業者及び中小サービス業者が多数集積しており、様々な商品やサービスをワンストップで販売・提供する「商いの場」である一方、地域の人々が数多く集まることから、お祭りやイベントなどに利用され、地域の人々が交流する「公共の場」としての役割も果たしている。こうした「商いの場」、「公共の場」を併せ持つ特徴により、商店街は地域の中小小売業や中小サービス業を振興するという経済的機能を有するだけでなく、地域住民の生活利便や消費者の買物の際の利便を向上させ、地域の人々の交流を促進する社会的機能をも有する存在である」(中小企業庁「商店街活性化事業の促進に関する基本方針」2009年8月)。

5）全国商店街振興組合連合会『2013年度補正 地域商店街活性化事業（にぎわい補助金）募集要領』2014年2月。

6）全国商店街振興組合連合会『地域商店街活性化事業成果調査』2015年10月。中小企業庁新たな商店街政策の在り方検討会によると、「全ての商店街に対して平等に支援していくのではなく、まちの中で商店街の必要性や果たすべき役割が合意できており、自ら手を挙げ、役割を果たすべく取り組んでいく商店街に支援を重点化していくことが必要ではないか」と指摘している。また、商店街を3つの類型に区分し、それぞれの目指す姿として次のように述べている。「生活支援型」地域に根ざして地域住民の生活を支える商店街、「エリア価値向上型」まちの中心に立地し、そのまちの価値を高める商店街、「観光型（外需獲得型)」国内外の観光客をターゲットとした商店街（中小企業庁「新たな商店街政策の在り方検討会中間取りまとめ」2017年7月、27-28ページ)。

7）2013年度の「地域中小商業支援事業（中小商業活力向上事業)」は、当初予算額（中小商業活力向上事業に加えて地域再生事業を含む）3,869百万円から翌年度に繰り越された398百万円を減じた3,471百万円の予算のうち、執行された額は1,273百万円、執行率は36.7％に過ぎない。「中小商業活力向上事業」は2度にわたって募集されたが、採択されたのは70件（第一次募集54件、第二次募集16件）にとどまった。第二次募集の期間は、当初は2013年8月23日～10月25日であったが、締切日は3回にわたって延長された（11月25日、12月25日、2014年1月31日)。しかし、二次募集の採択件数は、10月25日締切分3件、11月25日同4件、12月25日同6件、1月31日同3件、計16件に過ぎない。2013年度は中小企業庁から全国商店街振興組合連合会に補助された基金を用いた「地域商店街活性化事業」による補助金が2,763件採択された年でもあ

り、商店街の取り組み能力を大きく超える潤沢すぎるともいえる補助金が用意されて
いたといえよう。

8）中小企業庁「地域・まちなか商業活性化支援事業（地域商業自立促進事業）募集要
項2016年度」2016年3月。2019年度からは、「商店街活性化・観光消費創出事業」が
新設された。同事業の募集要項によると、「インバウンドや観光等といった、地域外
や日常の需要以外から新たな需要を効果的に取り込む商店街等の取組を支援すること
により、地域と連携して魅力的な商業・サービス業の環境整備等を行い、消費の喚起
につなげる」ことを目的としている。補助額の上限は、「消費創出事業」「専門家派遣
事業」の合計で2億円、補助率は「消費創出事業」2／3以内、「専門家派遣事業」
10／10となっている（中小企業庁「商店街活性化・観光消費創出事業募集要項2019年
度」2019年4月）。

9）石原武政は、集積間競争は集積内競争にとって代わることができないとして、次の
ように述べている。「集積間の競争は、個々の商業者にとっては間接的にのみ競争と
して意識されるにすぎない。例えば、商業集積の集客力は、1人ひとりの商業者の行
動の結果の総合でしかないのだが、そのことを個々の商業者が明確に自覚するかどう
かは別である。さらに、たとえ集客力が弱くなったとしても、それがどの商業者の行
動によるのかを特定することは通常できない。（中略）商業集積間競争では、競争相
手となるべき商業集積自身が特定されているとはかぎらない。競争範囲は、消費者の
行動によっていわば結果的に認識できるだけである」（石原武政『商業組織の内部編
成』千倉書房、2000年、173ページ）。

10）「新陳代謝とは、空き店舗が発生しても、新規開業者がすぐに開業できたり、既存店
舗が経営革新を随時行い、品揃え等を改善して、集積全体の魅力を向上させていく循
環のことである」（大阪府立産業開発研究所『商業集積の活力について調査報告書』
2003年3月、11ページ）。

11）石原武政、前掲書、155ページ。中小小売商の経営者意識については、「生業志向、
資本家志向」（田村正紀『大型店問題』千倉書房、1981年、169-195ページ）、「積極的
対応型、環境変化順応型、衰退型」（鈴木安昭『商業の広域診断』同友館、1974年、55
ページ）を参照されたい。

12）家主に賃貸等の意思がない空き店舗の割合（無回答を除く）をみると、「1〜30%
未満」が40.8%と最も多いが、「30〜50%未満」22.3%、「50〜80%未満」18.1%、
「80%以上」18.8%となっている。家主に賃貸等の意思がない空き店舗の割合が30%
以上の商店街の割合を商店街類型別にみると、近隣型商店街64.4%、地域型商店街
57.5%、広域型・超広域商店街27.4%となっており、商圏範囲の狭い商店街ほど、そ
の割合が多くなっている（中小企業庁『商店街実態調査報告書2018年度』2019年）。

13）基本的商品および補完的商品については、南方建明『小売業の戦略診断』中央経済
社、1995年、158-159ページ、南方建明「地域小売商業における商店街の役割——中
小小売店の機能と商店街活動の理念——」『大阪商業大学論集』第111号、1998年6月、
129-130ページを参照されたい。

14）南方建明「流通システムにおける小規模小売店の役割——大型店と差別化された商
業機能の必要性と可能性——」『大阪商業大学論集』第112・113号、1999年2月、391-

392ページ。

15）石原武政は、部分業種店が補完的商品を取り扱う動機について、次のように述べている。なお、同氏は本章でいう基本的商品を「基礎商品」、補完的商品を「周辺商品」と呼んでいる。「基礎商品は多くの消費者が求めるのだから、より多くの消費者を引きつけ、十分な売上高と利益を確保するためには、品揃え物から欠くことはできない。しかし、反面で、この種の商品については、集積内の同業他者もまた同様の理由で取り扱おうとするから、いきおい集積内での競争関係は激しくならざるをえない。これに対して、周辺商品はたしかに空間的小市場内の需要量こそ少ないが、それだけ同業他者が取り扱う可能性は小さくなり、結果としてそのすべてを独占できるかもしれない」（石原武政、前掲書、137ページ）。「各商業者がともに取り扱う基礎商品については直接的に、そしてさしあたり独占的な地位を占めうる周辺商品については潜在的に競争が展開される。周辺商品については、現時点でたとえ独占的地位を獲得できていても、商業者はいつ同業他者が取扱いを開始し、競争関係に入るかもしれないという危機感から逃れることはできない」（石原武政、前掲書、139ページ）。これに関連して、山下裕子は次のように述べている。「総合量販店やショッピングセンターなどのように業態化された小売業と比較すると、業種店の集積である商業集積は、品揃え機能が分散化された非常に「効率の悪い」システムである。しかし、品揃え機能を集中させた業態店が基本的には不特定多数のマスを対象としているのに対して、集積における業種店には、関与度の高い、知識を持った消費者を対象にする潜在的な可能性が残されている」（山下裕子「商業集積のダイナミズム――秋葉原から考える――」『一橋ビジネスレビュー』第49巻第2号、2001年8月、76ページ）。

16）石原武政は、商業集積内において「依存のメカニズム」が有効に機能しない要因として次の5点をあげている。1）個別商業者の経営理念にかかわる問題、2）小売商業集積においては、一方的な依存を誘発したり、あるいは少なくともそれを排除できない要因が存在する、3）商業集積における空間の制約、4）業種を超えると、能動的な依存関係が適切な品揃え物の誘導に向けて働くとは考えられない、5）商業集積内で個々の商業者の意思決定が何らかの意味での統一性や方向性をもちうる保証はない（石原武政、前掲書、154-159ページ）。

17）石原武政『まちづくりの中の小売業』有斐閣、2000年、247ページ。

補章　消費者の購買行動

はじめに

　小売業に関する統計分析について、商業統計調査や商業動態統計調査など供給側（小売業）からの分析は多くの研究[1] がなされている。しかし、需要側（消費者側）からの分析は、就業状況や労働時間と家事時間に関する研究[2] は蓄積されているものの、購買行動に焦点をあてた研究は少なく、しかもその多くは食生活に関する研究[3] である。

　そこで本章では、「全国消費実態調査」および「社会生活基本調査」を用いて、統計からみた購買行動について分析する。分析に際しては、高齢化の進展、女性の社会進出、モータリゼーションの進展などの環境変化が小売業に及ぼす影響に焦点をあてる。

　高齢化の進展に関して、全人口に占める65歳以上人口の割合をみると、1950年4.9％、1960年5.7％、1970年7.1％、1980年9.1％、1990年12.0％、2000年17.4％、2005年20.2％、2010年23.0％、2015年26.6％と推移し、さらに2020年28.9％、2025年30.0％、2030年31.2％、2035年32.8％、2040年35.3％、2045年36.8％、2050年37.7％まで増加すると予測されている[4]。

　また、モータリゼーションの進展に関して、軽自動車も含む1世帯あたりの乗用車保有台数をみると、1965年0.07台、1970年0.24台、1980年0.64台、1990年0.81台、2000年1.09台、2005年1.14台、2010年1.11台、2015年1.13台と推移しており、2000年代に入ってからは頭打ちの傾向にあるものの、モータリゼーションの急速な進展を示している[5]。

　本章は、次の2点を明らかにすることを目的とする。第一に、小売業態別購買割合の推移、一般小売店での購買割合が大きな商品の抽出、および世帯類型別および都市階級別にみた小売業態別購買割合の差異について分析する。第二に、平日と週末の買物時間の推移、時間帯別買物行動者率、女性の就業形態と買物時間の関係、および自家用車保有状況と買物時間の関係について明らかに

する。

1　一般小売店での購買（全国消費実態調査）

（1）小売業態別購買割合の推移

「全国消費実態調査」[6] に基づいて、1964年以降の小売業態別購買割合（コンビニエンスストア、ディスカウントストアおよび通信販売は、1994年から調査対象業態に追加）の推移をみると補表-1のようになる[7]。

　消費支出のうち、「サービス」を除く「モノ」支出計について、「一般小売店」での購買割合は1964年73.0%、1974年63.2%、1984年53.1%、1994年41.6%、2004年32.8%、2009年28.8%、2014年18.5%と大幅に減少し、他方で「スーパー」での購買割合は、1964年7.7%、1974年19.2%、1984年27.1%、1994年29.4%、2004年32.8%、2009年36.0%、2014年27.1%と増加傾向にある。

　食料に限定すると、「一般小売店」での購買割合が1964年79.2%、1974年63.4%、1984年44.3%、1994年27.8%、2004年16.0%、2009年14.0%、2014年10.1%と大幅に減少し、他方で「スーパー」での購買割合が1964年9.3%、1974年26.6%、1984年42.0%、1994年47.2%、2004年56.6%、2009年60.5%、2014年51.2%と、1999年以降半数を超えている。

　家具・家事用品においては、食料ほどではないが、「一般小売店」での購買割合が減少し、「ディスカウントストア・量販専門店」が増加している。2014年においては、「一般小売店」20.5%に対して、「ディスカウントストア・量販専門店」31.9%、「スーパー」22.0%となっている。

　被服および履物においても、食料ほどではないが、「一般小売店」での購買割合が減少し、「ディスカウントストア・量販専門店」が増加している。2014年においては、「一般小売店」27.1%に対して、「百貨店」23.6%、「スーパー」19.5%、「ディスカウントストア・量販専門店」16.0%などとなっている。

補表-1　小売業態別購買割合の推移（2人以上の一般世帯）

（単位：％）

	1964年	1969年	1974年	1979年	1984年	1994年	1999年	2004年	2009年	2014年
消費支出計	100.0	100.0	100.0	100.0	100.0	100.0	100.0	100.0	100.0	100.0
一般小売店	73.0	69.9	63.2	57.4	53.1	41.6	34.8	32.8	28.8	18.5
スーパー	7.7	12.1	19.2	24.0	27.1	29.4	34.6	32.8	36.0	27.1
コンビニエンスストア	–	–	–	–	–	1.1	1.6	1.8	2.0	2.0
百貨店	9.0	8.5	9.3	10.1	9.8	9.7	9.4	8.1	6.7	4.5
生協・購買	2.4	1.9	2.1	2.9	4.2	5.6	5.5	5.5	4.6	2.3
ディスカウントストア・量販専門店	–	–	–	–	–	3.6	4.9	9.8	12.5	7.9
通信販売	–	–	–	–	–	1.5	1.7	2.8	3.4	3.5
その他	7.8	7.6	6.3	5.6	5.8	7.6	7.5	6.3	6.2	34.1
食料	100.0	100.0	100.0	100.0	100.0	100.0	100.0	100.0	100.0	100.0
一般小売店	79.2	73.5	63.4	52.8	44.3	27.8	18.8	16.0	14.0	10.1
スーパー	9.3	15.5	26.6	35.8	42.0	47.2	55.4	56.6	60.5	51.2
コンビニエンスストア	–	–	–	–	–	1.8	2.4	2.8	2.9	3.3
百貨店	2.7	2.7	2.5	3.2	3.4	4.3	4.9	4.8	4.4	3.2
生協・購買	1.7	2.0	2.9	4.0	6.1	9.0	8.8	9.6	7.8	4.5
ディスカウントストア・量販専門店	–	–	–	–	–	2.1	2.5	3.8	4.3	3.8
通信販売	–	–	–	–	–	0.4	0.6	1.5	1.4	2.6
その他	7.1	6.3	4.5	4.2	4.2	7.5	6.7	4.8	4.6	21.4
家具・家事用品	100.0	100.0	100.0	100.0	100.0	100.0	100.0	100.0	100.0	100.0
一般小売店	64.7	63.9	59.2	55.0	49.9	39.6	34.1	25.6	21.5	20.5
スーパー	7.2	11.7	16.7	19.8	21.8	21.7	25.6	21.0	22.0	22.0
コンビニエンスストア	–	–	–	–	–	0.3	0.3	0.3	0.3	0.4
百貨店	15.6	14.0	12.5	14.2	14.1	11.1	9.8	8.1	5.8	4.7
生協・購買	5.0	3.0	2.6	3.1	4.0	5.2	4.8	4.3	3.5	2.2
ディスカウントストア・量販専門店	–	–	–	–	–	11.6	15.2	29.9	36.9	31.9
通信販売	–	–	–	–	–	3.6	3.4	4.8	5.3	7.4
その他	7.5	7.4	9.0	8.0	10.2	6.9	6.7	5.9	4.8	11.0
被服および履物	100.0	100.0	100.0	100.0	100.0	100.0	100.0	100.0	100.0	100.0
一般小売店	51.1	51.1	45.4	41.8	39.1	34.4	29.6	27.4	27.2	27.1
スーパー	6.8	10.6	15.0	16.9	16.6	16.3	19.5	17.0	19.5	19.5
コンビニエンスストア	–	–	–	–	–	0.1	0.2	0.1	0.1	0.1
百貨店	31.5	31.3	31.8	34.9	37.0	35.2	37.2	35.1	26.6	23.6
生協・購買	2.6	1.4	1.1	1.3	1.6	1.9	1.9	1.9	1.6	1.1
ディスカウントストア・量販専門店	–	–	–	–	–	2.8	3.7	10.2	16.9	16.0
通信販売	–	–	–	–	–	3.8	3.4	4.2	4.7	5.3
その他	8.0	5.5	6.6	5.1	5.6	4.5	4.6	4.0	3.3	7.3

（注1）1989年は購入先が調査されていない。
（注2）サービス料金、公共料金等を除く。
（注3）各小売業態の定義は、次のとおりである。「一般小売店」下記のスーパー、コンビニエンスストア、百貨店、生協・購買、ディスカウントストア・量販専門店以外の小売店。例えば、個人商店、ガソリンスタンド、新聞小売店、チケットショップなど、「スーパー」食品、日用雑貨、衣類、電化製品など、各種の商品をセルフサービスで販売、「コンビニエンスストア」食品を中心に、家事雑貨、雑誌など各種最寄品を取りそろえ、セルフサービスで販売、店舗規模が小さく、24時間または長時間営業、「百貨店」衣・食・住にわたる各種の商品を主に対面販売により販売、常時50人以上の従業員、「生協・購買」組合員の出資によって作られている生活協同組合、農業協同組合や会社、官公庁等が職員のために設けている購買部、「ディスカウントストア・量販専門店」店頭商品を原則的に全品値引きして、安い価格を売り物。家電や衣料品（ファストファッションを含む）などの量販専門店、主に医薬品や化粧品を販売するドラッグストア、均一価格で多様な商品を販

売する小売店や格安チケット店、「通信販売（インターネット）」インターネット上で注文を行い、品物を購入またはサービスの提供を受ける形態（いわゆるネットショッピング）、「通信販売（その他）」通信販売（インターネット）以外で、新聞・雑誌、ラジオ・テレビ、カタログ等で広告し、郵便、電話等で注文を行い、品物を購入またはサービスの提供を受ける形態、「その他」上記以外の店、たとえば美容院、クリーニング店、問屋、市場、露店、行商およびリサイクルショップなど。また、飲食店（レストラン、ファストフード、居酒屋等）や自動販売機もここに含める。

（注4）各小売業態の定義は、2014年調査から「一般小売店」「スーパー」「その他」において大きく変更されたため、比較には注意を要する。「一般小売店」2009年調査（スーパー、コンビニエンスストア、百貨店、生協・購買、ディスカウントストア・量販専門店以外の小売店（個人商店など））⇒2014年調査（スーパー、コンビニエンスストア、百貨店、生協・購買、ディスカウントストア・量販専門店以外の小売店。例えば、個人商店、ガソリンスタンド、新聞小売店、チケットショップなど）。「スーパー」2009年調査（店舗面積が100㎡以上あり、食品、家事雑貨を中心に、各種の商品を、全売場面積の2分の1以上でセルフサービス方式を採用して販売する小売店）⇒2014年調査（食品、日用雑貨、衣類、電化製品など、各種の商品を、セルフサービス方式で販売する小売店）。「その他」2009年調査（例えば、問屋、市場、駅・劇場等の売店、露店、行商、リサイクルショップなど。自動販売機もここに含める）⇒2014年調査（例えば、美容院、クリーニング店、問屋、市場、露天、行商及びリサイクルショップなど。また、飲食店（レストラン、ファストフード、居酒屋等）や自動販売機もここに含める）。

（出所）総務省（総務庁）『全国消費実態調査』（各年版）より作成。

　補表-2は、2人以上の一般世帯について、品目別に「一般小売店」での購買割合の推移を示したものである。食料では、1974年では18品目中13品目において「一般小売店」での購買割合が50％超であったが、1999年には免許制度によって「一般小売店」が保護されていた酒類を除く全品目において30％未満となっている。

　住居では、1994年においては8品目中4品目が50％超であったが、2014年には8品目中6品目が30％未満になっている。

　被服・履物では、和服や生地・糸類など「一般小売店」高い割合を占めている品目もあるが、1999年には10品目中6品目において30％未満になっている。

　保健医療および交通通信では、「一般小売店」が比較的高い割合を占めている。

　教養娯楽では、新聞、書籍・雑誌、切り花など「一般小売店」が比較的高い割合を占める品目もみられるが、1994年調査以降「一般小売店」での購買割合の減少が目立っている。

　諸雑費でも、「一般小売店」での購買割合が急減し、2014年調査では9品目すべてにおいて30％未満となっている。

補表-2　品目別一般小売店購買割合の推移（2人以上一般世帯）

（単位：%）

		1974年	1984年	1994年	1999年	2004年	2009年	2014年
食料	米	83.7	72.4	39.1	24.0	20.5	16.8	16.8
	パン	68.0	47.2	32.7	25.1	24.0	21.9	21.9
	めん類	48.6	26.2	13.8	9.0	7.3	7.7	6.1
	魚介類	63.5	38.9	24.6	16.5	14.0	12.7	9.9
	肉類	58.2	33.3	17.0	11.6	9.3	8.1	7.4
	牛乳	77.2	47.1	31.6	23.2	29.7	22.7	17.5
	乳製品	45.3	24.2	15.3	20.1	7.7	6.8	6.4
	卵	54.9	31.0	17.2	10.0	8.0	7.7	6.6
	生鮮野菜	63.5	38.5	20.7	13.5	11.5	9.3	7.6
	乾物・海藻	46.5	30.1	21.9	14.7	14.6	14.0	10.9
	大豆加工品	65.6	36.8	20.1	11.1	9.0	7.6	5.9
	果物	65.6	45.8	30.9	20.3	18.6	16.4	13.6
	油脂・調味料	46.0	28.3	17.9	10.5	8.1	7.9	6.3
	菓子類	58.4	44.8	36.4	28.6	28.3	27.7	25.5
	主食的調理食品	56.2	57.4	37.4	26.9	20.7	20.6	17.1
	他の調理食品	–	34.7	21.5	13.6	10.4	10.6	8.9
	茶 類	63.4	53.8	35.9	26.7	22.5	18.2	15.2
	コーヒー・ココア	29.4	23.8	20.7	13.4	12.4	12.9	11.8
	酒 類	92.3	88.7	60.6	37.9	24.4	18.9	13.7
住居	設備材料	62.6	61.9	63.2	53.5	45.8	53.5	38.5
	家事用耐久財	80.4	71.7	57.9	49.8	34.8	27.9	22.8
	冷暖房用器具	72.2	65.6	51.2	42.0	36.2	25.4	23.2
	一般家具	58.9	54.4	63.0	64.5	38.4	31.9	33.2
	室内装備・装飾品	51.7	53.3	40.5	37.0	32.2	30.5	29.4
	寝具類	55.6	46.0	35.1	36.4	30.1	24.8	26.8
	家事雑貨	48.4	37.3	27.5	21.9	18.3	18.1	19.4
	家事用消耗品	35.4	28.9	21.7	16.4	11.5	11.3	11.6
被服・履物	和服	60.7	53.7	61.9	62.0	53.6	51.9	58.4
	男子用洋服	43.9	39.5	36.6	32.2	28.2	30.2	31.0
	婦人用洋服	39.7	36.3	32.9	28.9	27.7	29.4	27.2
	子供用洋服	33.5	33.1	27.0	23.1	23.2	26.3	30.8
	男子用シャツ・セーター類	36.7	31.5	28.3	24.1	22.2	27.0	24.2
	婦人用シャツ・セーター類	38.8	37.7	33.4	29.1	28.1	27.8	27.2
	子供用シャツ・セーター類	32.8	28.6	24.5	20.6	24.0	28.9	29.3
	生地・糸類	59.4	61.1	57.5	56.9	50.2	48.1	42.3
	他の被服	36.5	31.6	27.4	23.5	21.7	23.4	25.8
	履 物 類	59.0	48.0	40.0	33.4	30.5	29.4	28.8
保健医療	医薬品	73.9	68.1	65.6	52.8	41.9	36.5	31.1
	眼鏡	–	75.1	73.8	74.6	73.1	67.8	69.0
	コンタクトレンズ	–	–	–	68.5	63.8	56.5	42.8

交通通信	自動車購入	–	100.0	85.6	86.2	75.7	83.8	55.0
	自転車購入	88.2	76.3	57.3	48.4	62.0	55.6	53.5
	ガソリン	–	98.1	98.5	97.7	98.3	97.9	83.9
	自動車部品・用品	–	83.5	63.4	57.0	58.5	65.2	49.7
	通信機器	–	–	57.5	50.7	50.9	49.5	35.1
教養娯楽	教科書・学習参考教材	–	96.3	78.6	85.3	64.3	60.4	37.1
	娯楽	85.0	74.1	57.1	47.0	30.1	26.1	23.5
	文房具	62.3	55.2	45.7	37.4	35.3	33.5	33.4
	スポーツ用具・用品	60.5	51.2	46.9	47.3	40.2	41.0	35.8
	がん具	57.0	42.7	39.6	34.8	26.2	28.1	23.2
	フィルム	75.0	65.9	48.9	41.0	35.1	–	–
	レコード・テープ・ディスク	–	61.1	43.6	38.7	32.7	29.7	–
	切り花	82.0	78.3	70.7	61.2	57.1	50.8	41.9
	愛玩動物・ペットフード	96.3	51.6	43.6	25.7	21.2	21.6	15.1
	園芸品・同用品	55.9	55.7	45.7	39.5	33.4	30.4	29.3
	新聞	–	89.9	91.1	79.9	90.8	82.4	71.0
	書籍・雑誌	84.1	75.4	68.5	61.2	54.8	51.6	48.2
諸雑費	男子化粧品（整髪・養毛剤）	65.7	60.9	39.8	35.4	23.1	23.6	19.1
	化粧品	68.6	60.1	47.6	36.3	27.7	24.6	22.1
	傘	45.5	34.6	24.5	20.7	19.0	19.6	21.8
	かばん類	37.2	35.5	36.7	27.9	23.9	28.6	27.4
	装身具	42.7	45.4	40.9	44.8	40.9	43.0	28.9
	腕時計	77.4	55.0	35.7	30.9	40.6	30.8	25.1
	他の身の回り品	35.4	39.0	33.8	30.1	27.4	34.0	27.4
	たばこ	95.7	87.7	68.0	52.4	38.7	22.8	14.0
	祭具・墓石	–	–	91.0	70.6	75.3	71.2	23.2

（注）濃いアミ掛けは「一般小売店」での購買割合が50％以上、薄いアミ掛けで数字が斜体は同30％未満を示す。
（出所）総務省（総務庁）『全国消費実態調査』（各年版）より作成。

　補表-3は、2人以上の一般世帯において、2014年調査の「一般小売店」の購買割合20％を基準に、20％以上の品目と20％未満の品目を区分したものである。ちなみに、2人以上の一般世帯における「一般小売店」の購買割合の平均は、消費支出計で18.5％、食料10.1％、家具・家事用品20.5％、被服及び履物27.1％となっている。

　食料は、菓子類およびパンを除く全品目が「一般小売店での購買割合が低い品目（20％未満）」に区分され、逆に被服及び履物は、すべての品目が「一般小売店での購買割合が比較的高い品目（20％以上)」に区分されている。住居、家具・家事用品、その他においても、ほとんどの品目が「一般小売店での購買割合が比較的高い品目（20％以上)」に区分されており、一般小売店が一定の

役割を果たしているといえる。

補表-3　品目別「一般小売店」購買割合（2014年）

（単位：％）

	一般小売店の購買割合が低い品目 （20.0％未満）		一般小売店の購買割合が比較的高い品目 （20.0％以上）	
食料	大豆加工品（豆腐、納豆等）	(5.9)	菓子類	(25.5)
	めん類	(6.1)	パン	(21.9)
	油脂・調味料	(6.3)		
	乳製品（牛乳を除く）	(6.4)		
	卵	(6.6)		
	肉類	(7.4)		
	生鮮野菜	(7.6)		
	他の調理食品（冷凍食品等）	(8.9)		
	魚介類	(9.9)		
	乾物・海藻	(10.9)		
	コーヒー・ココア	(11.8)		
	果物	(13.6)		
	酒類	(13.7)		
	茶類	(15.2)		
	米	(16.8)		
	主食的調理食品（弁当等）	(17.1)		
	牛乳	(17.5)		
住居、 家具・ 家事用 品	家事用消耗品（ティッシュ・洗剤等）	(11.6)	灯油	(81.4)
	家事雑貨（食卓用品・台所用費等）	(19.4)	設備材料（設備器具・修繕材料）	(38.5)
			一般家具	(33.2)
			室内装備・装飾品（インテリア）	(29.4)
			寝具類	(26.8)
			冷暖房用器具	(23.2)
			家事用耐久財（電子レンジ、冷蔵庫等）	(22.8)
被服・ 履物			眼鏡	(69.0)
			和服	(58.4)
			コンタクトレンズ	(42.8)
			生地・糸類	(42.3)
			医薬品	(31.1)
			男子用洋服	(31.0)
			子供用洋服	(30.8)
			子供用シャツ・セーター類	(29.3)
			履物類	(28.8)
			婦人用洋服	(27.2)
			婦人用シャツ・セーター類	(27.2)
			他の被服（ネクタイ、靴下等）	(25.8)
			男子用シャツ・セーター類	(24.2)

その他	たばこ	(14.0)	ガソリン	(83.9)
	愛玩動物・ペットフード	(15.1)	新聞	(71.0)
	男子化粧品（整髪・養毛剤）	(19.1)	自動車購入	(55.0)
			自転車購入	(53.5)
			自動車部品・用品	(49.7)
			書籍・雑誌	(48.2)
			切り花	(41.9)
			教科書・学習参考教材	(37.1)
			スポーツ用具・用品	(35.8)
			通信機器	(35.1)
			文房具	(33.4)
			園芸品・同用品	(29.3)
			装身具	(28.9)
			かばん類	(27.4)
			他の身の回り品	(27.4)
			腕時計	(25.1)
			教養娯楽用耐久財（テレビ、パソコン等）	(23.5)
			がん具	(23.2)
			祭具・墓石	(23.2)
			化粧品	(22.1)
			傘	(21.8)

（出所）総務省『全国消費実態調査2014年』より作成。

（2）小売業態別世帯類型別購買割合

　補表-4は、「食料」について、1999年および2014年における小売業態別世帯類型別購買割合をみたものである。2014年調査において特徴的なことは、「若年単身世帯」において、外食を含む「その他」47.8％（一般世帯平均21.4％）、「コンビニエンスストア」14.8％（同3.3％）の割合が高く、「スーパー」27.2％（同51.2％）の割合が低いことである。

　また、1999年調査においては、「一般小売店」での購買割合は、一般世帯平均で18.8％、「一般小売店」での購買割合が高い世帯類型は「高齢単身世帯」28.3％、「高齢者夫婦世帯」26.1％、逆に低い世帯類型は「専業主婦世帯」13.9％、「夫婦共働き世帯」16.9％となっており、高齢者世帯において「一般小売店」での購買割合が高いという傾向がみられた。

　しかし、2014年調査においては、「一般小売店」の定義が変更された[8]ことも考慮に入れなければならないが、その購買割合は一般世帯平均で10.1％にまで減少、高齢者世帯における購買割合も「高齢者夫婦世帯」12.3％、「高齢単

補表-4　食料における小売業態別世帯類型別購買割合の推移（1999-2014年）

	2人以上の一般世帯	夫婦共働き世帯（世帯主とその配偶者が就業している世帯）	無職世帯(世帯主が就業していない世帯)	高齢者夫婦世帯（夫65歳以上、妻60歳以上）	専業主婦世帯（夫婦と子供のみの世帯で世帯主のみが有業者の世帯）	若年単身世帯（年齢30歳未満）	高齢単身世帯（年齢60歳以上）
一般小売店	10.1 (18.8)	8.8 (16.9)	11.4 (23.0)	12.3 (26.1)	7.7 (13.9)	6.6 (16.7)	11.9 (28.3)
スーパー	51.2 (55.4)	50.9 (57.0)	52.3 (51.7)	49.3 (47.5)	53.1 (59.7)	27.2 (32.1)	44.3 (49.7)
コンビニエンスストア	3.3 (2.4)	4.4 (2.9)	2.0 (1.6)	1.8 (1.5)	3.4 (2.7)	14.8 (34.6)	3.3 (2.9)
百貨店	3.2 (4.9)	2.2 (4.0)	4.1 (6.4)	4.7 (7.1)	1.9 (4.4)	0.3 (2.5)	5.8 (6.6)
生協・購買	4.5 (8.8)	3.7 (9.6)	5.7 (6.6)	5.7 (5.9)	4.0 (12.7)	1.6 (2.5)	4.2 (3.2)
ディスカウントストア・量販専門店	3.8 (2.5)	4.2 (2.6)	3.2 (2.1)	2.9 (1.9)	4.7 (2.8)	1.5 (1.7)	2.3 (1.8)
通信販売	2.6 (0.6)	2.2 (0.6)	3.1 (0.8)	3.1 (1.0)	2.5 (0.5)	0.2 (0.3)	3.5 (0.8)
その他	21.4 (6.7)	23.6 (6.3)	18.2 (7.8)	20.3 (9.0)	22.7 (3.3)	47.8 (9.5)	24.8 (6.7)
小売店向け支出合計	100.0	100.0	100.0	100.0	100.0	100.0	100.0

（注）数字は2014年の割合。カッコ内の数字は1999年の割合。
（出所）総務省『全国消費実態調査1999年、2014年』より作成。

補表-5　高齢単身世帯において「一般小売店」での購買割合が高い品目（2014年）

	2人以上の一般世帯	高齢単身世帯	差異
魚介類	9.9	14.9	5.0
牛乳	17.5	30.0	12.5
家事用耐久財	22.8	35.1	12.3
教養娯楽用耐久財	23.5	29.6	6.1
化粧品	22.1	30.6	8.5

（注）高齢単身世帯において1世帯1か月あたり500円未満の品目は除く。
（出所）総務省『全国消費実態調査2014年』より作成。

身世帯」11.9％と、わずかに一般世帯平均よりも高いものの、その差はわずかである。逆に、一般世帯平均よりも低い世帯類型は「若年単身世帯」6.6％、「専業主婦世帯」7.7％、「夫婦共働き世帯」8.8％などがあげられるものの、その差はそれほど大きなものではない。すなわち、高齢者世帯において「一般小売店」での購買割合が高いという傾向は、2014年調査において、ほとんど消滅したといってもよい。

　次に、補表-5は高齢単身世帯において「一般小売店」での購買割合が高い品目を抽出したものである。食品では宅配制度が残る「牛乳」、および「魚介類」、コンサルティングサービスやアフターサービスが重要な「家事用耐久財」（電子レンジ、冷蔵庫等）、「教養娯楽用耐久財」（テレビ、パソコン等）、およびコンサルティングサービスが重要な「化粧品」の5品目のみである。

（3）小売業態別都市階級別購買割合

　補表-6は、1999年および2014年における都市階級別に小売業態別購買割合をみたものである。1999年調査においては、東京都区部において特徴的な傾向がみられ、食料では「一般小売店」23.4％（一般世帯平均18.8％）での購買割

補表-6　都市階級別小売業態別購買割合の変化（1999-2014年）

(単位：%)

	全国	東京都区部	東京都区部を除く政令指定都市	中都市	小都市A	小都市B・町村
（食料）						
一般小売店	10.1 （18.8）	10.3 （23.4）	10.0 （19.3）	9.7 （18.0）	9.9 （17.3）	11.3 （19.7）
スーパー	51.2 （55.4）	47.3 （53.2）	49.5 （54.9）	51.8 （56.5）	52.4 （57.0）	52.3 （53.4）
コンビニエンスストア	3.3 （2.4）	4.5 （3.2）	3.3 （2.6）	3.0 （2.2）	3.1 （2.3）	3.7 （2.4）
百貨店	3.2 （4.9）	4.2 （6.2）	4.6 （6.8）	3.3 （5.5）	2.3 （4.6）	1.6 （3.2）
生協・購買	4.5 （8.8）	3.2 （6.7）	4.9 （9.3）	4.4 （9.4）	4.3 （9.0）	4.4 （7.9）
ディスカウントストア・量販専門店	3.8 （2.5）	2.5 （2.5）	3.2 （2.5）	3.7 （2.7）	4.3 （2.6）	4.3 （2.1）
通信販売	2.6 （0.6）	2.9 （1.0）	2.4 （0.9）	3.0 （0.7）	2.6 （0.6）	2.0 （0.4）
その他	21.4 （6.7）	25.0 （3.8）	22.1 （3.7）	21.1 （5.2）	21.1 （6.6）	20.4 （10.8）
小売店向け支出合計	100.0	100.0	100.0	100.0	100.0	100.0
（家具・家事用品）						
一般小売店	20.5 （34.1）	19.3 （41.4）	19.9 （31.1）	20.8 （33.5）	19.7 （33.1）	22.3 （36.6）
スーパー	22.0 （25.6）	20.1 （21.4）	20.7 （26.2）	22.1 （25.4）	22.7 （26.2）	22.9 （25.7）
コンビニエンスストア	0.4 （0.3）	0.6 （0.4）	0.4 （0.3）	0.4 （0.3）	0.3 （0.3）	0.4 （0.3）
百貨店	4.7 （9.8）	4.1 （9.3）	6.7 （11.1）	4.3 （11.0）	4.5 （9.7）	3.1 （7.9）
生協・購買	2.2 （4.8）	2.0 （3.5）	2.3 （5.5）	1.9 （4.6）	2.0 （4.7）	3.0 （5.1）
ディスカウントストア・量販専門店	31.9 （15.2）	33.7 （12.7）	31.4 （13.8）	32.8 （16.0）	32.4 （16.0）	29.5 （14.6）
通信販売	7.4 （3.4）	10.2 （3.5）	8.0 （4.6）	7.8 （3.3）	7.2 （3.4）	5.5 （2.6）
その他	11.0 （6.7）	9.9 （7.8）	10.5 （7.4）	9.9 （5.9）	11.3 （6.5）	13.4 （7.1）
小売店向け支出合計	100.0	100.0	100.0	100.0	100.0	100.0
（被服および履物）						
一般小売店	27.1 （29.6）	28.3 （28.9）	28.6 （28.0）	26.6 （27.6）	26.6 （30.5）	25.6 （33.0）
スーパー	19.5 （19.5）	14.5 （13.3）	17.4 （17.1）	19.6 （19.1）	21.4 （21.2）	21.6 （21.1）
コンビニエンスストア	0.1 （0.2）	0.2 （0.4）	0.1 （0.2）	0.1 （0.1）	0.1 （0.1）	0.2 （0.1）
百貨店	23.6 （37.2）	29.0 （41.3）	27.2 （40.1）	23.1 （40.4）	21.0 （35.4）	20.6 （31.7）
生協・購買	1.1 （1.9）	1.1 （1.3）	1.2 （2.3）	1.0 （1.9）	1.1 （1.6）	1.1 （2.1）
ディスカウントストア・量販専門店	16.0 （3.7）	12.5 （3.8）	13.3 （3.5）	16.5 （3.7）	17.7 （3.7）	18.2 （3.6）
通信販売	5.3 （3.4）	5.6 （2.1）	5.1 （2.9）	5.9 （3.3）	4.7 （3.3）	5.5 （4.3）
その他	7.3 （4.6）	8.8 （9.0）	7.2 （6.0）	7.2 （4.0）	7.5 （4.2）	7.2 （4.2）
小売店向け支出合計	100.0	100.0	100.0	100.0	100.0	100.0

（注1）数字は2014年の割合。カッコ内の数字は1999年の割合。
（注2）「中都市」人口15万人以上100万人未満の市（政令指定都市を除く）、「小都市A」人口5万人以上15万人未満の市、「小都市B・町村」人口15万人未満の市・町村。
（出所）総務省『全国消費実態調査1999年、2014年』より作成。

合が高い。家具・家事用品では、「一般小売店」41.4％（一般世帯平均34.1％）での購買割合が高く、「スーパー」21.4％（同25.6％）の割合が低い。被服及び履物では、「百貨店」41.3％（一般世帯平均37.2％）での購買割合が高く、「スーパー」13.3％（同19.5％）の割合が低い。

　しかしながら、2014年調査においては、これらの傾向は被服・履物における「百貨店」での購買割合を除いて、ほとんどが縮小ないしは消滅している。食料「一般小売店」1999年プラス4.6ポイント⇒2014年プラス0.2ポイント、家具・家事用品「一般小売店」1999年プラス7.3ポイント⇒2014年マイナス1.2ポイント、被服及び履物では、「百貨店」1999年プラス4.1ポイント⇒2014年プラス5.4ポイント、「スーパー」プラス6.2ポイント⇒2014年プラス5.0ポイント。

2　買物時間（社会生活基本調査）

（1）曜日別買物時間

　補表-7は、「社会生活基本調査」[9] に基づいて、曜日別の買物時間の推移を男女別にみたものである[10]。女性では、平日の買物時間は1976年40分、1986年35分、1996年30分、2001年30分、2006年30分、2011年32分、2016年30分と、1996年までは減少、その後は横ばい傾向にある。他方で、日曜日の買物時間は1976年40分、1986年40分、1996年46分、2001年46分、2006年48分、2011年49分、2016年49分と、増加傾向にある。土曜日は、ほとんど変化していない。その結果、1976年には平日40分、土曜日43分、日曜日40分と、曜日による買物時間の差はほとんどなかったものが、2016年には平日30分、土曜日45分、日曜日49分となり、平日から日曜日に買物がシフトしている。

　男性では、平日の買物時間は短く、またその時間もそれほど変化していないが、週末の買物時間は明らかに増加傾向にある。土曜日の買物時間は、1976年6分、1986年11分、1996年18分、2001年23分、2006年24分、2011年28分、2016年28分、日曜日の買物時間は、1976年7分、1986年14分、1996年27分、2001年30分、2006年33分、2011年34分、2016年35分、と推移している。

　すなわち、女性の買物は日曜日にシフトし、男性も日曜日や土曜日に買物に出掛ける傾向が強くなってきている。

補表-7　買物時間の推移（15歳以上）

（単位：分）

女	1976年	1981年	1986年	1991年	1996年	2001年	2006年	2011年	2016年
平　日	40	43	35	36	30	30	30	32	30
土曜日	43	48	42	42	43	44	44	45	45
日曜日	40	47	40	43	46	46	48	49	49

男	1976年	1981年	1986年	1991年	1996年	2001年	2006年	2011年	2016年
平　日	5	7	8	10	7	9	10	12	12
土曜日	6	10	11	14	18	23	24	28	28
日曜日	7	14	14	18	27	30	33	34	35

（出所）総務省（総務庁）『社会生活基本調査』（各年版）より作成。

　次に、補表-8は女性の買物時間について、「15歳以上計」と、そのうちの「有業者」の買物時間の推移を対比させたものである。これによると、1991年調査以降、「有業者」の土曜日・日曜日の買物時間が増加傾向にあることが特徴的である。

補表-8　買物時間の推移（女性、有業者）

（単位：分）

		1976年	1981年	1986年	1991年	1996年	2001年	2006年	2011年	2016年
平　日	15歳以上計	40	43	35	36	37	36	36	38	36
	うち有業者	25	25	23	25	24	25	25	26	25
土曜日	15歳以上計	43	48	42	42	45	45	45	45	45
	うち有業者	31	32	32	37	40	43	43	45	45
日曜日	15歳以上計	40	47	40	43	45	44	45	46	45
	うち有業者	39	42	43	46	47	48	52	52	52

（出所）総務省（総務庁）『社会生活基本調査』（各年版）より作成。

（2）時間帯別買物行動者率

　補表-9は、『社会生活基本調査2016年』に基づいて、15歳以上の女性の時間帯別の買物行動者率（当該時間帯に買物している者の割合）をみたものである。

　平日の「正社員」と「無業者」の買物行動者率を比較すると、「正社員」では買物行動者率が5％を超える時間帯は18時30分から18時45分だけであり、17時30分以降は「無業者」よりも買物行動者率が大きくなっている。他方で、「無業者」では昼の時間帯（12時00分から13時00分）を除いて10時00分から17時00分まで5％を超え、10時45分から11時30分には10％を超えている。

　日曜日は、「正社員」「無業者」ともに10時から18時ごろまで買物行動者率が

補表- 9　時間帯別曜日別有業・無業別買物行動者率（15歳以上女性）（2016年）

（単位：％）

	平日		日曜日			平日		日曜日	
	正社員	無業者	正社員	無業者		正社員	無業者	正社員	無業者
9:00- 9:15	0.39	1.84	1.75	2.48	15:00-15:15	2.67	7.37	12.21	10.02
9:15- 9:30	0.34	2.27	2.10	2.97	15:15-15:30	2.52	7.59	12.60	10.04
9:30- 9:45	0.44	3.72	3.29	4.38	15:30-15:45	2.47	7.29	12.94	10.01
9:45-10:00	0.63	4.22	3.44	4.94	15:45-16:00	2.59	7.22	12.90	9.80
10:00-10:15	1.15	7.78	5.88	8.43	16:00-16:15	2.31	6.85	12.77	9.56
10:15-10:30	1.36	8.65	6.56	9.26	16:15-16:30	2.54	6.84	13.00	9.58
10:30-10:45	1.65	9.89	7.29	10.63	16:30-16:45	2.50	5.97	13.00	8.83
10:45-11:00	1.74	10.27	7.83	10.71	16:45-17:00	2.31	5.47	12.66	8.19
11:00-11:15	1.86	10.74	8.06	10.92	17:00-17:15	2.68	4.13	10.67	6.55
11:15-11:30	1.87	10.38	7.83	10.83	17:15-17:30	3.51	3.72	10.46	6.26
11:30-11:45	1.79	8.57	7.64	9.43	17:30-17:45	4.57	2.81	9.44	5.03
11:45-12:00	1.72	7.71	7.34	8.49	17:45-18:00	4.70	2.57	8.74	4.54
12:00-12:15	1.79	4.65	5.67	5.53	18:00-18:15	4.93	1.67	6.63	3.10
12:15-12:30	1.62	4.45	5.64	5.46	18:15-18:30	4.98	1.58	5.95	2.62
12:30-12:45	1.59	4.32	6.03	5.20	18:30-18:45	5.09	1.14	4.91	1.95
12:45-13:00	1.48	4.27	6.77	5.16	18:45-19:00	4.62	0.99	4.60	1.76
13:00-13:15	1.77	5.09	7.49	6.51	19:00-19:15	3.42	0.69	3.48	1.26
13:15-13:30	2.03	5.46	7.85	7.05	19:15-19:30	3.14	0.64	3.09	1.10
13:30-13:45	2.11	6.08	8.84	7.98	19:30-19:45	2.80	0.58	2.37	0.85
13:45-14:00	2.08	6.24	9.67	8.20	19:45-20:00	2.55	0.50	2.11	0.71
14:00-14:15	2.42	7.14	10.55	9.26	20:00-20:15	1.74	0.39	1.30	0.55
14:15-14:30	2.52	7.57	11.33	9.83	20:15-20:30	1.50	0.38	1.23	0.52
14:30-14:45	2.40	7.48	11.54	9.95	20:30-20:45	1.06	0.37	0.91	0.47
14:45-15:00	2.49	7.38	11.88	9.93	20:45-21:00	0.86	0.34	0.88	0.41

（注）濃いアミ掛けは買物行動者率が10％以上、薄いアミ掛けは同5％以上10％未満の時間帯を示す。
（出所）総務省『社会生活基本調査2016年』より作成。

5％を超え、両者の差はほとんどみられない。「正社員」では14時00分から17時30分まで、「無業者」では10時30分から11時30分、および15時00分から15時45分まで、買物行動者率が10％を超えていることが特徴的である。

（3）女性の社会進出と買物時間

　補表-10によって、「有業主婦（共働き）」か「専業主婦」かによる買物時間の相違をみると、総計では「有業主婦（共働き）」36分、「専業主婦」50分となっている。家族類型別人口が最も多い「夫婦と子供の世帯」（妻合計の

補表-10　共働き・専業主婦別週平均買物時間（妻）(2016年)

	総計		夫婦と子供の世帯		夫婦のみの世帯	
	人口（千人）	買物時間（分）	人口（千人）	買物時間（分）	人口（千人）	買物時間（分）
妻計	27,533	42	13,754	41	11,213	42
夫が有業で妻も有業（共働き）	13,856	36	8,094	37	3,970	35
うち夫も妻も雇用されている人	9,829	37	6,249	37	2,355	37
夫、妻ともに週就業時間35時間以上	3,958	30	2,312	30	1,036	32
夫の週就業時間35時間以上、妻35時間未満	4,344	42	3,109	42	781	41
夫が有業で妻が無業（専業主婦）	7,043	50	4,042	49	2,467	50
夫が無業で妻が有業	1,238	36	438	34	712	38
夫が無業で妻も無業	5,158	45	1,113	45	3,900	44

（出所）総務省『社会生活基本調査2016年』より作成。

50.0％）では、「有業主婦（共働き）」37分、「専業主婦」49分、次に多い「夫婦のみの世帯」（妻合計の40.7％）では、「有業主婦（共働き）」35分、「専業主婦」50分となっている。

　また、夫が有業の妻の週平均買物時間をその就業時間別にみると、総計では「専業主婦」が50分であるのに対して、妻の就業時間「35時間未満」42分、同「35時間以上」30分となっており、妻の就業時間が長いほど買物時間は短くなっている。

　補表-11は、就業形態別曜日別に20歳以上の女性の買物時間をみたものであるが、平日は、「主に家事」という女性は、「主に仕事」という女性と比べて、2倍程度、時間にして約20〜30分、買物時間が長い。「パート」女性は、「主に仕事」と「主に家事」の中間的な買物時間である。年齢別にみると、就業形態のいかんにかかわらず40歳代後半以降の買物時間が他の年齢層よりも長い傾向にある。

　日曜日も、「主に家事」という女性は、「主に仕事」という女性と比べて買物時間が長い。年齢別にみると、就業形態のいかんにかかわらず30歳代後半から50歳代までの買物時間が他の年齢層よりも長い傾向にある。また、概ね60分を超える買物時間は、「パート」女性の30歳代後半から50歳代前半にかけて、「主に家事」女性では30歳代後半から50歳代後半にかけてみられる。

補表-11　就業形態別曜日別買物時間（女性）(2016年)

（単位：分）

	人口（千人）			平日			日曜日		
	主に仕事	パート	主に家事	主に仕事	パート	主に家事	主に仕事	パート	主に家事
20歳以上計	18,031	10,422	18,401	19	37	43	51	57	51
20〜24歳	1,582	111	141	18	23	48	44	50	67
25〜29歳	2,112	303	486	15	24	31	50	55	47
30〜34歳	1,889	683	873	16	35	34	51	52	57
35〜39歳	1,852	992	1,037	16	31	40	49	69	63
40〜44歳	2,294	1,364	977	18	34	46	53	61	60
45〜49歳	2,198	1,360	910	20	36	54	56	69	65
50〜54歳	1,877	1,193	742	22	36	51	60	61	69
55〜59歳	1,618	1,078	970	23	46	50	55	57	61
60〜64歳	1,215	1,044	1,680	27	39	49	47	55	53
65歳以上	1,394	2,294	10,584	24	38	42	42	42	50

（注）「パート」は、家事などのかたわらに仕事。
（出所）総務省『社会生活基本調査2016年』より作成。

（4）自家用車の保有と買物時間

　補表-12によって、2016年における自家用車の保有[11]と買物時間との関係をみると、平日においては特徴を見出すことはできないが、週末は自家用車保有世帯の方が買物時間が長い傾向がある。

　買物時間の推移をみると、自家用車保有世帯の週末の買物時間は増加傾向にあり、自家用車による買物がさらに一般化すれば、より一層買物の週末へのシフトが進むことが考えられる。

補表-12　自家用車の保有と曜日別買物時間の推移（妻）

（単位：分）

自家用車あり	1986年	1991年	1996年	2001年	2006年	2011年	2016年
平　日	36	37	38	37	36	37	37
土曜日	44	47	49	50	51	54	53
日曜日	47	51	53	54	56	58	58

自家用車なし	1986年	1991年	1996年	2001年	2006年	2011年	2016年
平　日	42	45	44	38	40	42	35
土曜日	50	48	51	47	48	45	50
日曜日	50	51	49	46	52	52	47

（出所）総務省『社会生活基本調査』(各年版）より作成。

　他方で、自家用車非保有世帯の買物時間は平日、週末ともにやや減少傾向にある。年齢や所得水準なども関係していると思われるが、商店街など近隣の商業施設の衰退によって買物機会が奪われている影響とみることもできる。

むすび

　「一般小売店」での購買割合は、食料をはじめとして大きく減少し、「スーパー」での購買割合が大きく増加している。他方で、被服及び履物、住居、家具・家事用品、その他においては、「一般小売店」の割合が減少しているものの、今日においても「一般小売店」が一定の役割を果たしているといえる。また、高齢者世帯において「一般小売店」での購買割合が高いという傾向がみられたが、2014年調査では、「牛乳」「魚介類」「家事用耐久財」「教養娯楽用耐久財」「化粧品」において、その傾向がみられる程度である。

　小売業態別都市階級別購買割合をみると、1999年調査においては、食料、家具・家事用品では「一般小売店」、被服及び履物では「百貨店」での購買割合が高く、逆に家具・家事用品、および被服及び履物では「スーパー」での購買割合が低いという傾向がみられたが、2014年調査ではこれらの傾向は、ほぼ消滅したといってもよい。

　買物時間をみると、就業時間が長くなるほど買物時間は短くなる傾向がある。曜日別には、女性では平日から日曜日に買物がシフトしている。すなわち、女性の社会進出に伴って、平日の最寄品の購買は時間をかけずに自宅や勤務先の近く（たとえば食品スーパー）において、しかも夕方以降に、他方で買回品の購買は、これまで以上に週末にシフトしていくとみられる。

　自家用車保有世帯の週末の買物時間は増加傾向にあり、週末は自家用車で時間をかけて買回品の購買に出向くという行動が一層定着すると思われる。そして、郊外型ショッピングセンターでは、買物の週末への集中傾向がますます強まることが予想される。

　　注
　1）中小小売業に焦点をあてた研究に、番場博之『零細小売業の存立構造研究』白桃書
　　　房、2003年、坂本秀夫『日本中小商業問題の解析』同友館、2004年、馬場雅昭『日本

の零細小売商業問題』同文舘出版、2006年、南方建明『日本の小売業と流通政策』中央経済社、2005年、南方建明『流通政策と小売業の発展』中央経済社、2013年などがある。

2）矢野眞和編『生活時間の社会学』東京大学出版会、1995年、久米礼子「女性の社会参加と生活時間」『統計』第52巻第7号、2001年7月、松田茂樹・鈴木征男「夫婦の労働時間と家事時間との関係」『家族社会学研究』第13巻第2号、2002年3月、上田貴子「家族形態と家事時間」『早稲田政治経済学雑誌』第350・351号、2002年7月、水野谷武志『雇用労働者の労働時間と生活時間：国際比較統計とジェンダーの視角から』御茶の水書房、2005年、佐藤香「生活時間にみる日本人の性別役割分業」『統計』第62巻第7号、2011年7月、樋田勉「社会生活基本調査による買い物行動の検討」『統計』第64巻第3号、2013年3月、渡辺洋子「男女の家事時間の差はなぜ大きいままなのか──2015年国民生活時間調査の結果から──」第66巻第12号、2016年12月などがある。筆者も、南方建明「家事の外生化と生活支援サービス」南方建明・堀 良『IT革命時代のサービス・マーケティング』ぎょうせい、2002年、91-120ページ、南方建明「生活行動と生活支援サービス」「生活支援サービスの成長性と今後の可能性」東京都商工指導所『生活支援サービスビジネスの事業化戦略』1998年、15-43ページなどにおいて、家事の外生化を受けとめる生活支援サービスという視点から分析している。

3）時子山ひろみ『フードシステムの経済分析』日本評論社、1998年、尾高恵美「高齢者の食料消費行動の特徴──食の外部化の現状と高い安全志向──」『農林金融』第54巻第9号、2001年9月、時子山ひろみ「「全国消費実態調査」による小売業態別飲食料品の購入実態」『家政経済学論叢』第38号、2002年5月、塩原秀子「高齢者世帯の消費構造」『帝京経済学研究』第36巻第1号、2002年12月、山﨑泰弘「2009年全国消費実態調査から見られる高齢者の業態使い分け」『流通情報』第42巻第5号、2011年1月、荒木万寿夫「全国消費実態調査に見る高齢単身世帯の消費行動」『統計』第65巻第11号、2014年7月などがある。筆者も、南方建明「統計による消費者購買行動の分析」『大阪商業大学論集』第137号、2005年6月、南方建明「食品小売構造の日英比較」『大阪商業大学論集』第153号、2009年7月、南方建明「コンビニエンスストアの成長による食品小売市場の変化」『大阪商業大学論集』第155号、2010年1月などにおいて分析している。

4）2015年までは総務省『国勢調査報告』、将来予測は国立社会保障・人口問題研究所『日本の世帯数の将来推計』（2018年1月推計）。

5）乗用車保有台数は財団法人自動車検査登録協力会「わが国の自動車保有動向」、総務省（総庁）『国勢調査報告』による。

6）「全国消費実態調査」は、1959年の第1回調査以来、総務省（総庁）によって5年ごとに実施されており、2014年に第12回調査が実施された。ここでは、公表されている最新調査である2014年調査までを用いて分析している。2014年調査については、2人以上の一般世帯は9月～10月の2か月間、単身世帯は10月の1か月間にわたる調査であるが、購入先については11月のみが調査対象となっている。購入先調査は1964年から開始され、1989年調査を除いて継続して実施されている。

7）供給側の統計である経済産業省『商業統計表（業態別統計編）』に基づいて、2014

年における小売業販売額に占める小売業態別の割合をみると、「総合スーパー」（衣・食・住にわたる商品を小売し、それぞれが小売販売額の10％以上70％未満、従業者数が50人以上、セルフ方式の商店――売場面積の50％以上についてセルフサービス方式を採用している商店――）4.9％、「専門スーパー」（売場面積250㎡以上、衣・食・住のいずれかの販売額が70％以上で、セルフ方式の商店）18.3％、「その他のスーパー」（総合スーパー、専門スーパー、コンビニエンスストア以外のセルフ方式の商店）3.7％、「コンビニエンスストア」（飲食料品を扱い、売場面積30㎡以上250㎡未満、営業時間14時間以上、セルフ方式の商店）5.3％、「百貨店」（衣・食・住にわたる商品を小売し、それぞれが小売販売額の10％以上70％未満、従業者数が50人以上、非セルフ方式の商店）4.0％となっている。他方で、2014年に調査された「全国消費実態調査」における小売業態別購買割合をみると、「スーパー」27.1％、「ディスカウントストア・量販専門店」7.9％、「コンビニエンスストア」2.0％、「百貨店」4.5％となっている。

8）補表1の注4を参照のこと。

9）「社会生活基本調査」は、1976年の第1回調査以来、総務省（総務庁）によって5年ごとに実施されている。1日の生活時間配分については、2016年調査では調査区ごとに10月15日（土）から10月23日（日）までの9日間のうち指定された連続する2日間について行われた。なお、1日の生活時間配分に関する同様の調査としてNHKが実施している「国民生活時間調査」があり、1960年以来5年ごとに行われている。しかし、1995年よりアフターコード方式からプリコード方式に切り替えられたため、過去の調査との比較はできない。社会生活基本調査による分析として、日本統計協会編『生活時間とライフスタイル』日本統計協会、2000年、総務省『国民の生活時間・生活行動（2001年社会生活基本調査報告 第6巻）』日本統計協会、2003年、総務省『社会生活基本調査生活行動に関する結果：要約、2006年』総務省、2007年、総務省『国民の生活時間・生活行動（解説編）(2011年社会生活基本調査報告)』総務省、2013年、NHK国民生活時間調査による分析として、NHK放送文化研究所『国民生活時間調査報告書2015年』日本放送出版協会、2016年などがある。また、生活時間に焦点を絞った研究として、経済企画庁国民生活局編『生活時間の構造分析』大蔵省印刷局、1975年、伊藤セツ・天野寛子・森ます美・大竹美登利『生活時間』光生館、1984年、伊藤セツ・天野寛子・天野晴子・水野谷武志編『生活時間と生活福祉』光生館、2005年などがある。

10）本社の常用労働者が30人以上の民営企業において完全週休2日制が適用されている労働者数の割合は、1984年に27.0％、1989年36.9％、1994年53.9％と増加してきたが1997年に60.9％とピークを迎え、以降は1999年58.7％、2004年56.7％、2009年55.6％、2014年61.5％、2018年59.4％と、6割程度で推移している（厚生労働省「就労条件総合調査（1999年までは賃金労働時間制度総合調査)」)。なお、2000年は調査が実施されていない。また、2008年調査以降、調査対象が「本社の常用労働者が30人以上の民営企業」から「常用労働者30人以上の民営企業」に拡大されている。

11）買物に行く際の自家用車利用状況をみると、「いつも利用」49.3％、「日常の買物によく利用」7.8％、「日常の買物に時々利用」9.4％、「日常の買物以外で時々利用」4.6％、「あまり利用しない」9.4％、「ほとんど利用しない」19.0％、「わからない」

0.5％となっている。これを都市規模別にみると、小規模都市ほど自家用車を利用する割合が大きいが、大都市（東京都区部および政令指定都市）に限ると、「いつも利用」が22.3％、「時々利用」を含めても49.6％で、半数以下にとどまっている（内閣総理大臣官房広報室「小売店舗等に関する世論調査」2005年5月調査）。また、国土交通省の調査によると、買物に自動車を利用する割合は、自動車に同乗も含めて女性の平日の買物において三大都市圏で30歳代37.5％、40歳代34.7％、50歳代37.4％と3分の1強、地方都市圏では30歳代71.4％、40歳代68.8％、50歳代64.4％と3分の2程度を占めている。休日の買物においてはその割合は平日よりも一段と高く、三大都市圏では30歳代54.2％、40歳代61.9％、50歳代56.7％、地方都市圏では30歳代83.0％、40歳代80.0％、50歳代79.9％に達している（国土交通省『全国都市交通特性調査2015年』）。

結章　本書における到達点

　本書では小売業態間競争に着目して、小売業態構造の変化を明らかにすることを目的として論をすすめてきた。本書において明らかにしたことは、次のとおりである。

　第一に、『総合店』『部分総合店』『専門店チェーン』の小売業態間競争を概観した（第1章）。ここでは、衣食住全般を取り扱う「百貨店」や「総合スーパー」の低迷、商品カテゴリーを絞り込んだ『専門店チェーン』、および限定された分野では総合的な商品構成をもつ『部分総合店』の成長について分析した。

　第二に、食品に注目し、卸売業も含めた流通構造の変化（第2章）、さらに外食、中食、内食に着目した飲食店も含めた食市場の構造変化（第3章）について明らかにした。

　食品小売業においては、「食品スーパー」「総合スーパー」などの大規模小売店、中食市場に大きな売上割合を占めるようになった「コンビニエンスストア」など、大規模企業によって運営されている大規模チェーン店の売上割合が増加し、品揃えの幅が限定されている小規模な「業種店」の割合が減少している。食品小売業においては、大規模企業や大規模チェーン店が売上割合を伸ばしているものの、その割合は圧倒的なものではなく、ローカルチェーンも健闘している。また、加工食品卸売業における大企業への集中傾向は緩やかであり、大規模な全国卸以外の加工食品卸売業にも一定の市場機会が確保されているといえる。

　「食市場計」の市場規模は、1993年をピークに減少傾向にあったが、2011年を底として、食にかかわる消費者物価の上昇もあって再び増加し、2017年にはピーク時の規模まで回復している。「外食」の市場規模も、「食市場計」と同様に、1997年から2011年にかけては減少したが、その後は回復傾向にある。「中食産業」の市場規模は、2004年7.2兆円、2009年8.1兆円、2014年9.3兆円、2017

年10.1兆円と着実に増加している。「食市場計」に占める「中食」の割合は同期間に10.5％から13.6％へと3.1ポイント増加、他方で「外食」は35.9％から34.5％と▲1.4ポイント減少、「内食」も53.6％から51.9％へと▲1.7ポイント減少しており、「中食」の割合が増加している。

　第三に、『部分総合店』である「コンビニエンスストア」（第4章）、「ドラッグストア」（第5章）、「ホームセンター」（第6章）の成長過程について小売業態間競争に着目して明らかにした。「コンビニエンスストア」は、中食需要の取り込みによる成長、「タスポ効果」による自販機需要の取り込みや「たばこ増税効果」などの外生的な環境変化の下での成長、PB商品の開発・販売という内生的経営努力によって成長し、「新たな成長ステージ」を迎えたとはいえ、2018年末頃からその成長ステージも終わりに近づいているようである。「ドラッグストア」は、H&BCを主力商品として、「医薬品専門店」や「化粧品専門店」の売上高を取り込む形で成長してきた。しかし、このような形での成長は限界に近づきつつあるため、「食品」および「調剤薬」を強化している。「食品」の強化は利便性を高め来店頻度を増やす戦略、「調剤薬」の強化は専門性を高め粗利益率を向上させる戦略といえる。「ホームセンター」は、「金物・荒物専門店」の売上高を取り込む形で成長してきたが、それだけでは今後の成長は見込めず、業務用需要の開拓に力を入れつつある。しかし、「建築プロ向け分野」は既存の建材流通チャネル、「住宅リフォーム」ではハウスメーカー、「農業用資材」では農協という既存のチャネルとの競合も厳しく、先行している企業においても、未だ売上高に占める割合は多くないのが現状である。このような状況の中で、ホームセンター各社は売上高の拡大よりも、利益の拡大を模索し、PB商品の開発による差別化、さらにそれによる売上総利益率の向上を志向している。

　第四に、「専門店チェーン」の成長過程について、業種別に明らかにした（第7章）。「専門店チェーン」は全体的には成長していることは確かであるが、それぞれの時代において「専門店チェーン」の成長を牽引した業種があり、その業種の成長が停滞すると次の成長業種が出現するという形で、全体として「専門店チェーン」は成長してきたといえる。

　第五は、「均一価格店」についてである（第8章）。昭和初期に誕生した高島屋均一価格店は、その最盛期においても、仕入れが東京本部と大阪本部という

２本部によって行われ、全国本部による集中仕入れではなかったとはいえ、専門化、標準化、単純化などチェーンストアの経営原則を取り入れた本格的な本部集権的チェーン組織であったことは間違いない。戦後はスーパーマーケット業態が急成長し、また消費者物価が上昇し、均一価格の維持が困難となる中で、高島屋による均一価格業態は消滅した。1990年代になって成長した大創産業などの均一価格店は、催事屋と呼ばれる無店舗販売業者をルーツして誕生し、高島屋均一価格店が確立したノウハウを継承することなく成長した。

　第六に、小規模小売業に着目し、売場効率と労働生産性の面からその存立可能性について、業種別に明らかにした（第9章）。小売業タイプ分類からみると、商品面でオリジナル性を創出することが可能な『製造小売店』においても、労働生産性面では存立が難しい状況となっている。『仕入れ技術・鮮度管理商品小売店』においては、品質を見極める仕入れ技術や鮮度管理によっては商品面での差別化が可能であり、具体的な業種として「野菜」「食肉」「ジュエリー製品」があげられる。『サービス付随商品小売店』は、商品への加工サービスなど商品販売に直接付随するサービスの付加が必要とされる商品であり、小規模小売業の存立可能性が高い業種として「時計・眼鏡・光学機械」「建築材料」があげられる。『工業製品小売店』は、個々の顧客ニーズに適合する情報提供やコンサルティングなどの面で差別化することが可能な業種であり、小規模小売業の存立可能性が高い業種として「医薬品」「化粧品」「他に分類されない織物・衣服・身の回り品」があげられる。

　次に、中小小売商が集積している「商店街」の存続可能性について分析した（第10章）。地域商業において集積効果を生み出しきた「依存と競争のメカニズム」は、有効に機能しなくなってきている。今や、大型店やショッピングセンターとの競争激化が地域商業疲弊の要因というよりも、地域商業は内部から崩壊しつつあるように思われる。商店街形成地区の販売割合、さらには商店街形成地区の大店外立地商店や小規模店の販売割合は減少の一途をたどり、地域商業の地盤沈下が明確になってきている。売場効率（売場面積１㎡あたりの年間販売額）からみても、商店街形成地区に立地する優位性が失われつつある。地域商業がもつ「経済的機能」は著しく低下しているといわざるを得ない。

　第七に、統計からみた消費者の購買行動について分析した（補章）。「一般小売店」での購買割合は、食料をはじめとして大きく減少し、「スーパー」での

購買割合が大きく増加している。他方で、被服及び履物、住居、家具・家事用品、その他においては、「一般小売店」での購買割合が減少しているものの、今日においても「一般小売店」が一定の役割を果たしているといえる。また、女性の社会進出に伴って、平日の最寄品の購買は時間をかけずに自宅や勤務先の近くにおいて、しかも夕方以降に、他方で買回品の購買は、これまで以上に週末にシフトしていくとみられる。自家用車保有世帯の週末の買物時間は増加傾向にあり、週末は自家用車で時間をかけて買回品の購買に出向くという行動が一層定着すると思われる。そして、郊外型ショッピングセンターでは、買物の週末への集中傾向がますます強まることが予想される。

　最後に、わが国の小売業売上高はバブル崩壊以降、ほぼ横ばい状態である。人口減少時代を迎え、かつ急速な高齢化が進む中で、小売業の売上高が大幅に増加することは望めないであろう。限られた需要をめぐって、小売業態間競争、企業間競争はますます激化することが予想される。

　国内の競争が激化する中で、大手小売企業による海外進出が加速している。国内小売需要が停滞する中で、わが国小売企業が成長するためには海外に市場を求める他はなく、小売業の海外進出、特にアジアへの進出が加速すると考えられる。これまでのところ、わが国小売業のアジア進出は必ずしも順調とはいえないが、今後大手小売業がアジアシフトを強めていくことになろう。

　本書においては、『総合店』が衰退し、『専門店チェーン』が成長していく過程について、また限定された分野では総合的な商品構成をもっている「食品スーパー」「コンビニエンスストア」「ホームセンター」「ドラッグストア」「均一価格店」など『部分総合店』の成長過程について分析してきた。これらの動向が、「小売の輪仮説」[1]、「真空地帯仮説」[2]、「アコーディオン仮説」[3] などの小売業態理論によっていかに説明しうるのか[4] については、今後の研究課題としたい。

注

1) McNair, M. P., "Significant Trends and Developments in the Postwar Period", Smith, A. B.（eds.）, *Competitive Distribution in a Free: High-level Economy and its Implications for the University*. University of Pittsburgh Press, 1958., McNair, M. P.

& May, E. G., "The Evolution of Retail Institutions in the United States", *Marketing Science Institute*, June, 1976.（清水猛訳『"小売の輪"は回る』有斐閣、1984年）。

2 ）Nielsen, O., "Development in Retailing", Kajaer-Hansen, M.（ed.）, *Readings in Danish Theory of Marketing*, North Holland. 1966.

3 ）Hollander, S. C., "Notes on the Retail Accordion", *Journal of Retailing*, Vol.42, No.2, Summer, 1966.

4 ）小売業態研究において、長期にわたる小売業態構造の変遷についての研究は多くはない。その中で、久保知一は、我が国における50年間にわたる複数の小売業態をとる小売企業のパネルデータを構築し、新規小売業態の参入ポジションと発展経路に関する実証分析を行っている（久保知一「小売の輪はどのように回転したのか？――小売業態イノベーションのマルチレベル分析――」『流通研究』第20巻第 2 号、2017年12月）。そして、「日本における小売の輪は、低価格・低サービスだけではなく高価格・高サービスでも新規小売業態が参入し、格上げだけではなく持続的イノベーションという別の回転も併存する形で回っていたのである」と結論づけている。発展経路が 2 つに分かれた 1 つの原因として、「品揃えの広さ」に言及している。すなわち、「持続的イノベーションをとった小売業態（百貨店、SM、GMS、CVS、100円ショップ）は、様々な分野で幅広く品揃えをするいわば総合的な小売業態であった。一方、格上げをとった小売業態（家電量販店、HC、ドラッグストア、SPA、ディスカウントストア）は、比較的狭い分野に品揃えを絞り込む小売業態であった。このような品揃えの違いが発展経路の違いをもたらしたのかもしれない」。

参考文献一覧

〔ア行〕

東徹「日本における大規模小売店舗規制の源流」『北見大学論集』第29号、1993年2月。

安土敏（荒井伸也）『日本スーパーマーケット原論』ぱるす出版、1987年。

渥美俊一『チェーンストア経営の原則と展望』実務教育出版社、1986年。

阿部幸治「勢い増す、ドラッグストアの食マーケット深耕戦略」『ダイヤモンド・チェーンストア』第49巻第17号、2018年10月。

荒木万寿夫「全国消費実態調査に見る高齢単身世帯の消費行動」『統計』第65巻第11号、2014年7月。

池尾恭一「小売業態の発展」田島義博・原田英生編『ゼミナール流通入門』日本経済新聞社、1997年。

池尾恭一「小売業態の動態における真空地帯と流通技術革新」『商學論究』第52巻第4号、2005年3月。

石井淳蔵『商人家族と市場社会』有斐閣、1996年。

石井淳蔵「わが国小売業における家族従業の過去と未来」『調査季報』第40号、1997年2月。

石井淳蔵・向山雅夫編『小売業の業態革新』中央経済社、2009年。

石井淳蔵「小売業態研究の理論的地平を求めて」石井淳蔵・向山雅夫編『小売業の業態革新』中央経済社、2009年。

石原武政「流通調整政策」鈴木武編『現代の流通問題』東洋経済新報社、1991年。

石原武政『商業組織の内部編成』千倉書房、2000年。

石原武政『まちづくりの中の小売業』有斐閣、2000年。

石原武政・加藤司編『日本の流通政策』中央経済社、2009年。

石原武政「流通政策」通商産業政策史編纂委員会・石原武政編『通商産業政策史1980-2000 第4巻商務流通政策』経済産業調査会、2011年。

石原武政・渡辺達朗編『小売業起点のまちづくり』碩学社、2018年。

伊藤セツ・天野寛子・森ます美・大竹美登利『生活時間』光生館、1984年。

伊藤セツ・天野寛子・天野晴子・水野谷武志編『生活時間と生活福祉』光生館、2005年。

今泉文男・上原征彦・菊池宏之『中間流通のダイナミズム』創風社、2010年。

今泉文男「卸売構造の変化と流通再編成の進展——総合食品卸売業をめぐる動向を中心に——」『マーケティングジャーナル』第32巻第1号、2012年6月。

今泉文男「スーパーマーケットの成長を支えた食品卸売業」『流通問題』第49巻第1号、2013年5月。

岩永忠康『現代日本の流通政策』創成社、2004年。

岩永忠康・佐々木保幸編『現代の流通政策』五絃舎、2013年5月。

上田貴子「家族形態と家事時間」『早稲田政治経済学雑誌』第350・351号、2002年7月。

NHK放送文化研究所『国民生活時間調査報告書2015年』日本放送出版協会、2016年。

大浦裕二「食生活における中食の位置付け」日本惣菜協会編『中食2025』2015年。

大川一司・篠原三代平・梅村又次編『長期経済統計8 物価』東洋経済新報社、1967年。

大川一司・高松信清・山本有造編『長期経済統計1 国民所得』東洋経済新報社、1974年。

大阪高島屋本部編『大阪高島屋40年史』1937年。

大阪地下街（株）「ナンバ地下センター店舗配置図」（大阪市立中央図書館所蔵）、1957年12月。

大阪地下街（株）編『大阪地下街30年史』1986年。

大阪府立産業開発研究所『商業集積の活力について調査報告書』2003年3月。

大道亮・佐尾宏和「需要・供給の両面から見た国内住宅市場」『知的資産創造』第23巻第8号、2015年8月。

尾高恵美「高齢者の食料消費行動の特徴——食の外部化の現状と高い安全志向——」『農林金融』第54巻第9号、2001年9月。

〔カ行〕

会計検査院「中心市街地活性化プロジェクトの実施状況に関する会計検査の結果について」2006年10月。

加藤司「日本的小売業態の分析枠組み」『経営研究』第49巻第2号、1998年7月。

加藤司「小売業態の社会化プロセス」『経営研究』第62巻第1号、2011年5月。

加藤司『日本的流通システムの動態』千倉書房、2006年。

加藤司・石原武政編『地域商業の競争構造』中央経済社、2009年。

川勝堅一『「高島屋十銭二十銭ストア」に就いて』商工省商務局、1936年7月。

川崎英和「GMS業態の歴史を振り返り、これからの小売業の方向性を考える」『季刊イズミヤ総研』第108号、2016年10月。

川辺信雄「幻の1号店とマミイ豊中店（コンビニ全史第11回）」『コンビニ』第9巻第9号、2006年9月。

木綿良行「均一価格店の現状と展望——小売業態としての検討を踏まえて——」『成城大學経済研究』第167号、2005年2月。

久米礼子「女性の社会参加と生活時間」『統計』第52巻第7号、2001年7月。

久保知一「小売の輪はどのように回転したのか？——小売業態イノベーションのマルチレベル分析——」『流通研究』第20巻第2号、2017年12月。

倉本初夫『チェーンストア』商業界、1964年。

経済企画庁国民生活局編『生活時間の構造分析』大蔵省印刷局、1975年。

経済産業省『電子商取引に関する市場調査報告書』（各年版）。

経済産業省『リフォームビジネス拡大に向けた勉強会報告書』2014年5月。

経済産業省「コンビニエンスストア加盟者の取組事例調査」2019年3月。

激流編集部編『激流』第22巻第2号（1997年2月）～第41巻第2号（2016年2月）、および第40巻第9号（2015年9月）。

公開経営指導協会編『日本小売業運動史 戦後編』公開経営指導協会、1981年。

講談社編『昭和 2万日の記録（第5巻）』講談社、1989年。

国民金融公庫総合研究所「差別化に活路を見いだす中小小売業」『調査月報』第443号、1998年3月。

『国民新聞』1932年7月27日。

国立社会保障・人口問題研究所『日本の人口の将来推計』(2017年4月推計)。

国立社会保障・人口問題研究所『日本の世帯数の将来推計』(2018年1月推計)。

近藤公彦「小売商業形態論の課題：業態変動のミクロ基礎」『流通研究』第1巻第2号、1998年9月。

〔サ行〕

財務省「新しい注意文言に関するアンケート調査結果」財政制度等審議会 第15回たばこ事業等分科会資料、2009年3月。

酒巻貞夫「100円ショップの経営革新」『浜松大学研究論集』第18巻第1号、2005年6月。

坂本秀夫『日本中小商業問題の解析』同友館、2004年。

佐々木保幸「『100円均一ショップ』ワッツの小売マーケティング」『地域と社会』第6号、2003年8月。

佐々木保幸「中小小売商業政策の展開」加藤義忠・佐々木保幸・真部和義『小売商業政策の展開（改訂版）』同文舘出版、2006年。

佐々木保幸・番場博之編『地域の再生と流通・まちづくり』白桃書房、2013年。

佐藤香「ジェンダーからみた生活時間」『ワーク・ライフ・バランス社会の実現と生産性の関係に関する研究（2010年度）報告書（内閣府経済社会総合研究所委託研究）』2011年3月。

佐藤香「生活時間にみる日本人の性別役割分業」『統計』第62巻第7号、2011年7月。

佐藤考一・松村秀一・遠藤和義・角田誠「建築再生における建材流通拠点に関する研究──ホームセンター型建材流通に関する考察──」『日本建築学会計画系論文集』第74巻第636号、2009年2月。

産業構造審議会流通部会・中小企業政策審議会流通小委員会「大店法からの政策転換について」1997年12月。

塩原秀子「高齢者世帯の消費構造」『帝京経済学研究』第36巻第1号、2002年12月。

重冨貴子「ドラッグストア業態の商品構成に見る市場戦略と、収益性強化の方向性分析──ドラッグストア業態の課題と展望──」『流通情報』第506号、2014年1月。

実業界編集部編「健全な成長を遂げる高島屋ストア」『実業界』第323号、1968年10月。

島永嵩子「専門量販店の革新性とその変容──ドラッグストア業態に焦点を当てて──」石井淳蔵・向山雅夫編『小売業の業態革新』中央経済社、2009年。

章胤杰「コンビニエンスストアの成長にとってのカウンターコーヒーの意義」『研究年報 経済学』第76巻第1号、2018年3月。

商工省商務局編『連鎖店及均一店ニ関スル調査』商工省商務局、1935年。

食品商業編集部編『食品商業』第46巻第9号、2017年9月。

白石善章・鳥羽達郎「業態の伝播と土着化のメカニズム――高島屋のケースを通じて――」『流通科学大学論集 流通・経営編』第15巻第3号、2003年3月。

白木屋編『白木屋二百年史』1957年。

鈴木安昭『商業の広域診断』同友館、1974年。

須藤一「高島屋均一店チェーンについて」『RIRI流通産業』第5巻第2号、1973年3月。

住田賀猛・久保田直宏「ホームセンター業界の競争環境変化と中期展望」『Mizuho Short Industry Focus』第146号、2016年3月。

全国商店街振興組合連合会『2013年度補正 地域商店街活性化事業（にぎわい補助金）募集要領』2014年2月。

全国商店街振興組合連合会『地域商店街活性化事業成果調査』2015年10月。

相鉄不動産7年史編纂員編『相鉄不動産7年史』1962年。

総務省『国民の生活時間・生活行動（2001年社会生活基本調査報告 第6巻)』日本統計協会、2003年。

総務省『社会生活基本調査生活行動に関する結果：要約、2006年』総務省、2007年。

総務省『国民の生活時間・生活行動（解説編)（2011年社会生活基本調査報告)』総務省、2013年。

総務省「中心市街地の活性化に関する行政評価・監視結果に基づく勧告」2004年9月。

総務省「地域活性化に関する行政評価・監視結果に基づく勧告」2016年7月。

総務省「地域活性化に関する行政評価・監視結果報告書」2016年7月。

〔タ行〕

ダイヤモンド・チェーンストア編集部編「ドラッグストア（業態別ランキング分析)」『ダイヤモンド・チェーンストア』第49巻第12号、2018年7月。

『ダイヤモンド・ドラッグストア』第83号、2018年7月。

『ダイヤモンド・ホームセンター』第31巻第3号、2011年9月～第38巻第3号、2018年9月。

高嶋克義「小売業態革新の分析枠組み」『国民経済雑誌』第187巻第2号、2003年2月。

高嶋克義「小売業態革新に関する再検討」『流通研究』第9巻第3号、2007年3月。

高島屋本店編『高島屋100年史』1941年。

高島屋135年史編集委員会編『高島屋135年史』1968年。

高島屋編『高島屋150年史』1982年。

高島屋編『おかげにて180』2013年。

高橋直樹「800～1200坪の差異化モデルに注目を」『ホームセンター名鑑2016年』日本ホームセンター研究所、2016年。

高橋直樹「ホームセンター——坪効率の長期低迷が示唆する本業強化の活路——」『激流』第41巻第2号、2016年2月。

高橋直樹「ホームセンター——DIYの本筋を追う新業態の開発が活発化——」『激流』第43巻第2号、2018年2月。

竹内慶司『商店経営学の分析枠組』同友館、2001年。

武居奈緒子「大規模小売商による新業態開発の歴史的展開——高島屋十銭ストアの革新性——」高島克義・西村順二編『小売業革新』千倉書房、2010年。

田中浩子「中食事業としてのコンビニエンスストア——セブン‒イレブン・ジャパンの事例を中心に——」『立命館経営学』第49巻第1号、2010年5月。

田中浩子『「サービスの工業化」と外食・中食産業』（立命館大学博士論文）、2011年3月。

田中浩子「コンビニエンスストアにおける顧客の創造——セブン‒イレブン・ジャパンの中食事業を中心に——」『立命館経営学』第54巻第4号、2016年1月。

田中裕美子「生活時間からみたジェンダー規範と働き方——変わる働き方　変わらない女性の役割——」『同志社政策科学研究』第19巻第1号、2017年10月。

谷口優「『専門店』業態創造により新たなる進化の地平を拓け」『21世紀の商業経営』商業界、1998年7月。

田村正紀『大型店問題』千倉書房、1981年。

田村正紀『業態の盛衰——現代流通の激流——』千倉書房、2008年。

チェーンストアエイジ編集部編「成長は持続するか?（ドラッグストア変化・進化・分化論）」『チェーンストアエイジ』第46巻第3号、2015年2月。

中小企業庁編『卸売業の現状と課題1999年』同友館、2000年。

中小企業庁編『中小卸売業の製配販連携戦略』同友館、2000年。

中小企業庁「商店街活性化事業の促進に関する基本方針」2009年8月。

中小企業庁『商店街実態調査報告書2015年度』2016年、『同2018年度』2019年。

中小企業庁『中小企業白書2015年度』2016年。

中小企業庁委託調査（日本アプライドリサーチ研究所）「小規模事業者の事業活動の実態把握調査」2016年1月

中小企業庁「地域・まちなか商業活性化支援事業（地域商業自立促進事業）募集要項2016年度」2016年3月。

中小企業庁「新たな商店街政策の在り方検討会中間取りまとめ」2017年7月。

中小企業庁「商店街活性化・観光消費創出事業募集要項2019年度」2019年4月。

通商産業省企業局編『流通近代化の展望と課題』大蔵省印刷局、1968年。

通商産業省企業局編『流通革新下の小売商業——百貨店法改正の方向——』大蔵省印刷局、1972年。

通商産業省商政課編『80年代の流通産業ビジョン』通商産業調査会、1984年。

通商産業省編『通商産業政策史　第3巻——第1期　戦後復興期（2）——』通商産業調査会、1992年。

通商産業省・通商産業政策史編纂委員会編『通商産業政策史第11巻』通商産業調査会、1993年。

TKCシステム開発研究所編『TKC経営指標 2016年決算期』TKC全国会、2017年。

帝国データバンク「全国休廃業・解散動向調査2016年」2017年1月。

出島甫信「百貨店法（旧）の成立過程と社会背景」『流通』第15号、2002年。

東京市『東京市商業調査書』1933年。

時子山ひろみ『フードシステムの経済分析』日本評論社、1998年。

時子山ひろみ「『全国消費実態調査』による小売業態別飲食料品の購入実態」『家政経済学論叢』第38号、2002年5月。

都市計画・中心市街地活性化法制研究会編『詳説 まちづくり三法の見直し』ぎょうせい、2007年。

土肥健夫『改正・まちづくり三法下の中心市街地活性化マニュアル』同友館、2006年。

〔ナ行〕

内閣総理大臣官房広報室「小売店舗等に関する世論調査」(2005年5月調査)。

内閣府・内閣官房「中心市街地活性化基本計画2012年度最終フォローアップ報告」2013年10月。

内閣府「中心市街地活性化基本計画2017年度最終フォローアップ報告」2018年8月。

中西信介「中心市街地活性化政策の経緯と今後の課題——中心市街地の活性化に関する法律の一部を改正する法律案——」『立法と調査』第351号、2014年4月。

中西正雄「小売の輪は本当に回るのか」『商學論究』第43巻第2号・3号・4号、1996年1月。

名古屋市『名古屋市商業調査書』1935年。

新倉貴士・髙橋広行「消費者視点の業態研究に向けて——その研究課題と業態認識主体としてのスクリプト——」『マーケティングジャーナル』第32巻第3号、2013年冬号。

日経MJ編『流通経済の手引き（2005年より『日経MJトレンド情報源』』に改名）』日本経済新聞社、1976〜2016年。

日経ビジネス編集部編「コンビニ大試練」『日経ビジネス』第1914号、2017年10月30日。

『日経流通新聞』2002年7月11日。

『日本経済新聞』2013年10月15日、2019年4月5日。

日本小売業経営史編集委員会編『日本小売業経営史』公開経営指導協会、1967年。

日本食糧新聞社編『進化する日本の食品卸売産業』日本食糧新聞社、2006年。

日本食糧新聞社編『食品流通実勢マップ 総合編』1999年、2007〜2008年、2015〜2016年。

日本ショッピングセンター協会『SC白書』(各年版)。

日本政策金融公庫『小企業の経営指標』2015年度、2016年度。

日本政策投資銀行「売場効率を重視した米国小売の成長モデル——転換期にある総合スーパーへの示唆——」『今月のトピックス（日本政策投資銀行）』第175-1号、2012年2月。

日本惣菜協会『惣菜白書』(各年版)。

日本チェーンストア協会『チェーンストア統計』(各年版)。

日本チェーンストア協会編『チェーンストアのポテンシャルと歴史的革命』日本チェーンストア協会、1998年。

日本チェーンドラッグストア協会「日本のドラッグストア実態調査」2017年度（『ダイヤモンド・ドラッグストア』第83号、2018年7月）。

日本統計協会編『生活時間とライフスタイル』日本統計協会、2000年。

日本百貨店協会編『日本百貨店協会10年史』日本百貨店協会、1959年。

日本百貨店協会『日本百貨店協会統計年報』(各年版)。

日本百貨店協会「全国百貨店売上高概況」(各月版)。

日本百貨店協会「外国人観光客の売上高・来店動向」(各月版)。

日本百貨店商業組合『第70・71帝国議会政府当局答弁集 百貨店法逐条義解』1937年。

農林水産省「用語の解説（中食）」(http://www.maff.go.jp/j/wpaper/w_maff/h18_h/trend/1/terminology.html)。

野坂相如「大東京市交通機関の統制に就て」『都市問題』第15巻第4号、1932年10月（松田愼三『改訂デパートメントストア』日本評論社、1933年）。

〔ハ行〕

馬場雅昭『日本の零細小売商業問題』同文舘出版、2006年。

番場博之『零細小売業の存立構造研究』白桃書房、2003年。

樋田勉「社会生活基本調査による買い物行動の検討」『統計』第64巻第3号、2013年3月。

日高優一郎「既存小売企業における業態革新は可能か——日本の主要小売企業過去30年の業績データを手がかりに——」『Open Journal of Marketing』2010年4月。

一橋大学産業経営研究所編『百貨店経営ケース・スタディ』ダイヤモンド社、1963年。

平野隆「戦前期日本におけるチェーンストアの初期的発展と限界」『三田商学研究』第50巻第6号、2008年2月。

富士経済『ペット関連市場マーケティング総覧』2003年、2004年、2015年。

福田敦・毒島隆一・小川雅人著『地域商業革新の時代』創風社、2008年。

FromプラネットVol.56＜ドラッグストアに関する意識調査＞（https://www.planet-van.co.jp/pdf/fromplanet/fromplanet_56.pdf)。

FromプラネットVol.93＜ネットスーパーに関する意識調査＞（https://www.planet-van.co.jp/pdf/fromplanet/fromplanet_93.pdf)。

不破麻紀子「世帯に見る家事分担」『社會科學研究』第65巻第 1 号、2014年 5 月。

法政大学大原社会問題研究所編『日本労働年鑑 特集版 太平洋戦争下の労働者状態』（第 5 編「物価・配給統制と労働者の生活」第 1 章「物価と生計費」）労働旬報社、1965年。

北海道拓殖銀行調査部編「スーパーマーケット並びにセルフ・サービス店について」『北海道拓殖銀行調査月報』第90号、1959年 7 月。

堀千珠「進化する大手加工食品卸──グローバル競争時代のサバイバルに向けて──」『みずほ産業調査』第 5 号、2003年 2 月。

〔マ行〕

松坂屋編『松坂屋百年史』1971年。

松田茂樹・鈴木征男「夫婦の労働時間と家事時間との関係」『家族社会学研究』第13巻第 2 号、2002年 3 月。

松田愼三『改訂デパートメントストア』日本評論社、1933年。

松村秀一監修『ホームセンターによる建材流通に関する研究』トステム建材産業振興財団、2008年 3 月。

松屋編『松屋百年史』1969年。

水落正明「夫婦の家事・余暇時間に関する分析」『三重大学法経論叢』第28巻第 1 号、2010年10月。

水野谷武志『雇用労働者の労働時間と生活時間：国際比較統計とジェンダーの視角から』御茶の水書房、2005年。

三越編「三越マーケットの開設」『三越』1922年 8 月。

三越編『三越100年の記録』2005年。

南方建明『小売業の戦略診断』中央経済社、1995年。

南方建明『日本の小売業と流通政策』中央経済社、2005年。

南方建明『流通政策と小売業の発展』中央経済社、2013年。

南方建明「地域小売商業における商店街の役割──中小小売店の機能と商店街活動の理念──」『大阪商業大学論集』第111号、1998年 6 月。

南方建明「流通システムにおける小規模小売店の役割──大型店と差別化された商業機能の必要性と可能性──」『大阪商業大学論集』第112・113号、1999年 2 月。

南方建明「統計からみた食品スーパーの成長と専門業種店の動向」日本経営診断学会編『経営パラダイムシフトの診断（日本経営診断学会論集②）』同友館、2002年 9 月。

南方建明「大型店出店規制と専門店チェーンの成長」日本経営診断学会編『コミュニティ・ビジネスモデルの診断（日本経営診断学会論集④）』同友館、2004年10月。

南方建明「統計による消費者購買行動の分析」『大阪商業大学論集』第137号、2005年 6 月。

南方建明「食品小売構造の日英比較」『大阪商業大学論集』第153号、2009年 7 月。

南方建明「コンビニエンスストアの成長による食品小売市場の変化」『大阪商業大学論集』第 5 巻第 4 号、2010年 1 月。

南方建明「電子商取引の浸透が小売市場に与える影響」『大阪商業大学論集』第 6 巻第 3 号、2011年 1 月。

南方建明「酒類小売規制の緩和による酒類小売市場の変化」『日本消費経済学会年報』第31集、2011年 3 月。

南方建明「統計からみる地域商業の現状と今後の課題」『日本商業施設学会第10回研究発表論集（平成23年度全国大会）』2011年10月。

南方建明「地域商業振興政策変遷の歴史――社会的有効性とまちづくりを中心に――」『大阪商業大学論集』第 7 巻第 3 号、2012年 1 月。

南方建明「大型店出店規制が専門店チェーンの発展に与えた影響」『日本商業施設学会第11回研究発表論集（平成24年度全国大会）』2012年11月。

南方建明「流通振興政策」岩永忠康・佐々木保幸編『現代の流通政策』五絃舎、2013年。

南方建明「商店街振興と地域の再生」佐々木保幸・番場博之編『地域の再生と流通・まちづくり』白桃書房、2013年。

南方建明「統計からみる商店街における商業機能の喪失」『日本商業施設学会第12回研究発表論集（平成25年度全国大会）』2013年12月。

南方建明「流通政策と小売業の発展」『商業施設（日本商業施設・技術者団体連合会）』第395号、2014年 8 月。

南方建明「高島屋均一価格店――チェーンストアへの歩み――」『消費経済研究』第 4 号、2015年 6 月。

南方建明「高島屋均一価格店――戦後、なぜ均一価格業態は継承されなかったのか――」『消費経済研究』第 5 号、2016年 6 月。

南方建明「百貨店の小売業態上の地位と売場効率」『日本商業施設学会第13回・第14回研究発表論集（平成26年度全国大会）』2016年12月。

南方建明「電子商取引の浸透が小売市場に与える影響（再考）」『日本商業施設学会第13回・第14回研究発表論集（平成27年度全国大会）』2016年12月。

南方建明「統計から見る食品流通構造の変化」『消費経済研究』第 6 号、2017年 6 月。

南方建明「商店街は再生可能か」『日本商業施設学会第15回研究発表論集（平成28年度全国大会）』2017年 8 月。

南方建明「小規模小売業の存立可能性――業種特性からみた考察――」『日本商業施設学会第16回研究発表論集（平成29年度全国大会）』2017年12月。

南方建明「生産性からみる小規模小売業の存立可能性」『商工金融（商工総合研究所）』第68巻第 4 号、2018年 4 月。

南方建明「コンビニエンスストアの成長と小売業態間競争」『消費経済研究』第 7 号、2018年 6 月。

南方建明「食品消費の構造変化――外食、中食、内食に着目して――」『日本商業施

244

設学会第17回研究発表論集（平成30年度全国大会）』2018年12月。

南方建明「ホームセンターの発展過程——小売業態間競争に着目して——」『大阪商業大学論集』第15巻第1号、2019年5月。

南方建明「専門店チェーンの発展過程」『消費経済研究』第8号、2019年6月。

南方建明「ドラッグストアの発展過程——小売業態間競争に着目して——」『大阪商業大学論集』第15巻第2号、2019年6月。

未来投資会議構造改革徹底推進会合・「ローカルアベノミクスの深化」会合・規制改革推進会議 農業WG合同会合編、農林水産省配布資料（2016年9月20日）。

向山雅夫「総合量販店の革新性とその変容」石井淳蔵・向山雅夫編『小売業の業態革新』中央経済社、2009年。

宗像守『ドラッグストアの常識（基礎編）』商業界、2008年。

村本福松「百貨店法施行規則の研究」中西寅雄編『百貨店法に関する研究』1938年。

村山純「寡占化に進むホームセンター業界」『経営論集』第5号、2017年3月。

茂木信太郎『食品の消費と流通』建帛社、2003年（田中浩子『「サービスの工業化」と外食・中食産業』(立命館大学博士論文)、2011年3月）。

〔ヤ行〕

山崎泰弘「2009年全国消費実態調査から見られる高齢者の業態使い分け」『流通情報』第42巻第5号、2011年1月。

山崎泰弘「消費者の食品・日用品における小売業態使い分けの研究」『流通情報』第520号、2016年5月。

山下裕子「商業集積のダイナミズム——秋葉原から考える——」『一橋ビジネスレビュー』第49巻第2号、2001年8月。

山田忍三『百貨店経営と小売業』千倉書房、1930年。

山田正治『十銭均一店の経営法』仕入案内社、1932年。

山本武利・西沢保『百貨店の文化史——日本の消費革命——』世界思想社、1999年。

矢野眞和編『生活時間の社会学』東京大学出版会、1995年。

矢作敏行「コメリの独自業態の開発と展開」『経営志林』第47巻第4号、2011年1月。

吉川容「三越の大衆化——倉知誠夫時代の連鎖店展開戦略——」『三井文庫論叢』第42号、2008年12月。

〔ラ行〕

リフォーム産業新聞社編『住宅リフォーム市場データブック 2018』リフォーム産業新聞社、2017年。

流通経済研究所コンビニエンス・ストア・マニュアル委員会編（中小企業庁委託）『コンビニエンス・ストア・マニュアル』流通経済研究所、1972年。

〔ワ行〕

渡辺達朗『流通政策入門（第3版）』中央経済社、2011年。
渡辺洋子「男女の家事時間の差はなぜ大きいままなのか──2015年国民生活時間調
　査の結果から──」第66巻第12号、2016年12月。

〔英文文献〕

ACNielsen, *The Power of Private Label 2005*, September, 2005.

ACNielsen, *The Rise of the Value-Conscious Shopper*, March, 2011.

Alderson, W., *Marketing Behavior and Executive Action*, Richard Irwin, 1957.（石原武政・
　風呂勉・光澤滋朗・田村正紀訳『マーケティング行動と経営者行為』千倉書房、
　1984年）。

Berman, B. & Evans, J. R., *Retail Management: A Strategic Approach, 11th ed.*, Prentice-
　Hall, 2009.

Berry, B. J. L. & Parr, J. B. et al., *Market Centers and Retail Location*, Prentice-Hall, 1988.
　（奥野隆史・西岡久雄・鈴木安昭訳『小売立地の理論と応用』大明堂、1992年）。

British Council of Shopping Centres, *In Town or Out of Town?*, 2006.

Broadberry, S., *Market Service and the Productivity Race, 1850-2000*, Cambridge
　University Press, 2006.

Bucklin, L. P., *A Theory of Distribution Channel Structure*, Berkley California Institute of
　Business and Economic Research, 1966.（田村正紀訳『流通経路構造論』千倉書房、
　1977年）。

Burns, J., McInerney, I. & Swinbank, A. (eds.), *The Food Industry: Economics and Politics*,
　William Heineman, 1983.

Eaton. B. C. & Lipsey, R. G., "Comparison Shopping and the Clustering of Homogeneous
　Firms", *Journal of Regional Science*, Vol.19, No.4, 1979.

Eaton, B. C. & Lipsey, R. G., "An Economic Theory of Central Place", *The Economic
　Journal*, Vol.92, March, 1982.

Flath, D., "Why Are There So Many Retail Stores in Japan", *Japan and the World
　Economy*, Vol.2. No.4, December, 1990.

Ghosh, A., "The Value of a Mall and Other Insights from Revised Central Place Model",
　Journal of Retailing, Vol.62, No.1, 1986.

Hollander, S. C., "The Wheel of Retailing", *Journal of Marketing*, Vol. 25, No. 1, July, 1960.
　（嶋口充輝訳「小売の輪仮説について」『季刊消費と流通』第3巻第1号、1979年新
　春号）。

Hollander, S. C., "Notes on the Retail Accordion", *Journal of Retailing*, Vol.42, No.2,
　Summer, 1966.

Jones, K. & Simmons, J., *The Retail Environment*, Routledge, 1990.（藤田直晴・村山祐司
　監訳『商業環境と立地戦略』大明堂、1992年）。

Levy, M., Grewal, D., Peterson, R. A. & Connolly, B., "The Concept of the Big Middle",

Journal of Retailing, Vol.81, No.2, April, 2005.

Low, Setha M. & Smith, Neil (eds.), *The Politics of Public Space*, Routledge, 2005.

McNair, M. P., "Significant Trends and Developments in the Postwar Period", Smith, A. B. (eds.), *Competitive Distribution in a Free: High-level Economy and its Implications for the University*. University of Pittsburgh Press, 1958.

McNair, M. P. & May, E. G., "The Evolution of Retail Institutions in the United States", *Marketing Science Institute*, June, 1976.（清水猛訳『"小売の輪" は回る』有斐閣、1984年）。

Nielsen, O., "Development in Retailing", Kajaer-Hansen, M. (ed.), *Readings in Danish Theory of Marketing*, North Holland, 1966.

Scott, P., *Geography and Retailing, Hutchinson*, 1970.（鈴木安昭訳『小売業の地域構造』大明堂、1979年）。

Stern, L. W., El-Ansary, A. I. & Coughlan A.T., *Marketing Channels ,6th ed.*, Prentice-Hall, 2001.

Winter, S. G., "Knowledge and Competence as Strategic Assets", Teece D. J. (ed.), *The Competitive Challenge: Strategic for Industrial Innovation and Renewal*, Ballinger Publishing Company, 1987.（石井淳蔵・金井壽宏・野中郁次郎・奥村昭博・角田隆太郎訳『競争への挑戦──革新と再生の戦略』白桃書房、1988年）。

Wolinsky, A., "Retail Trade Concentration Due to Consumers' Imperfect Information", *The Bell Journal of Economics*, Vol.14, No.1, Spring, 1983.

索　引

著者紹介

南方建明（みなかた　たつあき）

　1955 年　和歌山県生まれ

　1979 年　早稲田大学大学院理工学研究科修士課程修了　博士（経済学）

　現　在　大阪商業大学総合経営学部教授（副学長）

　主な著書

　　『流通政策と小売業の発展』（中央経済社、2013 年）（日本経営診断学会 学会賞（優秀賞）、日本商業施設学会 学会賞（優秀著作賞））

　　『日本の小売業と流通政策』（中央経済社、2005 年）（日本経営診断学会 学会賞（研究奨励賞）、日本商業施設学会 学会賞（優秀著作賞）、商工総合研究所 中小企業研究奨励賞（経営部門準賞））

　　『小売業の戦略診断』（中央経済社、1995 年）

　　『サービス業のマーケティング戦略』（共著）（中央経済社、2014 年）

　　『サービス産業の発想と戦略』（共著）（中央経済社、2006 年）（日本経営診断学会 学会賞（優秀賞）、商工総合研究所 中小企業研究奨励賞（経営部門本賞））

　　『ＩＴ革命時代のサービス・マーケティング』（共著）（ぎょうせい、2002 年）

　　『サービス・マーケティング戦略の新展開』（共著）（ぎょうせい、1992 年）

日本の小売業態構造研究

比較地域研究所研究叢書　第十九巻

2019 年 12 月 10 日　第 1 版第 1 刷発行

著　　者　南　方　建　明

発 行 者　橋　本　盛　作

〒 113-0033　東京都文京区本郷 5-30-20

発 行 所　株式会社 御茶の水書房

電話 03-5684-0751

Printed in Japan

組版・印刷／製本　モリモト印刷(株)

ISBN 978-4-275-02117-5　C3063

《大阪商業大学比較地域研究所研究叢書　第十巻》
産地の変貌と人的ネットワーク　粂野博行　編著　A5判・二三四頁　三八〇〇円

《大阪商業大学比較地域研究所研究叢書　第十一巻》
転換期を迎える東アジアの企業経営　孫飛舟　編著　A5判・一九二頁　三六〇〇円

《大阪商業大学比較地域研究所研究叢書　第十二巻》
多国籍企業と地域経済　安室憲一　著　A5判・二〇六頁　三八〇〇円

《大阪商業大学比較地域研究所研究叢書　第十三巻》
便宜置籍船と国家　武城正長　著　A5判・三一四頁　五〇〇〇円

《大阪商業大学比較地域研究所研究叢書　第十四巻》
グローバリズムと国家資本主義　坂田幹男　著　A5判・二四八頁　三八〇〇円

《大阪商業大学比較地域研究所研究叢書　第十五巻》
都市の継承と土地利用の課題　西嶋淳　著　A5判・二九二頁　四四〇〇円

《大阪商業大学比較地域研究所研究叢書　第十六巻》
情報技術と中小企業のイノベーション　小川正博　著　A5判・二四〇頁　三八〇〇円

《大阪商業大学比較地域研究所研究叢書　第十七巻》
ベトナム中小企業の誕生　前田啓一　著　A5判・二五六頁　四〇〇〇円

《大阪商業大学比較地域研究所研究叢書　第十八巻》
進化するアメリカ産業と地域の盛衰　明石芳彦　著　A5判・二二四頁　三三〇〇円

御茶の水書房
（価格は消費税抜き）